I0821462

CARREFOUR DES LETTRES MODERNES
COMITÉ DE DIRECTION

6

Voyage et Intimité

Voyage et Intimité

Sous la direction de Philippe Antoine
et Vanezia Pârlea

PARIS
LETTRES MODERNES MINARD
2018

Philippe Antoine, professeur de littérature française du XIXe siècle à l'université Clermont Auvergne, a publié *Les Récits de voyage de Chateaubriand* (Paris, 1997) et *Quand le voyage devient promenade* (Paris, 2011). Ses travaux portent sur les textes non fictionnels en prose à l'époque du romantisme. Il occupe diverses responsabilités éditoriales et anime le site www.crlv.org et la revue en ligne *Viatica*.

Vanezia Pârlea est maître de conférences à l'université de Bucarest. Spécialiste de la littérature française du XVIIe siècle, elle est membre du Centre « Heterotopos » (Roumanie) et du Centre de recherche sur la littérature des voyages (France). Ses recherches portent essentiellement sur le récit de voyage, avec un intérêt particulier envers la problématique des altérités et rapports (inter)culturels.

ISBN 978-2-406-07197-6
ISSN 2494-6109

INTRODUCTION

Aborder la question de l'intimité est en soi un défi, du moins dans la sphère littéraire. La toute première raison tient à l'étymologie même du terme, le latin *intimus* – superlatif de *interus* qui signifie « intérieur » – renvoyant à ce qu'il y a en l'homme de plus profondément intérieur. Toute tentative d'écriture de l'intime relèverait d'une profonde contradiction : comment éviter que l'intériorité ne s'effrite dans le geste même de son extériorisation ? Aline Mura-Brunel avait raison de souligner l'aporie dans laquelle se trouvent les romanciers portés à sonder et à mettre au jour les profondeurs du moi intime :

> [...] dire ou écrire l'intime, c'est le priver assurément de sa qualité d'intime, le détruire peut-être ; or, le taire permet certes de le préserver en tant qu'intime, mais c'est alors se condamner à ne jamais le connaître, ne pas le faire connaître[1].

Dire ou ne pas dire, serait-ce la question ? Alexandru Matei, qui analyse quelques-uns des textes de Roland Barthes, formule ainsi l'interrogation : « Comment maintenir la clôture de l'intime – en tant que réalité psychologique – alors qu'on est en train de l'écrire et, par conséquent, de la dé-clôturer ? (Autrement dit : comment réduire le plus possible l'aliénation de l'intime qu'engendre l'écriture en tant que transcription publique de l'intime[2] ?) ».

Que dire alors de l'association pour le moins paradoxale entre intimité et voyage ? Le genre viatique, remis à l'honneur ces dernières décennies grâce à une abondante production critique[3], est, à l'image de la pratique culturelle correspondante – le voyage –, fondamentalement tourné

1 Aline Mura-Brunel, « Intime/Extime, Introduction », p. 5-11, *in* Aline Mura-Brunel et Franck Schuerewegen (dir.), *L'intime – L'Extime*, Amsterdam, Rodopi, 2002, p. 5.

2 Voir la contribution de Alexandu Matei dans le présent volume.

3 Parmi les ouvrages proposant une approche synthétique on signalera notamment celui de Friedrich Wolfzettel, *Le discours du voyageur. Pour une histoire littéraire du récit de voyage en France, du Moyen Âge au* XVIII*e siècle*, Paris, Presses Universitaires de France, 1996, ainsi

vers le désir et la découverte de l'Ailleurs et vers l'ouverture à de nouveaux mondes. Rapprocher le texte viatique d'une écriture de l'intime reviendrait ainsi à mettre en regard des traits divergents et des données contradictoires – intériorité/extériorité, profondeurs/surfaces, dedans/dehors –, placés sous le signe d'une *coincidentia oppositorum*. Philippe Antoine évoque à son tour « les relations compliquées qu'entretiennent intimité et voyage[4] ». Car, bien que plus facile à cerner au premier abord, la littérature de voyage est, elle aussi, profondément hybride, certaines formes qu'elle a prises à travers le temps n'étant que très peu portées à ménager une place aux confessions d'une âme sensible. Interroger la problématique conjuguée de l'intimité et du voyage relèverait ainsi, en quelque sorte, du pari.

Cette association pourrait s'avérer moins étrange qu'il n'y paraît si l'on introduit une troisième notion : l'extime, ou l'extimité[5]. Nous la reprendrons à notre compte, telle qu'elle a été théorisée par Serge Tisseron : « Je propose d'appeler "extimité" le mouvement qui pousse chacun à mettre en avant une partie de sa vie intime, autant physique que psychique. Cette tendance est longtemps passée inaperçue bien qu'elle soit essentielle à l'être humain. Elle consiste dans le désir de communiquer à propos de son monde intérieur[6]. » Bien que ce désir de se dire ait toute une histoire, du moins en ce qui concerne sa dimension scripturale, il n'apparaît pas moins, dans cette perspective, comme une constante anthropologique insuffisamment examinée. Ce qui en ressort également serait, pourrait-on dire, la consubstantialité de l'intime et de l'extime, le bouillonnement intérieur, quelque obscur qu'il soit et qu'il reste aux yeux du sujet lui-même, s'avérant originairement tendu vers l'épanchement.

Une réflexion phénoménologique comme celle de François Jullien va encore plus loin, en faisant valoir la profonde ambiguïté du concept et du phénomène de l'intime. Comment concilier les deux significations opposées du terme recensées par les dictionnaires où, à côté du superlatif d'intérieur, de tout ce qu'il y a de plus intérieur dans l'homme – sens premier déjà signalé – figurent des syntagmes comme « union intime »,

que le livre plus récent de l'historien Sylvain Venayre, *Panorama du voyage (1780-1920)*, Paris, Les Belles Lettres, « Histoire », 2012.

4 Voir la contribution de Philippe Antoine dans ce volume.

5 Empruntée à Jacques Lacan, elle a été depuis différemment interprétée.

6 Serge Tisseron, *L'Intimité surexposée*, Paris, Hachette, « Littératures », 2002, p. 52.

« relations intimes », « être l'intime de », qui renvoient tous à une relation privilégiée à l'Autre ? À en croire François Jullien, la contradiction n'est toutefois qu'apparente, car

> [...] dès lors qu'il se creuse en lui-même, se veut l'intérieur de l'intérieur, « le plus intérieur », cet intérieur fait tomber la frontière dans laquelle une intériorité s'est refermée. En même temps qu'il se retire en lui-même, il appelle « de l'Autre » [...] à pénétrer dans ce dedans, à l'y rejoindre et à s'y immiscer ; et la démarcation dedans/dehors en vient alors à s'effacer[7].

C'est ainsi que, loin d'être muré dans son intériorité, dans ce qu'Isabelle Eberhardt appelle son « *moi* réel et qui est hermétiquement clos aux yeux curieux de *tous*[8] », le sujet serait voué non pas à une intimité autarcique, mais à l'ouverture à l'Autre, qui devient ainsi une source privilégiée de l'approfondissement de l'intimité. La preuve, c'est qu'on ne saurait être intime avec soi :

> [...] quand je dis : « je suis intime », quand intime devient attribut [...] son sens du coup se renverse, le point de vue à nouveau bascule. Je découvre que je ne peux être "intime" en moi-même, que je ne peux être intime seul. Je suis nécessairement intime *avec* : je ne peux « être intime » que par un « toi » [...][9].

Dès lors, loin d'être une notion ou un phénomène univoque, l'intimité s'avère plurielle, à même de donner à penser aussi bien un « intime de la "privauté" » qu'un « intime de la relation[10] », et ceci non pas sur le mode de l'opposition ou de la contradiction, mais selon une dialectique propre à lui restituer son ambiguïté foncière. Envisagé sous ce jour nouveau, le mouvement d'extimité qui pousse le sujet à l'épanchement apparaît comme véritablement constitutif de l'intime, la vocation du partage s'avérant d'emblée inscrite dans sa nature même. D'ailleurs, la pulsion parfois irrépressible de se dire, de livrer à l'Autre son vécu et son expérience intimes n'est pas déjà en soi le signe de cette vocation « allocentrique » ? La réflexion ayant présidé au rassemblement des textes qui constituent le présent volume a été à son tour infléchie dans le sens d'une telle perspective relationnelle de l'intimité, qui déplace l'accent

---

7 François Jullien, *De l'intime. Loin du bruyant Amour*, Paris, Grasset & Fasquelle, « Le livre de Poche », 2013, p. 26.

8 Voir notre contribution dans ce volume.

9 François Jullien, *De l'intime*, *op. cit.*, p. 27-28.

10 *Id.*, p. 134.

d'un intime conçu uniquement comme ce qu'il y a de plus profondément intérieur dans le sujet, et à la limite non-partageable, vers un potentiel d'ouverture qui n'en est toutefois pas la négation, mais qui traduit la tension qui gît au cœur même du concept et de sa réalité vécue.

Cette tension interne fait signe, en outre, vers ce qu'on pourrait considérer comme une autre caractéristique de l'intimité, à savoir son dynamisme, sa fluidité. En effet, conçu sur le mode relationnel – qu'il s'agisse d'une relation de soi à soi-même, de soi à l'Autre ou au monde – l'intime apparaît comme un phénomène mouvant, en perpétuel devenir, impossible à figer, même par le biais de l'écriture ; un état de grâce évanescent, qui « se conquiert[11] », mais qui menace à tout moment de basculer dans l'opacité. Et c'est peut-être ce dynamisme qui conduit le mieux vers une articulation des deux entités et expériences à première vue incompatibles que sont le voyage et l'intimité. Car quoi de plus définitoire pour le genre viatique que de rendre compte, de manière plus ou moins fragmentaire, des parcours kaléidoscopiques de voyageurs en contact permanent avec une altérité elle-même mouvante, capable des fois d'engendrer des mutations en profondeur chez celui qui tente l'aventure ?

À travers une réévaluation de leurs rapports problématiques, les contributions du présent volume font ressortir des configurations parfois inattendues, en suivant trois axes thématiques, ce qui n'exclut pas les croisements des perspectives. Qu'il favorise plutôt la découverte de soi, la découverte de l'Autre ou la découverte du monde, le déplacement spatial ne semble jamais aller sans un dé-placement, voire un re-placement existentiel et/ou identitaire, où les rapports de soi à soi-même, de soi à l'Autre rencontré ou de soi au monde parcouru constituent chacun des termes en « pôles d'intensité[12] » susceptibles de former, à travers leur juxtaposition oxymorique, des « pôles d'intimité[13] ».

Prise entre une volonté de partage et son potentiel de repli, l'écriture de l'intime oscille en permanence entre l'exhibition et la dissimulation – car l'intime ne se *dit-simule*-t-il pas, à en croire Tatiana Antolini Dumas ? –, selon une dialectique du voilement et du dé-voilement, parfois

11 François Jullien, *Près d'elle. Présence opaque, présence intime*, Paris, Éditions Galilée, 2016, p. 69.

12 *Id.*, p. 92.

13 Voir Zygmunt Bauman, *Postmodern Ethics*, Oxford, Blackwell Publishers, 1995.

redevable à des stratégies d'écriture bien mises au point. La volonté de partager son vécu intime n'est donc pas toujours innocente. On voit ainsi comment dire son intimité à travers le récit de voyage est, pour Louise Colet, l'occasion d'une théâtralisation du moi. Pour elle, nous apprend Thierry Poyet, « sortir de chez soi ne revient pas à sortir de soi », mais contribue « à l'édification d'un moi plus fort[14] », un peu comme dans le cas de Valentin Jamerey-Duval, analysé par Josiane Guitard-Morel, où le détour par l'altérité et par le monde est toujours mis à profit en vue d'une reconstruction identitaire. L'intime « donné à voir », extériorisé, semble rejouer, dans les lettres adressées par Mme de Sévigné à sa fille, Mme de Grignan, la scène traumatique originelle du départ et de la séparation. Frédéric Calas montre comment les diverses formes de voyage imaginaire mises en scène par Mme de Sévigné sont sous-tendues par une écriture de l'intime « partagée [...] entre épanchement et retenue », « l'obscénité de cet intime révélé[15] » faisant finalement signe vers toute la violence contenue dans la volonté de se dire à l'Autre.

Ou de dire l'Autre. Car, si le geste de se dé-voiler, bien que tendu vers un destinataire réel – comme dans le cas de la correspondance de Mme de Sévigné – ou vers un lecteur potentiel ou imaginaire, reste somme toute une mise en avant de soi, dé-voiler l'Autre dans son intimité peut parfois prendre tous les traits d'une agression. Surtout lorsque le texte rend compte d'un face-à-face asymétrique, où l'observateur s'arroge un impérieux « droit de regard », tout en dérobant soigneusement sa propre intimité aux regards importuns. C'est bien le cas de figure analysé par Dolores Toma, qui met en lumière les enjeux animant le parcours oriental entrepris par Jane Dieulafoy en compagnie de son mari à la fin du XIXe siècle. Loin de tisser une intimité relationnelle authentique avec la femme persane, la voyageuse européenne « cherche le moyen de déchirer le voile », en mettant son indiscrétion au service d'une pulsion scoptophilique qui est la sienne, mais aussi celle de son public, qu'elle convie par là « au spectacle de l'exhibition de l'intimité de l'Autre[16] ».

Mise à distance sous l'œil indiscret de l'observatrice européenne ou brièvement partagée chez Flaubert, l'intimité exhibée est chez ce

14 Voir la contribution de Thierry Poyet dans ce volume.

15 Voir la contribution de Frédéric Calas dans ce volume.

16 Voir la contribution de Dolores Toma dans ce volume.

dernier, comme le montre Sarga Moussa[17], l'expression du « fantasme, typiquement "orientaliste", du *dévoilement* ». Cependant, l'esthétisation de cette nuit de plaisir passée en la compagnie de Kuchuk-Hanem, elle-même à la fois objet d'une esthétisation idéalisante et d'un réalisme démythifiant, reste profondément ambivalente. Car le partage avec le lecteur de cette intimité partagée avec la courtisane n'est qu'un « partage contrôlé » par l'auteur qui, tout en suggérant l'intensité de cette expérience viatique empreinte d'intimité, n'en fait pas moins entrevoir les limites : du vécu, du partage, du dire.

Cette exhibition de l'intimité peut, en effet, participer « d'une stratégie plus générale de dévoilement de soi très maîtrisée », comme en témoigne la correspondance de Joseph de Jussieu pendant son long séjour à Lima, au Pérou. L'aveu de ses innombrables désagréments physiques et psychiques n'est, en fait, qu'une savante construction d'une intimité d'apparat : tout en feignant le dévoilement, le botaniste français ne fait que mieux se couvrir d'un voile épais et opaque, signe que son existence « devait rester inaccessible à ses proches[18] », selon l'avis de Nathalie Vuillemin. De même, Franz Grillparzer parvient-il à se taire sous couvert de se dire, du moins par moments, l'étalage de son intimité physique et physiologique à travers son *Journal de voyage en France et en Angleterre* n'étant qu'une tactique parmi d'autres de fuir l'intime, qu'il s'agisse d'un tête-à-tête avec lui-même ou, éventuellement, d'une rencontre de l'Autre. Mais chassez l'intime, il revient au galop : c'est du moins ce qui semble nous suggérer Gaëlle Loisel, qui est d'avis que les tentatives de Grillparzer de se distraire de soi ou des autres se soldent finalement par un échec : « l'écrivain se trouve plus que jamais confronté à lui-même et à sa difficulté à se lier aux autres[19] ».

L'opacité qui guette le vécu de l'intimité lors de l'expérience viatique ainsi que son expression n'est toutefois pas uniquement le résultat d'une stratégie discursive ou existentielle de dérobade, mais touche à l'essence même de l'intime, ténu et évanescent, toujours sur le point d'advenir ou de s'évanouir. En réfléchissant sur les conditions de possibilité d'un dire intime à l'époque romantique, celle de l'émergence de « l'homme sensible », à partir du *Voyage en Orient* de Lamartine, Philippe Antoine

17 Voir la contribution de Sarga Moussa dans ce volume.
18 Voir la contribution de Nathalie Vuillemin dans ce volume.
19 Voir la contribution de Gaëlle Loisel dans ce volume.

en vient à dénoncer « l'insuffisance du verbe », plus d'une fois inapte à traduire « l'intensité du ressenti ». Le « trop intime » ferait ainsi partie des « figures de l'indicible » identifiées par Christine Montalbetti[20], renvoyant à des expériences non-partageables, comme l'est, en l'occurrence, la mort de Julia, les mots s'avérant impuissants à exprimer la catastrophe et l'infini de la douleur du père, qui pourraient ainsi représenter une sorte de « degré zéro » de l'intime.

Le dernier axe de lecture suivi dans le volume thématise ce qui constitue le fil directeur qui le traverse et qui articule peut-être le mieux l'intimité et le voyage, notamment les rapports d'intimité qui se tissent entre le voyageur et l'Ailleurs découvert, arpenté et traversé, des fois presque amoureusement. Nous voyons ainsi comment certaines œuvres laissent transparaître la construction d'une topographie de l'intime, issue parfois, de manière paradoxale, d'une volonté de fuir l'intime, comme dans le cas du *Journal* de Franz Grillparzer, où les théâtres et les rues mêmes de Paris deviennent de véritables espaces d'intimité que le flâneur s'approprie à sa manière. De même chez Edgar Quinet, dont les *Vacances en Espagne* rendent compte de tout un « processus d'intimisation » qui sous-tend le voyage et qui témoigne d'une familiarité croissante avec l'Autre et l'Ailleurs. Ainsi, malgré certains « dysfonctionnements de l'intimité » et la persistance, ça et là, de zones d'opacité où l'intime se dérobe, les écrits de Quinet recèlent-ils une grande variété de lieux d'intimité : des « espaces de sociabilité joyeuse » propres à un approfondissement de l'intimité relationnelle, comme les auberges ou les cafés, des figures du refuge, comme la chambre ou la voiture, voire parfois les mêmes auberges et cafés, mais qui changent tout simplement de signe pour favoriser plutôt l'intimité introspective et solitaire du retrait et du repli, enfin de grands espaces comme les sierras andalouses qui, placés sous le signe de l'ouverture au monde, révèlent également le voyageur à lui-même. En effet, cette communion avec la terre espagnole est pour le Français un moment d'initiation où accueillir l'Autre en soi le met aussi sur la voie d'une métamorphose intérieure, d'une renaissance, d'« une naissance de soi à soi[21] ».

Ce type d'intimité frôlant la fusion avec le monde, voire avec la terre elle-même, qu'il s'agisse de la « terre berceuse et mortelle » du

20 Citée par Philippe Antoine dans sa contribution.
21 Voir la contribution de Tatiana Antolini-Dumas dans ce volume.

pays d'Islam ou de la Terre avec majuscule, est abordé de façon plus détaillée dans les deux dernières contributions du volume. Chez Isabelle Eberhardt « le caractère régressif de cette immersion dans l'espace désertique est suggéré par cette dispersion euphorique de l'être, où les frontières du moi se brouillent[22] », alors que sa communion intime avec les oasis où elle séjourne, surtout à El Oued, ouvre aussi sur l'intimité du couple fusionnel, selon la dialectique déjà évoquée entre intimité introvertie et intimité de partage. Diana Samarineanu se penche, quant à elle, sur deux hypostases de l'humain dans l'œuvre de Julien Gracq, le caractère « terrestre » de l'homme gracquien appelant une redéfinition de l'intimité à travers le prisme d'une ontologie phénoménologique selon laquelle le voyage acquiert lui-même un sens existentiel, en tant qu'actualisation du « substrat terrestre » de l'humain. Cette intimité maternelle avec la Terre révèle « une espèce particulière de présence au monde » qui, malgré une certaine indifférence spatiale témoignée par l'homme gracquien, traduit une disposition originaire de celui-ci de « s'installer » sur le chemin. Ainsi « l'idée gracquienne de voyage comme intimité avec le monde[23] » a-t-elle partie liée avec sa manière d'envisager la condition humaine comme itinérante, rejoignant par là l'ancienne conception du voyage comme ascèse et pénitence. Quoique la figure de l'« errant par le monde » – avatar de *l'homo viator* – soit délestée du poids de la métaphysique chrétienne, sa condition terrestre étant, par là, dédramatisée, les textes de Julien Gracq n'en exhalent pas moins, dans l'interprétation de Diana Samarineanu, un souffle métaphysique. Car cet accord intime avec le monde n'est pas sans nous rappeler qu'être-sur-la-route est le propre de l'être-pour-la-mort, tout comme, dans l'apaisement de la pulsion d'errance, c'est bien la tentation de l'anéantissement, de l'ensevelissement au sein du « désert berceur » qui se fait jour dans les écrits d'Isabelle Eberhardt. Ces échos séduisants, bien que mortifères, laissent entrevoir la possibilité d'une autre forme d'union intime, faisant résonner l'appel d'un autre Ailleurs qui n'est plus de ce monde.

Loin de toute ambition d'exhaustivité, les contributions rassemblées ici visent à poser des jalons théoriques et analytiques à même de donner du relief aux liens complexes et souvent contradictoires qui unissent

22 Voir notre contribution du présent volume.

23 Voir la contribution de Diana Samarineanu dans ce volume.

l'intimité et le voyage à partir d'un corpus presque exclusivement français. Les éditeurs scientifiques ne peuvent qu'espérer que le présent volume a tenu le pari et qu'il a pu ouvrir de nouvelles voies à des recherches futures.

Vanezia Pârlea
Université de Bucarest

PREMIÈRE PARTIE

ÉCRITURES DE L'INTIME

VOYAGE ET DÉCOUVERTE DE SOI

IMAGINAIRE DU VOYAGE ET CHRONIQUES DU MOI

dans la correspondance de Mme de Sévigné

Le texte de Mme de Sévigné offre, pour explorer les modalités d'écriture de l'intime reliées aux formes de déplacement, un terrain d'étude singulier, mais tout à fait riche. Sans doute convient-il de noter d'emblée que le terme de déplacement est mieux approprié pour rendre compte de l'expérience viatique de Mme de Sévigné, même si le mot ne s'emploie guère alors[1]. En effet, Mme de Sévigné n'est pas un voyageur au sens que ce terme prend pour Jean-Jacques Rousseau par exemple, ou pour les romantiques étudiés par Philippe Antoine dans plusieurs de ses travaux, comme dans sa belle étude consacrée à la promenade sous le titre *Quand le voyage devient promenade* (2011). Enfin, Mme de Sévigné ne voyage que très rarement par plaisir ou par désir de découvrir une région ou un lieu. Elle note d'ailleurs dans sa correspondance cette réflexion, tout à fait emblématique de la cristallisation traumatique que le voyage a pu produire dans son intimité :

> C'est une chose étrange que les grands voyages. Si l'on était toujours dans le sentiment qu'on a quand on arrive, on ne sortirait jamais du lieu où l'on est. Mais la providence fait qu'on oublie ; c'est la même qui sert aux femmes qui sont accouchées. Dieu permet cet oubli, afin que le monde ne finisse pas et que l'on fasse des voyages en Provence. Celui que j'y ferai me donnera la plus grande joie que je puisse recevoir dans ma vie, mais quelles pensées tristes de ne voir point de fin à votre séjour[2] !

---

1 On ne relève dans l'ensemble de la correspondance qu'une seule occurrence du terme au pluriel, dans le sens moderne, mais qui n'est pas encore établi ni confirmé par les dictionnaires contemporains du texte : « Je vous crois revenue à Lambesc ; il est vrai que ces déplacements sont mauvais à tout. J'ai bien envie que vous soyez à Aix un peu en repos, et puis à Grignan », in Madame de Sévigné, *Correspondance à Mme de Grignan*, [1646-1696], Roger Duchêne (éd.), Paris, Gallimard, « Bibliothèque de la Pléiade », 1972, p. 410. Les références à cet ouvrage figureront désormais, pour la plupart, dans le corps du texte, précédées de l'abréviation *COR*.

2 Aux Rochers, dimanche 31 mai 1671, *COR*, p. 261-262.

Le voyage (présent dans l'ensemble de l'expérience personnelle et fréquent dans le texte des lettres, comme le montrent les études lexicométriques) est le plus souvent contraint, qu'il s'agisse du voyage aux Rochers (Bretagne), où la Marquise se rend pour s'occuper de son domaine, ou du « voyage de Provence », terme double signifiant autant le voyage de la fille que celui que la mère entreprendra pour la rejoindre. Ce « voyage » est d'ailleurs plus déplacement d'un lieu à un autre, qu'errance, distraction ou découverte[3]. Encore faudrait-il, pour être en phase avec l'évolution biographique que connaît la Marquise, distinguer l'expérience vécue et l'expression intime des sentiments avant la date fatidique du 5 février 1671 et après. En effet, cette date très précise marque un départ, un voyage et un traumatisme : le départ pour la Provence de la fille adorée, Mme de Grignan. Cet événement va modifier l'expression et la nature des lettres, ainsi que la relation aux lieux et aux paysages que Mme de Sévigné entretient.

Nous allons tâcher d'analyser cette mutation et d'étudier les nouvelles modalités du dire et du dire intime qui change de nature et d'ampleur à partir de cette date traumatique, pour voir comment se mettent en place au moins deux modes d'expression compensatoire, l'un recourant à l'imaginaire, l'autre à l'écriture, associant intimement désir de l'autre et expression intime de soi.

LEXIQUE ET LEXICOMÉTRIE DU VOYAGE ET DE L'INTIME DANS LA CORRESPONDANCE DE LA MARQUISE

Si les enquêtes lexicométrique et lexicologique sont d'ordinaire toujours riches pour l'étude des textes, quand on les aborde sous l'angle propre à l'analyse du discours, l'étude des paradigmes de « voyage »

3 Pendant son séjour à Grignan elle se rend à Marseille à la fin de l'année 1672, et c'est l'une des rares notations sur une ville : « Je suis charmée de la beauté singulière de cette ville, à voir la citadelle et la vue ; et puis l'arsenal, voir tous les magasins [...] l'hôpital, et puis sur le port... Je demande pardon à Aix, mais Marseille est bien plus joli et est plus peuplé que Paris à proportion ; il y a cent mille âmes. » (*COR*, Lettre du 25 janvier 1673, p. 574).

et d'« intime » est décevante dans l'ensemble de la correspondance de Mme de Sévigné. En effet, les occurrences des lexies *voyage(s)* (603), *voyageur(s)* (5), *voyageuse* (1), *voyager* (621) témoignent bien de la présence réelle de cette pratique dans la vie et dans le texte de Mme de Sévigné, mais ne suffisent pas à donner l'image exacte de cette *praxis* comme mode d'expression de soi. Rappelons qu'à l'époque du texte, le terme « voyage » s'entend selon deux acceptions, comme l'inscrit l'Académie à l'article qu'elle lui consacre en 1694 :

> Voyage. s. m. Allée ou venuë qu'on fait pour aller d'un lieu en un autre assez éloigné. *Grand, long, lointain voyage, faire voyage. un voyage en Italie, en Perse, aux Indes, revenir de voyage, d'un voyage. estre en voyage. avez-vous achevé vos voyages. c'est un beau voyage. les fatigues des voyages. comment vous portez-vous de vos voyages ? Voyage en Levant. voyage à Jerusalem. voyage de saint Jacques en Galice.* [...
>
> Il se dit aussi, De toute allée & venuë d'un lieu à un autre, quoy qu'il ne soit pas fort éloigné. *J'ay fait deux voyages à Versailles. j'ay fait vingt voyages chez luy sans le trouver.*
>
> Il se dit aussi, De l'allée ou venuë que quelqu'un fait pour nostre service, soit pour porter quelque chose, soit pour faire quelque message. *Ce crocheteur, ce porteur de chaises, ce charrettier a fait tant de voyages pour moy. il faut payer son voyage*[4].

Au terme *voyage*, il conviendrait de rajouter d'autres pratiques, comme la promenade, très représentée, ou la *trotterie*, curiosité lexicale, attestée par Littré qui prend pour exemple la citation de Mme de Sévigné, et qui se dit figurément pour « faire bien des voyages pour quelques pas[5] ».

> Je vous demande, ma fille, comme vous vous portez de votre voyage de Marseille. Je gronde M. de Grignan de vous y avoir menée ; je ne saurais approuver cette trotterie inutile. (*COR*, 875)

Le champ sémantique du voyage est le plus souvent associé à celui du danger et de la fatigue. Le voyage est en effet vécu négativement dans l'ensemble de la correspondance, qu'il s'agisse de ceux de la fille ou de la Marquise, car ils réactivent tous le trauma inaugural de la séparation des deux femmes :

> J'ai bien envie de savoir comme vous aurez soutenu ce tourbillon d'Aix. Il est horrible ; je m'en souviens. C'était une de mes raisons de craindre pour votre

4 Dictionnaire de l'Académie, édition de 1694, en ligne, <www.atilf.fr>.

5 *Ibid.*

santé. Toutes ces allées et venues sont des affaires pour vous présentement, qui n'en étaient pas autrefois. (*COR*, p. 784)

Et d'un autre côté, vos Alpes, dont les chemins sont plus étroits que vos litières, où votre vie dépend de la fermeté du pied de votre cheval… Ma bonne, cette pensée me fait transir depuis les pieds jusqu'à la tête. (*COR*, p. 525)

Quant à l'intime, le mot existe, mais la notion n'a pas encore gagné le sens qu'on lui connaît. Sur les 29 occurrences de l'adjectif dans l'ensemble de la correspondance (1646-1696), 19 se trouvent dans la collocation quasi figée « ami(e) intime[6] ». Seules de rares caractérisations évoquent la sphère privée des sentiments « intime sentiment, intime intérêt, intime confiance ». On notera une notation topographique du corps comme espace « intime et intérieur », où l'on voit que la réduplication n'est pas tautologique et montre que les deux adjectifs ne recouvrent pas les mêmes aires sémantiques :

à Paris, ce mercredi 24e janvier 1680.

Voilà une bouffée de mal qui dure longtemps, ma bonne, et que je comprends qui vous fait une sorte de douleur bien vive et bien incommode. Il n'y a personne qui ne connaisse quelque douleur d'estomac ; celle que vous sentez est plus piquante et plus pesante, et cela se passe dans un endroit si intérieur et si intime, c'est tellement soi qui souffre, que j'admire, ma bonne, et j'ai toujours admiré votre douceur et votre patience ; je ne crois point qu'un autre pût soutenir ce mal comme vous. Je me souviens de ce brasier sous le poumon, dont vous parliez ; je comprends bien aisément qu'avec un tel feu, vous auriez besoin d'une chaleur qui vous rafraîchit mieux que mon vautour. (*COR*, p. 806)

C'est vers la lexie « intérieur » qu'il convient de se tourner, car bien qu'elle soit encore moins fréquente (15 occurrences seulement), certains de ses emplois s'approchent de la conception moderne de l'expression de l'intime : « Vous voyez, ma bonne, que je vous rends compte de mon intérieur, après vous avoir parlé de mon corps et de ma santé. » (*COR*, p. 897). On relèvera aussi l'unique occurrence d'intimité (dans un sens plus spatial que psychologique) : « Je n'ai pu m'empêcher de vous dire tout ce détail dans l'intimité et l'amertume de mon cœur, que l'on soulage en causant avec une bonne dont la tendresse est sans exemple. » (*COR*, p. 156).

6 C'est d'ailleurs semble-t-il la seule acception qu'enregistre l'Académie en 1694 : « INTIME. adj. de tout gen. Il n'a guère d'usage qu'en cette phrase. *Ami intime*, qui signifie, Un ami cordial, un homme avec lequel on a une liaison d'amitié très estroite. En ce sens il est quelquefois substantif. *C'est son intime.* », en ligne, <www.atilf.fr>.

Cette rareté des deux termes montre que l'emploi moderne n'est pas encore installé, et que la pratique ne relève pas de l'expression métatextuelle, mis à part les rares exemples mentionnés. Or, en ce qui concerne le style, la lecture, l'écriture épistolaire, la lettre comme objet, les commentaires métatextuels, témoignant d'un degré aigu d'une conscience réflexive, sont nombreux et scandent l'ensemble de la correspondance. Si l'intime n'accède pas à cette dimension, on peut formuler plusieurs hypothèses, soit il emprunte un autre mode d'expression (ce que l'on va explorer ici), soit il relève davantage d'une démarche inconsciente que consciente. Si l'enquête lexicométrique et lexicologique s'avère donc décevante, mais si l'intuition de lecture demeure, il convient donc de changer de perspective et d'outils pour caractériser les modalités de l'expression intime liée à l'expérience viatique.

LES MODALITÉS DES VOYAGES
Les déplacements de l'intime

Nous n'aborderons pas ici la dimension référentielle des voyages ni le récit des *realia*, qui ne ressortit pas uniquement ou directement à l'expression de l'intime, mais nous allons nous intéresser aux façons « intimes » de voyager de Mme de Sévigné. Nous en retenons trois, les voyages par provision, par procuration, par hallucination, toutes trois singulières, toutes trois récurrentes, toutes trois mettant en scène une extraordinaire manipulation : manipulation de soi, de son désir, manipulation de l'absence, manipulation de l'autre et du manque de l'autre. Ces façons de voyager, entre imaginaire et réalité, révèlent sur un mode inédit les sentiments et les ressentis les plus intimes du moi. Ces trois modes naissent d'un voyage réel inaccessible ou retardé (le voyage de Provence), qui se trouve alors compensé par l'imaginaire et par son récit dans les lettres adressées à la fille. Roland Barthes parle de « distorsion » ; elle est ici spatiale et temporelle ; elle est déplacement de la scène réelle à la scénographie imaginaire. Plusieurs voyages se superposent alors, plusieurs scènes, plusieurs lieux, plusieurs médiums, car la lettre elle aussi voyage et son (a)cheminement est l'objet de toutes les attentions.

VOYAGER « PAR PROVISION »

Mme de Sévigné a une pratique singulière de l'écriture des lettres, il lui arrive maintes fois au cours de la correspondance d'écrire « par provision », c'est-à-dire plusieurs lettres à l'avance qu'elle enverra telle une chronique dans le même « paquet » :

> Ceci est un peu de provision, car je ne vous écrirai que demain. Mais je veux vous écrire présentement ce que je viens d'apprendre. (*COR*, Lettre du 12 février 1671, p. 157)
>
> Pour aujourd'hui, je commence ma lettre un peu par provision ; elle ne partira que demain et, en la fermant, j'y ajouterai encore un mot. (*COR*, Lettre du 26 juillet 1671, p. 304)

Il ne serait pas inexact de dire qu'elle voyage de même « de provision ». En effet, un curieux système de voyage compensatoire et anticipatoire se met en place dès l'arrivée de sa fille à Grignan. Mme de Sévigné, qui n'a pu partir et ne le pourra que plus d'un an après l'installation de sa fille, commence à imaginer ce qui dans le texte sera dénommé « le voyage de Provence » :

> Vous me parlez très tendrement et très obligeamment du voyage de Provence. Soyez assurée une bonne fois que l'abbé et moi, nous le souhaitons, et que c'est une des plus agréables espérances que nous puissions avoir. (*COR*, Lettre du 22 avril 1671, p. 228-229)

Cette expression qui revient comme un leitmotiv dans la correspondance semble se lexicaliser sous la plume de la Marquise et fonctionne de manière métonymique dans l'économie épistolaire. Le syntagme N de N[7] condense le voyage, le réduit à sa destination finale, et fait le même chemin que les lettres. La construction donne corps par anticipation au voyage lui-même qui n'aura lieu que le 16 juillet 1672 : « Enfin, ma fille nous voilà. [...] l'espérance de vous trouver au bout d'une si longue carrière me console » (*COR*, p. 555).

Mais avant de le réaliser, Mme de Sévigné a fait en imagination ce voyage et le voyage par l'esprit est plus détaillé et coloré que le voyage réel (qui sera relaté dans les lettres du samedi 16 juillet 1672 au 11 septembre, mais très sommairement, et sans qu'aucun détail du voyage

---

7 On relève 123 occurrences de l'expression « voyage de X » : voyage de Bourgogne, de Flandres, de Guinée, de Marseille, d'Aix, de Provence, de Dijon, de Monaco, de Bretagne.

lui-même ne soit vraiment mentionné). En revanche, l'évocation de Grignan et de la Provence habite l'esprit de Mme de Sévigné :

> Vous connaissez les Rochers, et votre imagination sait un peu où me prendre ; pour moi, je ne sais où j'en suis. Je me suis fait une Provence, une maison à Aix, peut-être plus belle que celle que vous avez ; je vous y vois, je vous y trouve. Pour Grignan, je le vois aussi, mais vous n'avez point d'arbres (cela me fâche), ni de grottes pour vous mouiller. Je ne vois pas bien où vous vous promenez. J'ai peur que le vent ne vous emporte sur votre terrasse ; si je croyais qu'il vous pût apporter ici par un tourbillon, je tiendrais toujours mes fenêtres ouvertes, et je vous recevrais, dieu sait ! Voilà une folie que je pousserais loin.
>
> Mais je reviens, et je trouve que le château de Grignan est parfaitement beau. (*COR*, Lettre du 21 juin 1671, p. 277)

Ce voyage anticipé est, comme le surinvestissement de la scène épistolaire, dont témoignent au plus haut degré les lettres écrites « par provision », un moyen de gommer les distances, de s'inviter sur le lieu de l'autre, de l'imaginer vivre, de s'imaginer à nouveau réuni à lui.

Dans l'extrait de la lettre du 21 juin, c'est l'emploi de la construction verbale pronominale factitive qui montre le travail de l'imagination (*je me suis fait une Provence*) centré sur le désir de l'énonciatrice comme le révèle le datif éthique (*me*). Ce travail de l'imagination se construit sur la dissymétrie de situation entre les deux femmes (*vous connaissez les Rochers*) vs (*je ne sais où j'en suis*), comme si Mme de Sévigné ne supportait pas ce manque et donc se sentait davantage séparée de sa fille. Comme chez les voyageurs, c'est la vue qui va servir de support au récit et au compte rendu. Ici, le verbe *voir* scande la scène, et le présent de l'indicatif joue pleinement son rôle d'actualisation de la scène imaginée qui prend alors par le biais de la diatypose toute la réalité « hallucinée » du réel. Ce présent est aussi un pont jeté entre le lieu et le moment de l'écriture en Bretagne et le lieu de l'évocation (La Provence, Grignan), il est l'auxiliaire qui vise à abolir les distances, il actualise la projection, et dans un double mouvement en raison de l'adresse de la scène à la fille, il déroule sous les yeux des deux spectatrices une vision, une scène qui les réunit toutes deux. L'intime ici est « donné à voir », il est extériorisé parce que Mme de Sévigné veut le faire partager, parce qu'elle veut rendre cette intimité de son imagination, de sa vie psychique présent pour l'autre, parce qu'elle utilise son imagination (ce qui lui est propre, ce qu'elle phantasme) pour pallier un manque et une absence physique.

Plusieurs éléments sont remarquables dans le corpus sévignéen, concernant les lieux de Mme de Sévigné et les « voyages » qu'elle entreprend entre ces lieux. Elle voyage par l'imagination en Provence, avant de s'y rendre véritablement : « La Provence est devenue mon vrai pays » ; « Je passe bien plus d'heures à Grignan qu'aux Rochers » (*COR*, p. 239).

VOYAGER PAR PROCURATION

Le départ (le voyage et l'éloignement Paris – Grignan) scelle la relation épistolaire : la lettre marque autant d'étapes comme dans un voyage, car le temps du trajet entre Paris et Grignan est long. Mme de Sévigné voyage ainsi de provision et par procuration. Elle écrit à toutes les étapes par lesquelles passe sa fille, comme si elle voyageait elle-même :

> Je vous avoue que j'ai une extraordinaire envie de savoir de vos nouvelles. Songez, ma chère bonne, que je n'en ai point eu depuis La Palisse. Je ne sais rien du reste de votre voyage jusqu'à Lyon, ni de votre route jusqu'en Provence. Je me dévore, en un mot ; j'ai une impatience qui trouble mon repos. Je suis bien assurée qu'il me viendra des lettres (je ne doute point que vous ne m'ayez écrit), mais je les attends, et je ne les ai pas. Il faut se consoler, et s'amuser en vous écrivant. (*COR*, p. 163)

La lettre voyage entre Paris – la Bretagne – La Provence. Cette lettre voyageuse est l'objet de toutes les attentions, car elle est le véhicule des sentiments de la mère pour la fille, mais aussi celui de la raison de vivre de la Marquise, fondée sur l'association des sentiments, de leur analyse, mais aussi sur la dimension créative liée à l'écriture de la correspondance. Elle ira jusqu'à écrire « Vos lettres sont ma vie » (*COR*, Lettre du 27 septembre 1671, p. 322).

Mme de Sévigné commente les voyages de sa fille, comme si elle-même les avait faits, ou si elle commentait ce que sa fille aurait dû voir ou dire, toujours dans une perspective de projection et d'anticipation sur les choses à voir, présentées comme des choses vues.

> Je reviens encore à vous, c'est-à-dire à cette divine fontaine de Vaucluse. Quelle beauté ! Pétrarque avait bien raison d'en parler souvent. Mais songez que je verrai toutes ces merveilles ; moi qui honore les antiquités, j'en serai ravie, et de toutes les magnificences de Grignan. (*COR*, Lettre du 28 juin 1671, p. 283)

VOYAGER PAR HALLUCINATION

Mme de Sévigné emploie une énergie considérable pour abolir les distances spatiales et temporelles, elle le fait en écrivant tous les jours à sa fille, parfois plusieurs fois par jour, et « par provision », comme on vient de le voir, notamment entre le mercredi et le vendredi, puisqu'il y avait deux courriers hebdomadaires entre Paris et Marseille. De là est née cette impressionnante correspondance. Mais la lettre ne suffit pas, et pour abolir les distances, Mme de Sévigné recourt à son imagination et à ses lectures. Elle imagine même un moyen de transport aussi inédit que fantasque, qui viendrait enlever sa fille et la ramener auprès d'elle. Ce moyen de transport « aérien », est une création fictionnelle et mythologique, une créature hybride, mi-cheval, mi-griffon : l'hyppogriffe.

> Que j'aime la solitude ! que ces lieux sacrés à la nuit, éloignés du monde et du bruit, plaisent à mon inquiétude ! je ne vous dis point, ma bonne, à qui je pense, ni avec quelle tendresse ; à qui devine, il n'est point besoin de parler. Si vous n'étiez point grosse, et que l'hippogriffe fût encore au monde, ce serait une chose galante et à ne jamais l'oublier que d'avoir la hardiesse de monter dessus pour me venir voir quelquefois. Hélas ! Ma bonne, ce ne serait pas une affaire : il parcourt la terre en deux jours. Vous pourriez même quelquefois venir dîner ici, et retourner souper avec M. de Grignan ; ou souper ici, à cause de la promenade où je serais bien aise de vous avoir, et le lendemain vous arriveriez assez tôt pour être à la messe dans votre tribune. (*COR*, Lettre du 15 juillet 1671, p. 295)

La mention de cette voiture fabuleuse vient tout droit des lectures de la Marquise, vraisemblablement de l'Arioste, qu'elle lit pendant son séjour aux Rochers. On assiste à une forme de fictionnalisation de la relation mère-fille et de la relation épistolaire, qui se nourrit de l'interdiscours littéraire. Qui plus est, la mention de la galanterie, du contexte médiéval et chevaleresque révèle aussi la nature de l'imaginaire maternel, totalement gagné par l'imaginaire amoureux. Le rêve de vitesse, d'abolition des distances, prend les formes d'un rapt, d'un enlèvement assez inquiétant pour une fille.

L'ensemble de la correspondance est traversé par une double tension, tension entre les lieux fixes (lieux refuges) et les déplacements (perçus comme des dangers) et tension entre l'imaginaire (qui abolit les distances) et le réel (qui est le constat du manque de l'être aimé). Ces tensions se lisent par exemple dans les constructions prépositionnelles :

> Quelle rage de prendre un chemin opposé à celui de son cœur ! Si jamais je ne vois plus rien entre la Provence et moi, je serai transportée de joie. (*COR*, p. 253)
>
> Cette confiance que vous me donnez en votre bonne santé me confirme dans le dessein de ne point joindre, pour cette année, la Provence à la Bretagne. (*COR*, p. 256)

Si le constat de la page 261 est soudain brutalement négatif, et témoigne d'une forme passagère de résignation, le jeu des constructions prépositionnelles (*entre* ; *à*) montre un imaginaire de l'abolition de la distance et d'une superposition des espaces. Elles se lisent aussi dans les recours aux antithèses :

> Si vous continuez de vous bien porter, ma chère enfant, je ne vous irai voir que l'année qui vient ; la Bretagne et la Provence ne sont pas compatibles. (*COR*, p. 261)
>
> Et puis, tout d'un coup, je pense où vous êtes ; mon imagination ne me présente qu'un grand espace fort éloigné. Votre château m'arrête présentement les yeux. (*COR*, Lettre du 28 juin 1671, p. 281)

Les lieux de l'intime sont des lieux fixes, comme l'âtre ou le foyer : lieu du féminin et du repos par excellence. Ainsi, au coin du feu de chez Mme de La Fayette : « Je vois tous les jours votre fille, ce qui s'appelle à l'âtre. » (*COR*, p. 76). Autre lieu secret et intime, en extérieur celui-ci, le parc des Rochers et singulièrement le labyrinthe :

> Je viens d'en faire un [voyage] dans mon petit *galimatias*, c'est-à-dire mon labyrinthe, où votre aimable et chère idée m'a tenu fidèle compagnie. J'avoue que c'est un de mes plaisirs que de me promener toute seule. Je trouve quelques labyrinthes de pensée dont on a peine à sortir, mais on a du moins la liberté de penser à ce que l'on veut. (*COR*, Lettre du 29 juillet 1671, p. 310)
>
> Me voici dans un lieu, ma bonne, qui est le lieu du monde où j'ai pleuré le jour de votre départ, le plus abondamment et le plus amèrement ; la pensée m'en fait tressaillir. Il y a une bonne heure que je me promène tout seule dans le jardin. (*COR*, Lettre du 29 janvier 1672, p. 425)

L'intériorité de Mme de Sévigné, qui touche son intimité, ne se dit pas toujours directement ni ouvertement. L'expression des événements ou des états les plus intimes du moi se fait « à saut et à gambades », selon les mouvements qui agitent la Marquise, ce qui fait que se crée l'impression d'une plume qui vagabonde en sautant du coq à l'âne.

Ce n'est pas le moi révélé ni l'accès à l'intimité que trouve le lecteur moderne. Ce ne sont que des fragments, des pans ou des réflexions, des notations personnelles, intimes ou non, qui forment le tissu des lettres. Certes Mme de Sévigné parle essentiellement d'elle dans ses lettres, mais elle parle surtout essentiellement de ce qui touche à sa fille, ou qui concerne leur relation. Mais Mme de Sévigné souffre, et sa souffrance est bien réelle. Elle souffre du manque que représente l'absence de sa fille ; mais elle souffre aussi parce qu'elle n'est pas dupe des pouvoirs relatifs de l'imagination :

> C'est une chose étrange qu'une imagination vive, qui représente toutes choses comme si elles étaient encore ; sur cela on songe au présent, et quand on a le cœur comme je l'ai, on se meurt. Je ne sais où me sauver de vous ; notre maison de Paris m'assomme encore tous les jours, et Livry m'achève. Pour vous, c'est par un effort de mémoire que vous pensez à moi ; la Provence n'est point obligée de me rendre à vous, comme ces lieux-ci doivent vous rendre à moi. (*COR*, À Livry, jeudi saint 26ᵉ mars 1671, p. 200)

On observe dans l'écriture épistolaire de Mme de Sévigné, une forte tension entre la mention *realia*, dont l'évocation est précise mais rapide (le nombre de chevaux attelés au carrosse, les circonstances de la noyade d'un cheval, la traversée de telle ville) et l'expression intime des sentiments, qui occupe la plus grande partie de la lettre quand il s'agit de l'évocation d'un voyage, par exemple. Cette expression qui prend toute la place est elle-même composée de deux ingrédients, également construits en tension. D'une part, la lettre relevant du style simple ou familier, Mme de Sévigné n'hésite pas à recourir à des images ou expressions populaires, mais d'autre part, dans une sorte de mouvement compensatoire, elle détourne maintes expressions ou citations ou allusions pour les faire servir à l'évocation de ses sentiments. C'est dans ce versant de son écriture que l'on a très rapidement vu en elle un écrivain, et c'est cet aspect de son écriture – son style – qui l'a rendue célèbre déjà auprès de ses contemporains.

L'INTIME DÉVOILÉ PAR LE VOYAGE
« Arracher le cœur d'une pauvre créature »

À partir du 5 février 1671, la relation entre Mme de Sévigné et Mme de Grignan change donc durablement de nature : « Lorsque Mme de Grignan quitte sa mère pour aller vivre en Provence avec son époux, Mme de Sévigné découvre non seulement l'intensité exceptionnelle de ses sentiments mais encore le désir d'instaurer un mode de communication capable d'incarner les options d'un idéalisme relationnel pleinement assumé[8]. » Si l'on suit l'analyse de Roland Barthes, développée dans *Fragments d'un discours amoureux*, à l'article « Lettre », ce n'est plus une « relation » que la Marquise établit avec sa fille, qui serait toujours selon Barthes « purement expressive », mettant en relation deux images, mais une « correspondance », « c'est-à-dire une entreprise tactique destinée à assurer des conquêtes ; cette entreprise doit reconnaître les lieux (les sous-ensembles) de l'ensemble adverse, c'est-à-dire détailler l'image de l'autre en points variés que la lettre essaiera de toucher (il s'agit donc bien d'une correspondance au sens mathématique du terme[9]) ». Ce qui paraît paradoxal et d'une extrême violence dans l'écriture de l'intime chez Mme de Sévigné, c'est le fait qu'elle soit adressée : en effet, le mouvement d'extimité ne prend pas pour cadre l'espace du journal (écriture adressée à soi pour fixer les idées, éclaircir les sentiments) ni l'espace de la fiction (l'écriture étant alors tout autant adressée par l'écrivain à lui-même qu'au lecteur, mais ce dernier est un tiers anonyme), ici la lettre n'est pas un espace fermé ou clos, c'est un simple vecteur, un medium dont l'unique objet est de dire cet intime à l'être aimé. En ce sens, se trouve un paradoxe dans cette expression si personnelle, c'est qu'il implique totalement le destinataire privilégié qu'est Mme de Grignan, surtout lorsque l'occasion choisie pour cadre de cette expression est le « voyage de Provence ». Pour Mme de Sévigné, et en raison du choix discursif de l'épistolaire, sans doute le « pôle d'intimité » inclut fortement l'autre, Mme de Grignan, à tel point, on

8 Cécile Lignereux, « Introduction », *La Première année de correspondance entre Mme de Sévigné et Mme de Grignan*, Paris, Garnier, 2012, p. 7.

9 Roland Barthes, *Fragments d'un discours amoureux* [1977], Paris, Seuil, « Tel Quel », 1977, p. 188.

le verra rapidement plus bas par l'étude des pronoms personnels et des formules d'adresse que dans le ressenti de Mme de Sévigné, cet autre ne fait qu'un avec elle. Elle scandera ses lettres de cette terrible formule relevant du discours amour : « vous êtes ma vie[10] ».

LA SCÈNE TRAUMATIQUE ORIGINELLE ET SA RÉITÉRATION

Le voyage déclenche une expression des affects et du moi. Il est donc « abréaction », et en cela propice singulièrement à l'expression de l'intime, dans ce mouvement de l'intérieur vers l'extériorisation du ressenti, dans un cadre au demeurant ambivalent, celui de la lettre, un genre de discours dont la plupart des chercheurs pensent qu'il est consubstantiel de l'intimité. La scène inaugurale qui lie le voyage à l'intime est le départ pour la Provence de la fille aimée. Qui plus est, sur la scène personnelle, le départ coïncide avec la date anniversaire de la naissance de Mme de Sévigné (5 février 1626), ce qu'elle ne manquera pas de noter : « Il y a aujourd'hui bien des années, ma chère bonne, qu'il vint au monde une créature destinée à vous aimer préférablement à toutes choses. » (*COR*, Lettre du 5 février 1674)

Si l'on en croit le dictionnaire de la psychanalyse, s'appuyant pour l'article « Traumatisme » sur les écrits de Sigmund Freud, le trauma serait « une blessure grave » jetant l'organisme dans un état de choc. En 1896, Freud « souligne l'impossibilité pour un symptôme de provenir d'une seule expérience réelle, chaque fois le souvenir éveillé par association d'expériences antérieures agit en même temps comme cause du symptôme et la scène ultérieure doit la puissance qui lui permet de déterminer les symptômes à son accord avec une scène antérieure[11] ». Ces deux scènes, qui se trouvent dans la correspondance de Mme de Sévigné dans l'année 1671, ont toutes deux partie liée à des voyages, à des départs. La scène originelle, proprement le noyau du trauma, a pour cause le départ pour la Provence de Mme de Grignan le 5 février 1671 ; la seconde, de manière tout à fait surprenante, coïncide avec le propre départ de Mme de Sévigné pour sa propriété des Rochers en Bretagne.

10 « Je suis toujours avec vous » (*COR*, Lettre du 9 février, p. 152) ; « Pour moi, il me semble que je suis toute nue, qu'on m'a dépouillée de tout ce qui me rendait aimable » (*COR*, Lettre du 11 février, p. 155).

11 Cité par Elisabeth Roudinesco et Michel Plon, *Dictionnaire de la psychanalyse*, Paris, Fayard, article « TRAUMATISME », 2006.

Michèle Longino note à propos de la phrase liminaire de cette lettre : « À l'examen du vide créé par l'absence de sa fille, Sévigné comprit qu'il était à la fois externe et interne et chercha à exprimer son sentiment intime de perte par la description de l'absence physique de sa fille[12]. »

Ineffable est l'intensité du sentiment qui n'est pas verbalisable, car le langage ne rendrait pas la nature exacte de l'intensité ressentie, mais, en même temps, seul le langage peut donner à l'interlocutrice un faible aperçu de l'éprouvé de Mme de Sévigné :

> *À Paris, vendredi 6 février 1671*
> Ma douleur serait bien médiocre si je pouvais vous la dépeindre, je ne l'entreprendrai pas aussi. J'ai beau chercher ma chère fille, je ne la trouve plus, et tous les pas qu'elle fait l'éloignent de moi. Je m'en allai donc à Sainte-Marie, toujours pleurant et toujours mourant. Il me semblait qu'on m'arrachait le cœur et l'âme, et en effet, quelle rude séparation ! [...] toutes mes pensées me faisaient mourir. [...] Je revins enfin à huit heures de chez Mme de La Fayette. Mais en entrant ici, bon Dieu ! comprenez-vous bien ce que je sentis en montant ce degré ? [...] Comprenez-vous bien tout ce que je souffris ? (*COR*, p. 149-150)

> *Lundi matin, en partant, 18 mai 1671*
> Enfin, ma bonne, me voilà prête à monter dans ma calèche. Voilà qui est fait, je vous dis adieu. Jamais je ne vous dirai cette parole sans une douleur sensible. Ce départ me fait souvenir du vôtre. C'est une pensée que je ne soutiens point tout entière que l'air de la veille et du jour que je vous quittai. Ce que je souffris est une chose à part dans ma vie, qui ne reçoit nulle comparaison. Ce qui s'appelle déchirer, couper, déplacer, arracher le cœur d'une pauvre créature, c'est ce qu'on me fit ce jour-là ; je vous le dis sans exagération. Je n'ose penser que légèrement à cet endroit et à toutes ces suites ; je n'ai pas la force de l'approfondir. (*COR*, p. 255-256)

LES MODALITÉS DU DIRE INTIME : LE *LAMENTO*

L'expression des sentiments personnels se réalise par le recours à un hyperonyme inscrivant l'intime dans l'énonciation directe du *je* et dans l'entier de la notion substantivale (*je sens la douleur de*). La cause de la douleur ressentie est donnée explicitement par le complément du nom : *de m'éloigner de vous*. Le voyage en Bretagne est vécu sur le mode d'un déchirement, et il ravive le premier départ, celui de Mme de Grignan

12 Michèle Longino, « Le Moment de la Séparation », p. 29-44, *in* Cécile Lignereux (dir.), *Mandez-moi des bagatelles. La première année de correspondance entre Mme de Sévigné et Mme de Grignan*, Paris, Classiques Garnier, 2012, p. 37-38.

pour la Provence. On notera dans cette construction la distribution des pronoms déictiques référant aux partenaires de l'interlocution et de l'échange épistolaire : *me – éloigner – vous*. Outre son omniprésence, l'antonyme générique (*joie*) est relayé par les termes *consolation* et *amusement*. En fait, le lexique positif n'intervient qu'en contrepoint du lexique dysphorique pour dire la perte, perte redoublée et répétée ici, de Mme de Grignan, puis la perte du commerce épistolaire dont le rythme seul en fait va changer. Présent comme un horizon d'attente, ce lexique sert d'indicateur pour mesurer l'étendue du chagrin ressenti. Le départ en Bretagne est vécu comme un véritable arrachement, le verbe *arracher* apparaît d'ailleurs dans une image particulièrement évocatoire (*arracher le cœur d'une pauvre créature*) que l'on commentera plus loin. À côté du substantif *douleur* apparait le verbe *souffrir*, qui encadre la lettre et pourrait parfaitement en constituer la légende (*ce que je souffris, que ne souffrirai-je point en ce temps-là*). Il est l'un des indicateurs de la tonalité de la plainte qui fait de cette lettre une « portugaise », selon les dires mêmes de Mme de Sévigné. On notera que cette souffrance n'est pas simplement énoncée, elle est quantifiée dans les deux propositions par des procédés différents (l'emphase et l'ineffable, l'exclamation et l'emploi de l'adverbe *que*). C'est comme si l'ethos – non seulement discursif mais constitutif de Mme de Sévigné – n'était que celui d'une posture de *souffrance*, qui a dans les derniers mots de la lettre des accents plus strictement maternels, alors que dans les premiers les accents sont plus ambigus et pourraient tout simplement être qualifiés d'amoureux.

L'expression des ressentis intimes et personnels se réalise par le recours aux modalités affectives et émotives (interrogations, exclamations), qui ponctuent la lettre. L'émotion parcourt le texte de la lettre, comme le montrent les interjections (*Hélas !*), qui sont quasiment des cris du cœur ou les adresses à Dieu (*bon Dieu !*), ponctuants marquant le haut degré de l'affectivité de la lettre au moment de l'écriture. Les interrogations, bien que rhétorisées, au moins dans les deux premiers paragraphes, maintiennent le lien avec l'allocutaire tout en manifestant l'émotion de l'épistolière (*Est-il possible qu'il y ait encore quelque chose à faire à un éloignement, quand on est à deux cents lieus l'une de l'autre ?*)

Parmi les modalités, il en est une qui joue le rôle de contrepoint, et qui inscrit le lamento dans l'hyperbole, c'est la négation. Elle est l'expression du haut degré, lorsqu'elle affecte les processus scalaires de comparaison (*ne reçoit nulle comparaison*), ou l'expression de l'indicible dans une sorte de radicalisation de la douleur qu'elle vient en quelque sorte mesurer (*une pensée que je ne soutiens point tout entière, je n'ai pas la force de l'approfondir*).

Une autre particularité de l'expression intime, qui serait propre à l'écriture épistolaire et à l'écriture féminine est le rendu du désordre intérieur dans le style même. On note à cet effet, un usage singulier des connecteurs. Ils ne sont quasiment pas usités dans l'espace de la lettre du lundi matin selon leurs valeurs canoniques de marqueurs des articulations (chrono)logiques. Ils rendent compte de l'affectivité et de l'émotion ressentie par le scripteur au moment de l'écriture ou au moment de l'événement relaté, mais non selon le point de vue de la trame épistolaire censée respecter une certaine cohérence discursive. C'est le cas de *enfin*, paradoxalement placé en tête de la lettre et en tête de phrase, où il ne peut avoir de valeur conclusive. Il marque seulement une rupture temporelle ici, celle du départ lui-même ; c'est le cas de *donc* au début du deuxième paragraphe : *je m'en vais donc en Bretagne*, où il ponctue davantage l'émotion, et revient sur le départ par un effet d'orgue, comme une note qui serait reprise et prolongée au piano. Le point commun à ces trois connecteurs (*enfin, donc, voilà*) est le sème d'achèvement qu'ils ont en partage. Cet achèvement est le signe d'une rupture dans la vie de Mme de Sévigné, d'un changement d'état ou de temporalité, d'une bascule entre un avant heureux, et un après placé sous le signe mortifère de la séparation. Le recours au clivage et aux constructions pseudo-clivées est le signe du désordre ressenti par le scripteur et qu'il cherche à traduire ou qui se traduit par ces phrases à la syntaxe bousculée et particulièrement expressive. Les deux constructions morpho-syntaxiques servent le réaménagement du discours, disent l'intensité du mal ressenti et rendent palpable le déchirement éprouvé par la mère : « C'est une pensée qui ne se soutient point tout entière [...] Ce que je souffris est une chose à part dans ma vie [...] Ce qui s'appelle déchirer [...] c'est ce qu'on me fit ce jour-là [...] C'est ma vie que la joie d'avoir de vos nouvelles. » (*COR*, p. 255-256).

L'écriture « portugaise » vise à mettre en exergue des mots vedettes, à signaler des accents marqués ou plaintifs, à mettre en regard la vie et la mort, liées à la présence ou à l'absence de l'être cher. Comme la Marianne de la fiction, Mme de Sévigné surinvestit la correspondance, et la lettre est devenue pour elle consubstantielle de sa survie et une métonymie de sa fille. Mme de Sévigné se présente (un peu à la manière de la Marianne de

Guilleragues ou des Héroïdes d'Ovide) comme une victime du sort. C'est l'expression *arracher le cœur d'une pauvre créature*, qui convoque en filigrane cette idée ici d'un acharnement du sort (même si Mme de Sévigné n'est pas dupe des raisons du départ de sa fille : *vous êtes allée à Marseille pour me fuir*).

Dans les différentes postures éthiques que la lettre construit, la posture de victime malheureuse domine, comme en témoigne l'adjectif antéposé *pauvre*, au sens de digne de pitié, malheureuse, ainsi que le terme *créature*, qui fonctionne comme une métonymie généralisante qui inscrit Mme de Sévigné dans une communauté de souffrance plus large, avec une coloration religieuse due à l'emploi du terme. C'est donc un *ethos* de souffrance qui se dessine dans les deux premiers paragraphes de la lettre (*ce que je souffris est une chose à part dans ma vie, qui ne reçoit nulle comparaison*). L'*ethos* discursif dessine un être en souffrance. L'*ethos* dit et l'*ethos* montré s'associent pour faire de cette présentation celle d'un haut degré. Une tension est créée entre les éléments neutres ou les pantonymes (*ce, chose, qui*), et les trois mots pleins (*souffrir, vie, comparaison*). C'est bien sûr le verbe de la relative périphrastique qui domine, grâce à une tournure syntaxique qui en permet quasiment la nominalisation, mais le recours à un sujet grammatical de type phrastique est plus fort que le recours au substantif *souffrance*, car seul le verbe est porteur des indications temporelles liées à ce procès, de même seul le verbe accepte un complément. Le fait que le complément d'objet direct du verbe *souffrir* soit un pronom relatif neutre participe de l'indicible et de ce qui ne se peut ni dire ni comparer, c'est donc un élément qui participe de l'hyperbole, élément constitutif de cet *ethos* de « portugaise ». On ferait la même analyse pour le recours au pantonyme *chose*, le neutre dessine les contours d'un absolu de la souffrance, en ne pouvant la nommer, il en montre en revanche l'intensité. Quant à la relative qui clôt la phrase, elle inscrit en fait la souffrance éprouvée, et partant l'*ethos* discursif dans une communauté plus large, par un effet de prétérition. La négation radicale du terme *comparaison* par le déterminant de l'ensemble vide *nulle* relève d'une rhétorique de l'indicible, d'une impossibilité à nommer la douleur tant elle est grande, mais aussi tant la situation de Mme de Sévigné est inédite, en cela que se répète un drame qui a bouleversé sa vie. C'est donc à la fois dans l'espace de sa propre vie et dans l'espace plus général d'une communauté qu'il ne se trouve rien qui puisse se comparer au mal qu'elle retient. En cela, l'*ethos* discursif la présente sous un jour inédit, celui d'une femme (mère, amante, créature de Dieu) dont la souffrance est extrême.

DE L'INDICIBLE À LA PUDEUR : LES MODALITÉS DE LA RETENUE

L'écriture de l'intime est partagée chez Mme de Sévigné, surtout dans l'évocation des voyages (essentiellement les siens et ceux de sa fille), entre épanchement et retenue. On peut lire la mention quasi didascalique « en partant » comme un indice d'émotion, de précipitation et un signe de la difficulté à quitter Paris. Les quatre paragraphes qui composent la lettre s'acheminent vers une forme de retenue et progressivement changent non pas d'objet – toute la lettre est uniquement centrée sur l'allocutaire – mais de considérations le concernant.

Chaque paragraphe renferme une unité compositionnelle, ce qui est assez rare en fait dans l'ensemble de la correspondance, pas de progression en spirale, pas de pot-pourri ici. Les deux premiers relèvent du lamento pur et s'inscrivent dans l'émotion que constitue le départ de Paris pour la Bretagne, qui évoque pour Mme de Sévigné le départ de sa fille pour la Provence. L'originalité du premier paragraphe est l'usage quasi simultané de l'écriture au moment du départ (ce qui est bien sûr impossible et constitue un tour de force littéraire), le second est une digression, fortement marquée par l'émotion du scripteur, sur les méfaits de l'éloignement, dans une comparaison entre Paris, la Bretagne et la Provence. Le troisième sert de transition à l'émergence de l'apaisement. Toujours placé sous le thème du départ de Paris et de l'éloignement « paradoxal » de Grignan, il est consacré au dispositif que Mme de Sévigné a mis en place pour que les lettres lui parviennent aux Rochers.

La théâtralisation de la clausule inscrit la plainte et la douleur dans l'indicible, et signale l'acmé de l'émotion. L'arrêt de l'épanchement est un signe de retenue, valant tant pour l'autre que pour soi. Ce contrôle qu'exerce alors le scripteur s'inscrit dans le refus de « faire une portugaise », car la Marianne de la fiction ne parvenait pas à arrêter sa plainte qui s'épuisait d'elle-même au terme de cinq missives. L'impératif auto-adressé, précédé d'un *mais* de bifurcation, est le marqueur de l'effort opéré par l'épistolière sur elle-même pour endiguer une mélancolie qui risquerait de la submerger et par là même d'effrayer le destinataire.

La plus grande tension qui s'instaure entre le *je* et le *vous* occupe le second paragraphe. Dans l'évocation des lieux géographiques, construite sur des parallélismes (Paris *vs* Marseille, Paris *vs* la Bretagne, la Bretagne *vs* la Provence), se dit la réalité de la séparation physique des épistolières.

La lettre va poser cette opposition par un lexique qui dit la séparation, tout comme la syntaxe la donne à voir. On relève des isolexismes martelant la thématique (*éloigner, éloignement, loin*), qui dérive rapidement pour verser dans l'hyperbole, le départ de la fille prend des allures de fuite (*pour me fuir*), comme si toute raison objective avait disparu (c'est une lettre dont le mari est totalement absent, ne demeure plus que le couple épistolaire). La syntaxe inscrit la séparation dans la distribution des pronoms personnels : *m'éloigner de vous, Vous êtes allée à Marseille pour me fuir, et moi je m'en vais à Vitré pour le renvier sur vous.* La réduplication du patron syntaxique avec chiasme (*vous – me – moi, vous*) marque toute l'étendue du ressenti de l'éloignement, au-delà en quelque sorte de la stricte distance géographique. Ce sont les limites de la carte du tendre sévignéen qui viennent subitement de bouger, et l'imaginaire prend le pas sur la réalité.

La lettre s'achève sur des impératifs à la deuxième personne qui font de Mme de Grignan l'unique préoccupation de Mme de Sévigné. Dans le martèlement de ces formes ne subsiste plus que l'angoisse du *je*, qui a formellement disparu, mais qui est toujours le point de départ de l'énonciation de formes totalement centrées sur l'allocutaire : « ne dansez point », « Vous savez comme ». Le destinataire des lettres est tellement présent dans l'écriture même que ressurgit en clausule l'isotopie de la douleur qui ouvrait le texte, par la reprise en polyptote du verbe *souffrir* et de la modalité expression qu'est l'exclamation. L'angoisse franchit à nouveau les barrières momentanées de la retenue et constitue l'élément enchaînant de la lettre.

VISION PAR PRÉSENTIFICATION

Le texte de la lettre du 18 mai recourt à deux phénomènes complémentaires : le trucage sur une ouverture *in medias res* avec effet très puissant de diatypose (*Enfin, ma bonne, me voilà prête à monter dans ma calèche. Voilà qui est fait, je vous dis adieu*[13]). Mme de Sévigné dramatise à souhait ce départ, en feignant

13 Cette technique se retrouve dans d'autres lettres : « Vous me faites sentir pour vous tout ce qu'il est possible de sentir de tendresse. Mais, si vous songez à moi, ma pauvre bonne, soyez assurée aussi que je pense continuellement à vous. C'est ce que les dévots appellent une pensée habituelle ; c'est ce qu'il faudrait avoir pour Dieu, si l'on faisait son devoir. Rien ne me donne de distraction. Je suis toujours avec vous. Je vois ce carrosse qui avance toujours et qui n'approchera jamais de moi. Je suis toujours dans les grands chemins. Il

de l'écrire au moment où elle le vit, en le présentant ouvertement comme un adieu (alors que la lettre commence), en l'écrivant au présent. Cette dramatisation est surtout un piège pour l'autre (mais aussi pour soi, comme si Mme de Sévigné entretenait avec complaisance cette posture de plainte).

Comme l'analyse très justement Anne-Marie Garagnon à propos d'une autre lettre (celle du 7 juin 1671), l'écriture de Mme de Sévigné, « s'apparente sinon à l'hypotypose, du moins à la diatypose, celle du fantasme et de la rêverie, qui culmine avec le *je vous vois* de l'hallucination[14] ». Il s'agit d'un trait de style particulièrement « littéraire » de l'expression de l'intime. La figure est nécessaire à la vision, car elle la réalise, elle la crée, et permet par le visuel l'accès de l'autre à la scène intérieure du moi de l'épistolière. Mais la figure est aussi violente car elle contraint l'autre à voir l'étendue des dégâts qu'il a causé sur le moi maternel ; elle confine donc aussi à l'obscénité de cette intimité révélée.

La construction d'une évocation emboîtée s'opère comme dans les cas de mémoire involontaire, mais ici la démarche est largement consciente. Mme de Sévigné est très sensible à la présence absente de sa fille dans les lieux familiers. Par la mention *Ce départ me fait souvenir du vôtre*, elle va glisser d'une sphère temporelle à une autre et entrer dans un espace de souvenirs douloureux. Ce phénomène de superposition temporelle par le biais d'un objet entretient sa mélancolie constitutive. Il est tout à la fois le signe du centrage sur l'autre, et le signe d'un surinvestissement de la relation mère/fille.

Sur un plan strictement stylistique, la lettre accède à des techniques romanesques, et à une exploitation des potentialités offertes par le genre épistolaire. Le jeu sur les temps, le trucage temporel grâce aux connecteurs, aux présentatifs créent parfaitement l'illusion d'une concomitance entre le temps de l'écriture, le temps du départ et celui de la réception. Tout est mis violemment sous les yeux du destinataire, qui ne peut se soustraire à l'emprise de l'image que la mère lui tend. La diatypose devient le piège du récit épistolaire.

Quant aux jeux de rythme, ils contribuent à la littérarisation de l'écriture et de la relation. On sent tout à la fois les palpitations du cœur

---

me semble que j'ai quelquefois peur qu'il ne verse. Les pluies qu'il fait depuis trois jours me mettent au désespoir. Le Rhône me fait une peur étrange. J'ai une carte devant mes yeux ; je sais tous les lieux où vous couchez. » (*COR*, Lettre du 9 février 1671, p. 152)

14 Anne-Marie Garagnon, « Étude stylistique d'un fragment de la lettre du 7 juin 1671 », p. 201-218 *in* Cécile Lignereux (dir.), *Lectures de Mme de Sévigné, Lettres de 1671*, Rennes, PUR, 2012 (p. 208).

et le départ de la calèche. Les jeux rythmiques se constituent sur les variations des types de phrases, par types de message, et par les variations sur les phrases simples et les phrases disloquées. L'asyndète assure le halètement propre à l'émotion et le martèlement des déchirements.

La lettre du 18 mai est écrite « en partant ». Cette mention programmatique d'une évocation exceptionnelle traduit une urgence pleine d'angoisse. Non seulement la lettre est écrite « en partant », mais elle a pour thématique essentielle le départ, le voyage, la séparation. La tonalité de la lettre est celle de la plainte, qui dit une douleur singulière mais topique : douleur de la perte de l'être aimé. Cette perte est ici vécue une nouvelle fois par Mme de Sévigné par un effet de télescopage entre deux situations et deux images, une calèche qui l'emmène en Bretagne, un carrosse qui enlevait sa fille pour la Provence. Par métonymie, le départ de la mère ravive les sentiments ressentis lors du départ de la fille, et l'abyme s'ouvre. La lettre prend alors les accents de l'élégie, tels qu'on les trouve dans la littérature amoureuse. La lettre du 18 mai acquiert alors des accents singuliers, où la plainte de l'être se redouble de la plainte de la mère. Tous les éléments évoqués – le départ pour la Bretagne, les changements dans l'acheminement du courrier, l'imminence de l'accouchement de la fille – sont prétextes à dire l'extrême attention de la mère pour sa fille. Sous l'angoisse palpable se lit l'amour inconditionné d'un être pour un autre, amour totalement tourné vers l'autre, entièrement soucieux de l'autre et dont la plainte confine à la folie, tant cet amour est intense.

L'intime révélé par le trauma du voyage prend la forme d'un discours amoureux, dont les accents fictionnels et littéraires, semblent (pour nous, lecteurs modernes) l'atténuer tout en le haussant sur la scène des Lettres, mais que devait ressentir la destinataire de ces mots d'amour et de la vision des ravages causés par son départ dans l'intimité de sa propre mère ?

Frédéric CALAS
Université Clermont Auvergne,
CELIS

LA QUÊTE DE L'AILLEURS POUR L'ÉDIFICATION DE SOI

dans les *Mémoires* de Valentin Jamery-Duval

« Cette vie errante était assez conforme à mon inclination[1]. » Petite phrase percutante nichée au creux des *Mémoires* de Valentin Jamerey-Duval, le propos laisse entrevoir la force intérieure et naturelle du mémorialiste qui oriente tantôt spontanément tantôt volontairement le jeune fugueur d'un lieu vers un autre. Se révèle ainsi un attrait conscient et réfléchi pour l'ailleurs, marque innée d'un tempérament enclin au voyage. Célèbre autodidacte du XVIIIe siècle, Valentin Jamerey-Duval naît le 25 avril 1695 à Arthonnay, alors petit village de Champagne, devenu aujourd'hui territoire de Bourgogne. Orphelin de père dès l'âge de cinq ans et demi, le garçonnet affronte les rudesses d'un beau-père violent. La peur du parâtre conduit le jeune garçon à infléchir les événements prévisibles du cours de son existence et à se réserver une destinée inattendue qui le pousse à devenir un être itinérant. Son périple, effectué dans des conditions d'extrême difficulté, le mène jusqu'à la cour de Lorraine où il occupera les fonctions de bibliothécaire. Valorisant « la voix autobiographique [...] discours de la subjectivité et de l'individualité comme mythe de notre civilisation[2] », mythe de l'Homme, l'autobiographe – Valentin Jamerey-Duval – entraîne son lecteur dans une réalité légèrement différente des traditionnelles élites voyageuses. Le récit autobiographique narre la vie difficile du jeune homme jusqu'à sa trentième année. C'est à l'âge de quatorze ans que Valentin prend la route et choisit le pseudonyme de Duval. Il y a dans cet abandon du nom patronymique d'abord la volonté de disparaître pour ne plus jamais être retrouvé par le détestable beau-père, ensuite l'intention implicite de renaître sous une nouvelle

1 Valentin Jamery-Duval, *Mémoires* [1784], *Enfance et éducation d'un paysan du XVIIIe siècle*, Jean-Marie Goulemot (éd.), Paris, Minerve, 1981, p. 107. Les références à cet ouvrage figureront désormais dans le corps du texte, précédées de l'abréviation *MEP.*

2 Philippe Lejeune, *Le Pacte autobiographique*, Paris, Seuil, « Poétique », 1975, p. 34.

identité. Jamerey-Duval débute l'écriture de ses *Mémoires* à l'âge de trente-huit ans (1733-1747) et si l'on en croit certains biographes, il y a été encouragé en 1734 par l'épouse du grand duc, future impératrice d'Allemagne, Marie-Thérèse (1717-1780). Tout au long de son récit autobiographique, Jamerey fait œuvre de documentation historique dans un témoignage empreint de sincérité qui, plusieurs décennies avant les *Confessions* de Rousseau, noue un pacte autobiographique respectueux de la vérité, pacte tel que l'a conceptualisé Philippe Lejeune. Si Jamerey se prétend mémorialiste au regard des événements, des faits et contextes historiques jalonnant son discours, il adopte également la posture d'un autobiographe moderne puisqu'il questionne sa vie personnelle et fouille son intériorité. Les avancées permises par la marche à pied transmettent une vision particulière du monde et édifient la singularité du marcheur. Il convient alors d'étudier comment se mêlent voyages et intimité pour élaborer un discours viatique propice à l'exploration du for intérieur. D'abord nous analyserons de quelle manière l'extra lucidité se nourrit des déplacements et contribue à la construction identitaire. Ensuite, nous déterminerons comment l'auto-perception élabore la conscience de soi puis la réflexion. Enfin nous examinerons en quoi la quête de l'ailleurs révèle la découverte de l'intimité.

EXTRA LUCIDITÉ ET CONSTRUCTION IDENTITAIRE

Par la voix narrative de ses *Mémoires*, Valentin Jamerey-Duval devient sujet de son existence et éprouve sa présence à soi-même. Lorsque, pour le dire comme Ricœur, il se narre en « homme agissant et souffrant[3] » dès sa plus tendre enfance, il révèle un être curieux, habité par un fort désir de connaître et d'apprendre. « Penchant de la nature qui va comme au-devant de l'instruction[4] » selon Fénelon, la curiosité du jeune Valentin produit un élan, une impulsion qui se manifeste par le déplacement. Elle détermine le mouvement et déclenche le voyage. Elle fait naître la

3 Paul Ricœur, *Soi-même comme un autre*, Paris, Seuil, 1990, p. 29.

4 François Fénelon, *De l'Éducation des filles* [1687], Paris, Édition Lefever, 1835, p. 491.

nécessité impérieuse de s'engager dans un parcours. Le pendant de la curiosité se nomme liberté. C'est parce que Valentin considère la liberté comme son « véritable élément » (*MEP*, p. 79), condition qui lui permet de rester « maître de [s]on temps et de [s]es actions » (p. 70) qu'il éprouve une véritable avidité à découvrir le monde et à se discerner lui-même. Dans ses *Confessions* Rousseau rapporte un semblable état d'esprit quand il passe « plusieurs jours à [s]e livrer uniquement au plaisir de l'indépendance et de la curiosité[5] ». Chez Jamerey-Duval la curiosité se manifeste par des questions adressées aux personnes placées sur sa route. Avide de savoir comment l'homme passe de l'état d'enfance à celui de vieillesse, le jeune garçon interroge un vieillard pour saisir « comment il avait fait pour devenir vieux et avoir le visage si différent du [s]ien » (p. 84). Si de prime abord l'interrogation paraît simpliste, elle n'en soulève pas moins une réflexion quasi philosophique sur le temps. Pareil intérêt semble « extraordinaire » (p. 84) au pédagogue de fortune, et pour cause, il révèle un goût à l'égard d'un phénomène tout à la fois indéfini et universel, éclairant le monde. La confrontation avec le vieillard inscrit l'adolescent dans une temporalité propre et lui donne la mesure de son existence personnelle au sein d'une histoire plus large. Apprenant l'organisation de l'année en jours, mois et saisons, Valentin appréhende le caractère évolutif de l'existence humaine et prend conscience de sa finitude. La confrontation avec l'extinction du souffle vital l'amène à concevoir « une souveraine horreur pour la mort et un indicible attachement pour la vie » (p. 83-84). L'anxiété envers la mort correspond à la prise en compte des effets de l'universalité du temps et engage à jouir d'une vie dévolue au présent, *hic et nunc*. Ainsi se développe le sentiment intérieur de la durée, formée d'une somme d'instants différents. L'intimité de soi à soi se tisse autour de la perception du temps subjectif, perception rendue possible grâce au parcours d'un lieu à un autre. Si la curiosité initie cet allant vers l'extérieur, elle constitue paradoxalement un ressort pour mieux revenir à soi. En écrivant ses *Mémoires* Jamerey-Duval opère certes un détour par l'altérité et le monde, mais, au final, c'est pour emprunter la route qui le guide à lui-même.

La fuite du foyer familial n'est pas sans suggérer le vagabondage de Rousseau qui tout jeune passe de l'autre côté des limites urbaines de

5 Jean-Jacques Rousseau, *Les Confessions* [1782], *in Œuvres complètes*, t. I., Paris, Gallimard, « Bibliothèque de la Pléiade », 1959, p. 71.

Genève pour « s'abandonner à la fatalité de [s]a destinée[6] ». La volonté de prendre en main son destin ou du moins de refuser celui imposé par l'ascendance participe d'une quête de vérité attisée par une précoce extra lucidité. Adolescent naïf et ignorant, Jamerey-Duval se jette sur la route pavée de Paris puis sur la voie d'un Orient imaginaire guidé par un étonnant bon sens, en lutte permanente contre toute forme de préjugés ou de superstitions. Le jeune garçon présente une faculté naturelle, innée, de saisir le monde avec clarté et justesse. Son amour de l'étude maintes fois exprimée se met au service d'une clairvoyance préexistante. Il écrit que par le « ressort de la raison et [...] [de] ses clartés il [entend] pénétrer jusque dans l'essence intime des choses » (*MEP*, p. 142). Très ambitieux, pareil projet traduit un profond respect pour l'idée de vérité, dont il souhaite être instruit. Cette quête du vrai interloque souvent autrui et notamment un prêtre croisé dès l'arrivée de Jamerey-Duval en Lorraine : « Vous faites paraître une maturité de raison qui m'étonne et je ne suis pas moins surpris qu'à votre âge vous soyez déjà affranchi de l'esprit de bagatelle et de minutie qui fait le partage de vos pareils. Je remarque en vous un goût décidé pour l'examen et pour la vérité. » (p. 128) Par sa distance, pareil examen psychologique confirme la vie intérieure soutenue de l'interlocuteur, vie intérieure tendue vers la connaissance des réalités extérieures, mais surtout vers l'expression d'une vérité subjective reliée à l'intériorité. Dans ce dessein de vérité constitutif de toute réflexion philosophique, l'autobiographe aiguise son esprit d'examen et son souci de vérification. Ainsi notre marcheur s'insurge-t-il de la crédulité de certains Vosgiens à propos d'une fontaine aux prétendues vertus magiques. Son enquête met au jour les bassesses d'un clergé corrompu, prompt à exploiter la crédulité, la niaiserie des fidèles. À la poursuite de la vérité, Jamerey applique une démarche quasi scientifique :

> Il ne me restait plus que de goûter de cette eau extraordinaire. Je la trouvais trop désagréable à boire et avec une odeur de fer que j'eus peine à supporter. Je me figurais que cette qualité jointe à un peu de foi, beaucoup d'imagination et une forte envie de guérir avait produit sur quelques infirmes les effets naturels que l'on avait tant célébrés sous le nom de miracle. Après ces observations, je me disposais à quitter ces lieux, bien résolu d'être plus que jamais en garde contre les préjugés et les erreurs populaires. (*MEP*, p. 128)

6 *Id.*, p. 43.

Selon Aline Mura-Brunel, l'autofiction peut aussi « se décline[r] sur le mode phénoménologique[7] » puisque ce qui se manifeste aux sens et à la conscience du sujet autobiographe devient objet de savoirs et expérience transcendante d'un *je* dialoguant avec lui-même et sa raison. Si la célébration de la vérité passe par l'anecdote, elle-même permise par le voyage, elle n'est pas sans évoquer le célèbre épisode de la dent d'or rapporté par Fontenelle en 1687 dans son *Histoire des oracles*. Comme le scientifique, en esprit cartésien Jamerey-Duval dénonce la propension au merveilleux, son emprise sur les superstitions puis l'exploitation de ces superstitions par des idéologues religieux malhonnêtes. Proche de la prose d'idées développée par les Lumières et favorable à une rigueur savante, l'autobiographe en appelle à la raison, guide pour diriger son esprit vers une investigation réfléchie et ordonnée, apaisant sa soif de curiosité.

La *curiositas* mène le lettré à connaître, à trois reprises, des expériences sensitives de grand désarroi où le danger du moment ou du lieu provoque un immense trouble intérieur. C'est alors l'occasion d'entrer en soi-même pour mieux se détourner de l'hostilité extérieure. L'introversion détache du monde extérieur et permet d'observer et étudier les mouvements de conscience déclenchés en pareille situation. D'abord, Valentin tombe dans un bourbier où il s'enfonce presque entièrement et manque de suffoquer. Néanmoins, il réussit à s'extirper de la boue grasse et collante et se compare à « ces hommes naissant du sein de la terre [...] qui, surpris de leur formation subite, s'étonnaient de voir le limon s'animer et se changer en leur propre substance » (*MEP*, p. 79). Si la chute symbolise une renaissance à caractère mythique rappelant le modelage de l'argile par Prométhée pour donner vie sous ses doigts à l'humanité, Jamerey-Duval neutralise cette dimension métaphorique avec une appréciation plus péjorative par laquelle il se considère tel « le rebut de la nature » (p. 79) « tout à fait indigne de la condition humaine » (p. 79). Il y a donc un double niveau interprétatif à cette sortie du bourbier : le niveau temporel du moment de l'événement ramenant aux impressions négatives et à l'intimité du jeune garçon d'alors, et le niveau du temps de l'écriture transfigurant l'abomination subie en acte de naissance. C'est aussi *a posteriori* rejeter les origines familiales

7 Aline Mura-Brunel, « Intime/Extime, Introduction », p. 5-11, *in* Aline Mura-Brunel et Franck Schuerenwegen (dir.), *L'intime – L'Extime*, Amsterdam, Rodopi, 2002, p. 7.

et devenir soi-même maître et source de cette renaissance, expression distanciée de l'intimité de l'autobiographe.

Ensuite, peu après son arrivée au Paraclet et son recueillement sur les tombes d'Abélard et d'Héloïse, Jamerey-Duval chute dans un puits, ce que l'auteur devenu adulte considère comme le résultat de « l'imprudence et [de] l'étourderie » (*MEP*, p. 91), expérience risquée, « violente situation jusqu'à n'en pouvoir plus de lassitude et de froid » (p. 91). Sauvé de la noyade, l'enfant connaît un jour nouveau puisque cette mésaventure le propulse vers un autre lieu, créateur de l'espace littéraire des *Mémoires* : « Je me remis en marche le long du chemin pavé que je n'admirais plus, et sur le midi, j'arrivais à Nogent-sur-Seine. » (p. 91) Sortir du puits signifie se laver d'un passé proche, poursuivre sa route et s'ouvrir à un autre avenir. Chaque départ renouvelle la dimension existentielle de l'écriture car, selon Paul Ricœur « la compréhension de soi est une interprétation ; l'interprétation de soi, à son tour, trouve dans le récit, parmi d'autres signes et symboles, une médiation privilégiée ; cette dernière emprunte à l'histoire autant qu'à la fiction faisant de l'histoire d'une vie une histoire fictive[8] ». Ainsi, Valentin apporte une interprétation personnelle de ce qui se passe autour de lui et sa quête de l'ailleurs est fondatrice d'une nouvelle identité.

Une troisième fois le jeune garçon connaît l'expérience de la renaissance. Après le bourbier, après le puits, c'est la chute symbolique dans « la couverture des divers lits de fumier » (*MEP*, p. 117). Comme le marcheur se déplaçait « de Monglat en Brie à une ferme […] éloignée de ce château d'environ une demi-lieue, [il] fu[t] attaqué d'un si violent mal de tête qu'il [lui] semblait à chaque instant qu'elle allait s'ouvrir et ses yeux cesser de [l]'éclairer » (p. 116). Et dans son « délire » (p. 116) fiévreux, le jeune garçon n'a plus la force de redouter la mort :

> […] je prévoyais que ma vie allait s'éteindre d'une manière insensible et sans aucune de ces douleurs vives et aiguës qui forcent l'âme à abandonner le corps. Mais je fus infiniment plus heureux que je n'avais lieu de l'espérer. La chaleur du fumier et l'haleine du troupeau qui me tenait compagnie me procuraient des sueurs qui servirent de véhicule au poison dont j'étais imprégné, de sorte que l'éruption s'étant faite en très peu de temps, il se fixa à l'extérieur sans causer d'autres accidents que […] l'horrible difformité qui m'avait presque privé de la figure humaine [ce qui] n'empêchait pas les moutons de me rendre

8 Paul Ricœur, *Soi-même comme un autre*, *op. cit.*, p. 138.

> de fréquentes visites. [...] Ils prenaient souvent la liberté de me lécher le visage. [...] Je faisais de mon mieux pour éviter ces cruelles caresses, moins par rapport à moi que par la crainte que le venin dont j'étais hérissé ne fût préjudiciable aux pauvres moutons, [...] pendant que j'étais comme inhumé dans l'infection et la pourriture. (*MEP*, p. 117)

Par une écriture proche de la littérature médicale, Duval évoque un néant originel putride dont il s'extrait pour construire un arbre généalogique intime enracinant une nouvelle identité en reconstruction. La fuite n'est donc plus l'enjeu de la quête. Les différents lieux propices aux chutes salvatrices fécondent la quête identitaire et précisent la perception de soi : l'ailleurs recherché n'est pas seulement une localisation éloignée de la famille, mais essentiellement un espace introduisant la possibilité d'un destin autre. Dans le discours autobiographique, l'ailleurs se combine indissociablement aux quêtes de soi et de liberté afin de créer l'intégralité de l'être en devenir. Même s'il adopte certaines tournures utopiques marquées par le tropisme du soleil ou l'idéalisation de la ville de Paris, l'ailleurs constitue aussi un affrontement avec le réel, réel saisi dans une extra lucidité propice à un sort remanié. L'ailleurs donne à se mesurer aux réalités du monde et déploie un faisceau sensitif capté par une puissante auto perception, d'abord la conscience de soi puis la réflexion.

DE L'AUTO-PERCEPTION À LA CONSCIENCE DE SOI

Les déplacements de Valentin Jamerey-Duval édifient l'essence de soi dans une permanence d'unité, favorable à l'introspection du marcheur. *Homo viator*, le futur protégé du Duc de Lorraine conçoit chaque départ comme un nouveau commencement, gage d'un esprit neuf. Toutefois, jamais le voyage n'expulse le voyageur hors de lui-même, puisque la pérégrination ouvre la conscience sur une vie intérieure profonde où se croisent méditations, réflexions et connaissance de soi. Valentin Jamerey-Duval semble être né pour la liberté et pour se connaître, c'est-à-dire se confirmer, se légitimer en homme lucide, heureux de sa solitude, parce qu'elle favorise une auto perception accrue de la conscience de soi. La situation d'isolement telle qu'elle est rapportée dans les *Mémoires* élit souvent la localisation symbolique, presque romantique de la grotte, comme on peut la retrouver par exemple dans le roman-fleuve de George Sand *La Comtesse de Rudolstadt* (1842-1843) lorsqu'Albert s'abandonne à un univers onirique voire ésotérique. Comme pour le comte, la caverne crée chez Valentin des conditions d'existence solitaire éloignée des semblables et où règne une atmosphère silencieuse et sereine. La description de l'ermitage, par exemple, montre une cavité « dans l'encoignure d'un vaste rocher escarpé de plusieurs toises de hauteur, au pied duquel la rivière de Meurthe roule ses eaux avec beaucoup de rapidité. Il semblait que la nature eût pris plaisir à former cette bizarre situation pour être le séjour de la misanthropie » (*MEP*, p. 149). Le lieu solitaire et désert, écarté de toute société, exacerbe l'« amour de la solitude » (p. 149) et confirme l'attrait pour la nature. Celle-ci figure un refuge où les bois suffisamment paisibles encouragent à l'étude et où « la profondeur du silence » (p. 162) fait croître « un sentiment confus de vénération » (p. 162). La nature se métamorphose en un temple. Là, le promeneur rend un culte d'adoration à l'immensité traversée. Pareil attachement n'est pas sans rappeler le Vicaire Savoyard et sa perception du divin, non dans les religions révélées, mais dans une volonté supérieure qui « meut l'univers et anime la nature[9] ». Bien que le jeune voyageur ne se rattache pas aux concepts de la religion naturelle définis par Rousseau, son admiration profonde pour l'environnement naturel exalte une activité mentale et spirituelle proche de la piété déiste. Par certains aspects, ce rapport particulier à la nature rejoint la contemplation mystique de Chateaubriand telle qu'elle apparaît dans les *Mémoires d'Outre-Tombe* (1848), notamment dans le récit des promenades romaines[10]. Comme le promeneur romantique, le vagabond du XVIIIe siècle est happé par la majesté des paysages et le locatif provoque alors l'exaltation de l'imaginaire et la génération des idées :

> Je trouvais que le calme et la profonde tranquillité de ces endroits avaient je ne sais quoi de grand et de majestueux qui excitait l'âme à des retours sur

9 Jean-Jacques Rousseau, *Émile ou de l'éducation* [1762], Paris, Garnier-Flammarion, 1966, p. 355.

10 François-René de Chateaubriand, *Les Mémoires d'Outre-Tombe* [1848], Livre III, Paris, Livre de Poche classiques, 1964, p. 68.

> elle-même et en concentrant ses pensées, les rendait plus vives et plus fortes qu'à l'ordinaire. Cette sorte de mélancolie active me plaisait beaucoup, et pour me la procurer, je me retirai souvent sur un tertre de la forêt où il y avait une excavation en guise de grotte. (*MEP*, p. 162-163)

L'extérieur produit un tel enthousiasme intérieur que le texte viatique, comme le souligne Philippe Antoine, « se prête à une confusion du dehors et du dedans[11] ». C'est parce que son errance autorise une mise à disposition au monde ainsi qu'elle se retrouve dans la promenade que les *Mémoires* de Valentin Jamerey-Duval tiennent « le registre des impressions et sensations grâce auxquelles le sujet est pour ainsi dire traversé par le monde et se l'approprie sans le nier[12] ».

La nature pave donc le chemin improvisé jusqu'à l'existence dans une forme de dilatation du lieu isolé qu'absorbe la conquête du moi. Cette excitation de l'âme à revenir sur elle-même participe d'une introspection, entretenue par la perception. Ainsi, la nature et les émois procurés rendent compte de la pensée et de l'affectivité. Comme chez Rousseau, la nature se fait le théâtre des sentiments et réflexions. L'autobiographe se fascine pour une nature si sensible qu'elle engendre des correspondances entre les paysages et les états d'âme. Les goûts conjugués de la nature et de la solitude aident à l'exploration de la personnalité, parce que la perception sensorielle enrichit les principes de l'identité, de la conscience et de l'esprit. La nature dispose le marcheur à la transcendance et lui fournit une indépendance de réflexion qui le projette au-delà du cadre spatial, dans le flux de ses états intérieurs. Jamerey-Duval évoque un état mélancolique actif au contact de la nature, état décrit par Victor Hugo comme « le bonheur d'être triste[13] » : l'antithèse dépeint bien l'épanouissement harmonieux de l'individu dans un assombrissement consenti de l'humeur. La nature engendre une heureuse mélancolie, caractéristique de la complexité de l'âme humaine et son contact avive la sensibilité du marcheur. La mise en écriture distanciée chante alors l'amour de la campagne avec une tonalité idyllique proche des bucoliques :

---

11 Philippe Antoine, « Dehors et dedans indifférenciés : la Promenade », p. 33-43, *in* Aline Mura-Brunel et Franck Schuerenwegen (dir.), *L'Intime – L'Extime*, *op. cit.*, p. 37.

12 *Id.*, p. 38.

13 Victor Hugo, *Les Travailleurs de la mer* [1866], Yves Gohin (éd.), Paris, Flammarion, « Folio Classique », 1980, p. 127.

> Le murmure des eaux m'enchantait et cet enchantement était si puissant qu'il portait le trouble jusque dans le fond de mon âme. J'aimais à rester des heures entières sur le bord des ruisseaux parmi les roseaux et les saules, et cette situation avait pour moi des attraits si vifs et si touchants que sans savoir pourquoi, je sentais mes yeux s'animer et une espèce de chaleur se répandre dans mes veines. Je tressaillais de joie à l'aspect d'un bois, d'une fontaine ou d'un paysage agréable : la rougeur de mon visage et les larmes que je versais dans ces occasions marquaient l'excès de mon contentement de même que ma sensibilité pour les plaisirs naturels et champêtres. (*MEP*, p. 78)

Les sens auditifs et visuels fusionnent dans une perception simultanée où chaque sensation en fait naître une autre dans un crescendo émotionnel inexpliqué. Il y a du mystère dans ce sentiment de satisfaction exceptionnelle qui confine à la fascination. D'ailleurs, pendant ces instants de transports intimes le voyage s'interrompt et le temps s'arrête. Tout le corps est emporté par cet émerveillement des sens qui saisit l'être dans un tourbillon jouissif. Le marcheur ressent une telle ivresse de plaisir qu'il en pleure de joie. Le bouleversement intérieur se manifeste avec force, provoque des tremblements et incendie le cœur. L'analyse du mémorialiste se concentre sur l'épanouissement progressif de la conscience dans son rapport au monde, soulignant que la perception affective ouvre sur une meilleure compréhension de soi :

> Tous ces mouvements étaient aussi de sûrs présages de certaines tempêtes intérieures qui, dans la suite, ont souvent manqué d'être l'écueil de ma raison. J'avoue que, dans les commencements, cette agitation singulière me causa à moi-même beaucoup de surprise, je crois même qu'elle fut l'occasion, et pour ainsi dire l'époque de mes premières pensées. Elles ne pouvaient être que très confuses [...] Cependant j'aimais à en être agité et lorsque quelque objet les avait excitées, je ne manquais guère de m'en procurer la présence. Ces plaisirs innocents eurent le sort de tous les autres plaisirs. (*MEP*, p. 78)

Devenant le décor d'une fantasmagorie tout à la fois sensualiste, intellectuelle et idyllique, la nature sert le progrès des pensées. L'idéalisation de la vie rustique influence la psyché de l'homme et lui procure des états inédits grâce auxquels le voyageur explore son tempérament solitaire et cultive son euphorie. Jamerey-Duval examine la jouissance perceptive de l'existence par ses liens avec la nature. Tous les sens sont mis en alerte et procurent des tourments mélancoliques, des tempêtes intérieures qui embrasent l'hypersensibilité, source d'énigmatiques harmonies entre le paysage et les sentiments du marcheur.

L'écriture autobiographique procède également d'une mise en relation entre le moi d'autrefois et le moi du présent scriptural. Partageant ses émotions et illusions du temps jadis, l'homme mûr qui écrit rapproche les époques de son existence et superpose ce qu'il fut et ce qu'il est. De fait, « il est impossible de dissocier le temps personnel du temps historique [...] et bien plus, la construction du moi ne prend son sens que dans les endroits du texte [viatique] qui rapprochent ces différentes strates temporelles, alors que se lit à cette occasion une conception du temps qui est aussi une poétique de la condition humaine[14] ». Pareille surimpression privilégie la compréhension de soi et l'interprétation des manifestations psychologiques de l'adolescent vagabond. Ces symptômes, que l'autodidacte nomme « sûrs présages », se déclarent par « une agitation singulière », une effervescence qui met au monde les palpitations de la vie intellectuelle. Les pensées naissent de la propagation intérieure des phénomènes saisis depuis l'extérieur. La perception sensitive du monde active la réflexion du marcheur et lui donne accès à l'univers abstrait des idées. Cette aptitude à la réflexion annonce le goût du jeune garçon pour les questions de l'esprit. La mémoire évoque les souvenirs de cette découverte de soi, accouchement symbolique d'une nature humaine, représentatif du *cogito ergo sum*. C'est parce qu'il perçoit confusément les oscillations de ses facultés psychologiques, affectives et intellectuelles que Jamerey-Duval se sent exister. Ressentir sa présence au monde procure un vif contentement au voyageur, mais aussi à l'écrivain qui éprouve un intense plaisir à penser puis à repenser l'origine de ces premiers émois. La découverte de la jouissance et de ses sources réflexives s'effectue dans l'expérience du monde extérieur, ce qui irrigue de bien-être l'esprit du vagabond. La quête de l'ailleurs transite par l'intériorité du marcheur et convie à une abstraction où l'aspiration aux délices simples de l'existence champêtre mène petit à petit à l'intimité de soi.

14 Philippe Antoine, *Les Récits de voyage de Chateaubriand*, Paris, Champion, 1997, p. 233.

AILLEURS ET DÉCOUVERTE DE SOI

Lors de son arrivée en Lorraine, alors état indépendant et florissant, Valentin est instruit des abjections humaines par un vénérable vieillard qui rattache ses descriptions au précepte de Hobbes selon lequel « l'homme est un loup pour l'homme[15] ». Pareil discours provoque de fortes impressions sur le jeune voyageur qui perd toute illusion à l'égard de ses semblables. Le rapport à l'autre se modifie très négativement au point que l'altérité se conçoit tel un espace étranger et menaçant. Valentin éprouve une « véritable aversion » (*MEP*, p. 78) pour les hommes comparés à des « bêtes féroces » (p. 78). L'autre auquel il est fait référence demeure non pas en Lorraine, mais au royaume de France. La description préalable des épouvantables conditions d'existence du peuple français et de l'immonde misère imposée par Louis XIV entre en résonance avec les idées du vieillard lorrain. Valentin ne remet pas en cause cette critique de la nature humaine, parce qu'elle théorise les observations de son périple. L'héliotropisme vers l'est, à la recherche d'un eldorado plus ensoleillé, plus chaleureux et plus humain, s'explique par cette confrontation avec l'hostilité du *locum* traversé. Atteignant la Lorraine, Valentin estime être arrivé « au terme du voyage imaginaire qu'il [s']étai[t] proposé » (*MEP*, p. 136) et pourtant il décide de continuer sa « route vers le levant » (*MEP*, p. 136). La quête qui émerge du texte autobiographique en même temps que se renforce la condamnation d'une certaine altérité est celle d'un autre univers possible dont l'accès emprunte la voie de l'utopie. La dénonciation des exactions commises par le roi de France sur la Lorraine et sur son propre peuple justifie la fuite de Valentin et sa recherche d'un monde plus humain selon la représentation d'un ailleurs davantage clément, avec une visée utopique porteuse d'un humanisme absolu. Dans son esprit, le voyage de Jamerey-Duval s'apparente alors à un itinéraire conduisant à une société idéale susceptible de réaliser le bonheur de chacun. Pareille spéculation s'oppose à l'extérieur perçu

15 « Lupus est homo homini », *in* Plaute, *La Comédie des Ânes*, Paris, Les Belles Lettres, 1932 ; Thomas Hobbes, *Le Léviathan* [1651], traduction de l'anglais par Philippe Folliot, Québec, 2004, p. 105, édition électronique, 12/06/2012, <http://dx.doi.org/doi:10.1522/cla.hot.lev> [consulté le 27/05/2015].

et aux dures réalités observées ou endurées. Par l'artifice littéraire, le bibliothécaire s'inscrit dans une géographie imaginaire grâce à laquelle son récit de voyage lui permet de prendre de la distance. Cette distance se met en place grâce à la pérégrination et à la réflexion critique. Le cheminement et l'observation des rudesses du réel servent la projection d'un monde meilleur, selon une organisation politique et sociale bannissant définitivement les guerres et les misères. Le texte viatique est porteur de nombreuses revendications pour le progrès humain. Le voyage véhicule l'idée de perfectionnement et le principe de compréhension de l'Homme et de l'Histoire. La route du soleil symbolise la volonté de trouver un lieu modèle, protecteur du bien humain, utopie découverte à travers certains aspects de la Lorraine. Bien que le voyageur arrive de France, il se dissocie de toute appartenance patriotique pour mieux adhérer à la promesse utopique qu'il se fait à lui-même de trouver un territoire, ami des hommes.

Dans ce souci du bien humain, l'autobiographe se considère « comme un homme tombé des nues, ou sorti du sein de la Terre, bien résolu de n'avoir d'autre patrie que les lieux où règneraient l'humanité, la justice et la paix » (*MEP*, p. 136). La représentation de soi comme d'un être provenant des cieux souligne la grande surprise de se percevoir différent et d'une origine cosmographique éloignée de toute réalité extérieure. Valentin s'imagine le fils d'un espace infini et idéalisé dont l'influence s'exerce sur sa destinée. Il s'éloigne ainsi des bassesses humaines, reste fidèle à ses idéaux innés et procède d'une fictivisation de soi qui lui confère une position aérienne. Le voyage autorise ce détachement du monde, détachement d'une matérialité à laquelle le marcheur refuse d'être associé. Le jeune voyageur marque ainsi sa forte singularité. Dans cette scénarisation fictive de la naissance du moi où sont convoqués ensemble terre et ciel, l'intimité de l'autobiographe suggère un homme de la nature, issu d'un âge d'or où se confondaient encore les humains et les Dieux. La fictivisation de soi par un discours tout à la fois autobiographique et viatique construit une subjectivité « où des expériences de conversion esthétique [...] se trouvent à la racine d'un agir émancipateur, par quoi se consolide la voie de l'écriture[16] ». Rompant définitivement avec ses origines paysannes incultes, l'écrivain applique une construction

16 Pierre Ouellet, *Le Soi et l'Autre : l'énonciation de l'identité dans les contextes interculturels*, Laval, Presses Universitaires de Laval, 2003, p. 156.

discursive qui ne cherche plus à dire vrai avec des tableaux agrestes mais qui se concentre sur un moi profond, unifié au gré de la déambulation pour extérioriser avec sincérité l'édification d'une intimité en rupture avec ses racines rurales. Jamerey-Duval a conscience de mettre au jour son intimité porteuse de valeurs idéalisées, toutefois, pour lui plus que pour tout autre, exhiber cette intimité par l'écriture autobiographique revient à attester de son existence. Certes, livrer son intimité à la lecture d'autrui annihile l'essence même de l'intime, toutefois, dans le cas de ce vagabond penseur *extimer* l'intime consiste à dépasser sa propre contradiction et à transfigurer l'aporie en acte de naissance légitimée par l'écriture autofictionnelle. Jamerey-Duval aspire à une perfection d'existence qu'il découvre dans le concept de « vie unitive » (*MEP*, p. 155). Le voyage vers le soleil guide donc jusqu'à une dévotion avérée pour « un maître de l'univers [...] essentiellement bon » (p. 156). C'est parce que le Dieu découvert par le marcheur entre en bonne résonance avec ses idées de paix et de justice qu'il lui accorde sa foi : « De tous les attributs divers, la bonté était celui que je concevais le mieux, qui m'intéressait le plus et qui me rendait la divinité plus accessible et plus aimable. » (p. 157) Jamerey-Duval insiste sur son attrait pour le bien et les valeurs favorables à l'épanouissement de l'homme et de sa félicité. Se dessine ainsi une espérance possible pour le progrès de l'humanité dans un optimisme moderne caractéristique du mouvement d'esprit des Lumières. L'autobiographe s'attache à un humanisme intégral avec un solide esprit de justice prompt à faire rayonner la vérité. Valentin rapporte justement certains de ses « affectueux transports » (p. 159) lors de son entrée « dans la carrière de la vie spirituelle » (p. 159). Il évoque « cette joie douce, ces épanouissements de cœur, ces consolations intérieures et toutes [ces] béatifiques chimères [...] dissipées avec [ses] larmes et les vapeurs qui les avaient produites » (p. 159). Ainsi, Jamerey-Duval lève le voile sur l'intimité de ses émotions les plus profondes et lègue à son lecteur l'expression de ces effusions intimes, son essence, celle qui crée la vérité de tout être. En quête de sa vérité, Valentin lit beaucoup et à la cour de Lorraine, les alternances entre lecture et sommeil génèrent mille tourments :

> M'étant endormi après de longues lectures, il m'arrivait que dans l'instant de mon réveil, les plus viles angoisses de la mort se présentaient à mes idées, mais d'une manière si frappante et si forte, que si cette impression ne durait

> dans toute sa vivacité seulement une minute, je puis protester que j'en aurais été accablé et que la sueur froide me serait montée au front comme à ces agonisants qui se débattent et luttent contre le trépas. (*MEP*, p. 227)

L'autobiographe esquisse ici la sphère de ses troubles, de ses sensations de resserrement et de douleur liées à l'inquiétude intense de la mort et de l'agonie qui la précède. Chez le bibliothécaire, l'angoisse extrême attaque le corps et l'accable de maux invalidants. En révélant cet état intime chargé d'affect et de vécu, l'auteur établit une connivence certaine avec son lecteur dans un partage d'expériences intérieures éprouvantes. Écrire l'intime soulage du poids des malaises extrêmes. L'affliction causée par l'idée de la mort est portée à son plus haut degré et livre l'état intime dans une matière brute ciselée par le temps de l'écriture :

> Il m'a semblé que je tombais dans le néant, que j'examinais ma propre chute avec effroi, et que je touchais visiblement au terme fatal marqué par la séparation de l'âme et du corps. Je me souviens parfaitement que la seule image de cet affreux divorce me faisait tressaillir d'horreur et que pour dissiper les nuages ténébreux dont mon âme paraissait enveloppée, je me frottais les yeux et les oreilles avec une rapidité surprenante, comme on le pratique envers ceux qu'on veut retirer d'un profond évanouissement. Ce qui est de fort extraordinaire, c'est que cet accident m'était inconnu avant mon entrée à la cour. [...] Pour en émousser la force, je n'ai point trouvé de meilleurs secrets que de penser souvent à la mort et de me la représenter non pas comme une peine qu'il faut subir, mais comme une loi inévitable que tout ce qui respire doit accomplir. (*MEP*, p. 227-228)

L'intimité du voyageur a partie liée avec le leitmotiv de la chute. Si, comme nous l'avons précédemment souligné, le fait de tomber correspond conjointement et à une négation de soi et à l'espoir d'une renaissance dans la forme de l'ipséité, la chute évoque également la mort et donc la fin du moi. À la manière de Platon, l'autobiographe la décrit comme la dissolution de l'âme et du corps ce qui provoque en lui un épouvantable effroi. On peut alors se demander si la peur de la mort n'exprime pas aussi l'immense crainte d'un retour à l'état des origines, ce qui constituerait une fin symbolique de la reconstruction identitaire effectuée grâce au voyage. Par l'idée de sa propre mort, Jamerey-Duval atteint les horizons de la pensée du néant. La conscience de ce néant engendre l'angoisse du trépas. Pour assumer son état de mortel, le lettré médite sur sa vie et conçoit que seule sa propre mort donne un sens à son existence.

Les *Mémoires* de Jamerey-Duval racontent l'accession d'un adolescent naïf et ignorant à l'état d'homme lucide et cultivé. Ce cheminement suit l'itinéraire d'une géographie imaginaire fondée sur le tropisme solaire qui oriente le marcheur vers un ailleurs meilleur, médiateur de destinée. Le voyage conduit par une force irrésistible et inconsciente permet d'édifier l'identité du marcheur, de lui donner le sentiment d'un être unique doté d'un esprit mu par une volonté propre. La quête identitaire donne à effleurer l'intimité du vagabond qui comprend peu à peu qu'il possède une conscience de soi affirmée. Celle-ci prend appui sur un certain libre-arbitre qui autorise la pensée, l'ordonnancement logique des idées et le raisonnement. Avec ces *Mémoires* le lecteur se situe au plus proche du voyageur et assiste à ses renaissances successives, celles qui fondent son identité. Au fil du voyage et du texte viatique se construit la personnalité du jeune garçon, à la recherche de la bonté, de la justice et du bonheur pour tous les hommes. Cela n'est pas un hasard si Jamerey-Duval entre dans l'univers de l'érudition par le biais des cartes géographiques et ce n'est pas non plus le résultat d'une fortune hasardeuse si le jeune homme se fait remarquer de la noblesse du duché de Lorraine par son goût immodéré pour la géographie. La passion pour cette science révèle le besoin de connaître l'environnement extérieur, d'en tracer les représentations symboliques et d'en dessiner le décor topographique du parcours de soi à soi. Après l'édification de son identité, le marcheur passe à une autre étape qui lui octroie le pouvoir d'explorer ses sensations, d'appréhender son moi et de se sentir vivre. Dans une propension vive à l'abstraction se déroule alors une vie intérieure riche de diverses sensations, de maints sentiments et de nombreuses pensées pour unifier le for intérieur. Exhiber ainsi son intimité au cours du voyage d'Arthonnay à Nancy permet à l'autobiographe d'exister conformément à la nouvelle identité qu'il s'est créé. L'écriture légitime l'être ainsi façonné et le verbe donne chair à un homme singulier qui se montre sans frilosité, en toute sincérité et en toute liberté. L'intimité du voyageur ne reste pas secrète, mais se dit, s'écrit au grand jour pour que fonctionne la légitimation de l'acte de naissance fourni par le texte viatique. Tandis que Jean-Jacques Rousseau se replie dans la résignation passive et dans la certitude de son innocence après avoir fait acte de transparence sur son existence, Valentin Jamerey-Duval convoque la même transparence pour mettre la lumière sur sa reconstruction identitaire réalisée par la fuite et le vagabondage.

Josiane Guitard-Morel
Université Clermont Auvergne,
CELIS

UN « JE » PEUT EN CACHER UN AUTRE

Statut et construction de l'intimité dans la correspondance de Joseph de Jussieu

18 mars 1759. De Lima, Joseph de Jussieu décrit à son frère Bernard, célèbre académicien et démonstrateur de botanique au Jardin du Roi, les divers motifs qui l'empêchent, après vingt-quatre ans d'absence, « d'atteindre enfin le terme d'un si long exil[1] ». Botaniste de l'expédition géodésique mandatée par l'Académie des sciences pour effectuer la mesure des degrés du méridien à l'équateur, Joseph de Jussieu avait en effet quitté la Rochelle en mai 1735 aux côtés, entre autres, de Louis Godin, Charles-Marie de La Condamine et Pierre Bouguer. Tous ont depuis longtemps regagné l'Europe[2]. Jussieu, contraint à pratiquer la médecine pour des raisons financières, semble pour sa part jouer de malchance : en décembre 1744, alors qu'il était déjà engagé sur le chemin du retour, « l'audience de Quito, informée de [s]on dessein, [lui] fit intimer un ordre, peine d'une amende et de courir sus et [l'] arrêter partout où [il] devai[t] passer, de ne pas sortir de Quito et de différer [s]on voyage jusqu'à ce que la peste des petites véroles dont elle était menacée fût cessée, et que la ville se trouvât moins dépourvue

1 Joseph de Jussieu à son frère Bernard, Lima, 18 mars 1759, Paris, Muséum national d'histoire naturelle (MNHN), ms. 179, f. 127. Sans autres précisions, les numéros de feuillets mentionnés renvoient à ce manuscrit. Pour faciliter la lecture des lettres de Jussieu, dont l'orthographe est très aléatoire et la ponctuation peu cohérente, nous prenons le parti de moderniser la graphie et de signaler les aspects linguistiques susceptibles d'étayer l'interprétation de certains passages.

2 Bouguer et La Condamine repartent de Quito en 1743. Le premier emprunte la voie traditionnelle de Panama et atteint la France en 1744. La Condamine choisit de descendre l'Amazone jusqu'au Para. Il arrivera en France en 1745. Louis Godin s'établit à Lima en 1744, où il reprend la chaire vacante de mathématiques. Il revient en Europe en 1751, mais restera à Cadix jusqu'à sa mort en 1759. Sur l'expédition géodésique et ses résultats, voir l'ouvrage très complet de Neil Safier, *Measuring the New World : Enlightenment Science and South America*, Chicago, The University of Chicago Press, 2008.

de médecins[3] » ; en octobre 1747, un autre ordre ajourne à nouveau le voyage vers la France[4]. Mais en 1759, les raisons évoquées n'ont plus rien d'officiel :

> [...] Le mauvais état de ma santé et le dérangement de mes affaires s'opposent à ma félicité, et me couvrant de la plus noire mélancolie, me font sentir plus vivement l'occasion aussi favorable pour moi perdue, et le prolongement de mes souffrances. Peut-être sont-elles inférieures aux maux que j'aurais à essuyer dans une aussi longue navigation. Mais dans l'état où je suis, ils me seraient au moins inévitables, et mon sort peu douteux. Les maux présents que j'éprouve sont une extrême pesanteur, dégoût et perte d'appétit, une fièvre qui m'entre aussitôt après le repas, les urines briquetées, une douleur de rein considérable et particulièrement, je souffre beaucoup plus du côté droit, je jette quelques grains // de sable par les urines. La douleur que je ressens s'est trouvée ces jours-ci accompagnée d'une sciatique dont je ne fais pas de cas parce que j'en connais l'origine, qui est de m'être exposé à un air un peu frais après avoir essuyé l'ardeur du soleil. Mais ce qui me fatigue le plus, c'est l'ardeur intérieure, la pesanteur du corps la petite fièvre qui m'entre aussitôt que j'ai pris mes repas, et enfin cette propension au scorbut que je n'ai pu vaincre entièrement : les gencives s'ulcèrent et jettent du sang fortement, j'ai pour lors l'haleine extrêmement puante. Je viens à bout, il est vrai, de faire disparaître ces accidents par l'usage de quelques antiscorbutiques. Le nitre purifié me fait du bien, le sel de Glauber en petite quantité avec le petit lait, le sirop de grenade, quelques gouttes de l'esprit de vitriol dans une eau de plantain, et le sirop de rose sèche est un gargarisme qui m'a réussi ; le suc de l'arbre de draco est le meilleur remède que j'ai employé pour les ulcères de la bouche, mais il faut qu'il soit frais[5].

Cette présence du corps n'a rien d'exceptionnel dans les lettres de Joseph de Jussieu à ses frères. Médecin, celui-ci dresse une liste de symptômes, diagnostique la cause de ses maux et en suggère les remèdes, comme il est habitué à le faire pour tous les patients qu'il examine. Le processus d'introspection consistant à décrire ou à raconter la maladie s'inscrit en outre dans un rapport au corps et à la santé typique du XVIIIe siècle[6] qui, avec la mention des « souffrances » de l'exil et de

3 Joseph de Jussieu à son frère Antoine, Quito, 16 mars 1745, f. 67. La décision officielle de l'audience de Quito est conservée au MNHN sous la cote Jus10, f. 4-5 et 6-7.

4 MNHN, Jus10, f. 8.

5 Lettre du 18 mars 1759 (cit. note 1), f. 127-127v°. J'utilise le signe // pour marquer le passage à un autre folio.

6 Voir à ce propos Séverine Pilloud et Micheline Louis-Courvoisier, « The Intimate Experience of the Body in Eighteenth Century : Between Interiority and Exteriority »,

« la plus noire mélancolie », confèrent au style médical sa dimension privée. Mais comme le souligne Jean Goldzink, qui dit « privé » ne dit pas nécessairement « intime[7] », *a fortiori* dans une correspondance, et sous la plume d'un savant radicalement distancé de la France, alors que la tendance à une expression et à une littérature de l'intime, au sens moderne du terme, ne fait qu'émerger[8].

Les lettres de Joseph de Jussieu, pourtant, nous incitent à nous interroger sur la possibilité d'une appréhension de l'intime non tant comme thématique, que comme lieu ou fonction du discours : parler de soi, exposer ses souffrances physiques et morales peut, dans certaines circonstances, relever d'une rupture de code entre des interlocuteurs. L'intime serait alors ce qui n'a pas lieu d'être, ce que l'on n'attendait pas, ou que l'on ne voulait pas lire. Le « moi » mis en scène se substitue à l'objet de discours attendu, jusqu'à, paradoxalement, faire écran entre le lecteur et la réalité qu'il souhaiterait saisir. C'est précisément ce qui advient dans la situation énonciative très particulière que constitue l'échange épistolaire entre Joseph de Jussieu et ses frères. Antoine et Bernard, en effet, sont à la fois des figures familières, dont Joseph se plaît à plusieurs reprises à rappeler le rôle tutélaire[9], et ses mandants et représentants officiels auprès de l'Académie. Très zélé et enthousiaste au début du voyage, il se montre assez rapidement sceptique quant à la possibilité de mener à bien sa mission dans le cadre d'une expédition où il

---

Medical History, n° 47, 2003, p. 451-472 ; Vincent Barras et Philip Rieder, « Corps et subjectivité à l'époque des Lumières », *Dix-huitième siècle*, n° 37, 2005, p. 211-224.

7 « En effet, que serait-ce ici [dans la correspondance de Voltaire] que l'intime ? L'aveu d'une colique, d'une pensée amère, d'un petit fait journalier, une humeur passagère, une spontanéité sans retenue ? Mais ce qu'on définit alors, c'est tout bonnement le genre épistolaire dans sa face privée ! (qui n'exclut pas une lecture immédiate plus large, même sans attendre la postérité, toujours déjà inscrite dans l'acte d'écriture, de réception et conservation) », Jean Goldzink, « Voltaire. Le refus de l'intime », p. 65-74, *in* Anne Coudreuse et Françoise Simonet-Tenant (dir.), *Pour Une Histoire de l'intime et de ses variations*, Paris, L'Harmattan, 2009, p. 72.

8 Sur le problème de l'intime et de ses manifestations avant 1760, voir Benoît Melançon (dir.), *L'Invention de l'intimité au Siècle des Lumières*, *Littérales*, n° 17, 1995 ; Françoise Simonet-Tenant, *Journal personnel et correspondance (1735-1939) ou les affinités électives*, Louvain, Bruylant-Academia, 2009 ; Véronique Montémont, « Dans la jungle de l'intime : enquête lexicographique et lexicométrique (1606-2008) », *in* Anne Coudreuse et Françoise Simonet-Tenant (dir.), *Pour Une Histoire de l'intime*, *op. cit.*, p. 15-38.

9 Dès son arrivée à Rochefort le 22 avril 1735, Joseph signifie ainsi à Antoine son regret de s'« éloigner d'un frère qui a pour moi une tendresse de père, et pour lequel j'ai [les sentiments] d'un fils plein de tendresse et de reconnaissance [...] » (f. 8).

manque des ressources indispensables à son entretien. « Je ne manquerai pas de me livrer à la pratique de la médecine », écrit-il de Portobello sept mois seulement après son départ, « mais la botanique en souffrira, et je ne remplirai pas ma mission. D'un autre côté, si je m'acquitte avec cela de ce que l'on attend de moi, que m'en reviendra-t-il[10] ? » Et de fait, les pages proprement scientifiques seront rares et expéditives, les mémoires toujours remis à plus tard ; les envois de graines, plus fréquents, subiront les aléas de la navigation pendant les guerres franco-anglaises et seront souvent perdus[11]. Ces problèmes de communication, les difficultés méthodologiques et pratiques de la collecte botanique dans une nature luxuriante et nouvelle, un climat qui rendait difficile la conservation des échantillons, et l'absence d'une émulation intellectuelle indispensable à la conduite du travail savant, sont autant de raisons qui peuvent expliquer le découragement progressif du botaniste. Lors de sa séance du 6 mai 1758, l'Académie devait toutefois mettre le holà à des manquements qu'elle jugeait inadmissibles. Élu associé en 1743 sous la pression d'Antoine et Bernard, Joseph est alors relégué au statut de vétéran. On précise que « dans le cas où M. De Jussieu reviendrait en France, et justifierait par de bonnes observations que le temps de son séjour en Amérique a été utilement employé pour l'Académie et pour le progrès des sciences, il pourrait prétendre à la pension lorsqu'il viendrait à en vaquer comme s'il n'avait point été fait vétéran[12] ».

Cette situation, on s'en doute, mettait mal à l'aise la famille de Jussieu. Si la plupart des lettres de France ont été perdues, on sent dans les réponses de Joseph la nécessité de justifier ses manquements, sa trop longue absence, et ses silences. Ponctuellement, projets et récits

10 Joseph de Jussieu à son frère Antoine, Portobello, 16 décembre 1735, f. 39v°.

11 Là encore, Joseph de Jussieu montre assez rapidement une propension à la négligence lors de ces envois. De Panama, il adresse ainsi des semences « amassées indifféremment » dont il dit ne pas avoir « le temps de vous faire sur chacune un détail, que je réserve à une autre fois [...]. Je n'ai pas même le temps d'écrire dessus chaque paquet le nom » (*id.*, f. 39).

12 Académie royale des sciences, Procès-verbaux, t. 77 (1758), Séance du samedi 6 mai 1758, p. 440-441. Le 12 mai de la même année, le secrétaire de l'Académie fait état de la réponse du Roi relativement à cette décision : « Sa Majesté m'a fait l'honneur de me dire que [...] si l'Académie trouvait juste qu'il ne fût pas exclu de la pension quoique déclaré vétéran, cet exemple ne peut devenir familier, ni même être cité dans aucune autre circonstance, rien n'étant plus capable de causer du dérangement dans l'Académie que la facilité que l'on aurait d'admettre aux places de Pensionnaires les académiciens passés à la vétérance » (*id.*, p. 471-472).

d'excursions botaniques émergent, souvent teintés d'héroïsme. Le 20 août 1748, relatant un voyage qu'il a fait en avril de la même année dans les provinces orientales de l'actuel Équateur, Jussieu raconte avoir dû « pénétrer à pied des bois et sentiers fort rudes, grimper par le secours des mains des montagnes fort hautes, passer des rivières fort rapides et dangereuses, sans autres provisions que celles qu'on put faire à la hâte dans un village à l'entrée de la province[13] [...] ». Pluies et humidité, précise-t-il, ont « fait pourrir une grande partie des curiosités que j'en rapportais[14] ». Mais ces moments de récit à proprement parler sont rares. En lieu et place, le savant recourra volontiers à une mise en scène de soi où la maladie et les états d'âme jouent un rôle équivalent – parfois parallèle – à l'épisode épique dans le récit d'exploration savante. Reprenant ici l'idée de Françoise Simonet-Tenant, selon qui « l'exhibition de l'intimité existerait d'abord parce qu'il y a au bout de la plume un interlocuteur à persuader[15] », on peut affirmer que ce glissement constitue véritablement, dans la correspondance de Jussieu, un lieu rhétorique dans lequel s'inscrit toute la complexité d'un voyage progressivement devenu vie, dont on ne devrait pas avoir à rendre de compte.

Chronologiquement parlant, le phénomène émerge en effet de manière régulière à partir d'une lettre adressée à Paris le 25 avril 1743[16], qui marque la fin de l'appartenance de Joseph à l'expédition géodésique. La Condamine et Bouguer ont pris le chemin du retour vers la France, Godin se montre indifférent au sort des Français encore sur place, et Joseph affirme ne plus avoir « reçu un sou du Roi » depuis trois ans[17]. Il est donc essentiel pour le savant d'exprimer avant tout ses sentiments d'attachement à sa famille, à laquelle il n'a plus écrit depuis 1741, et le désarroi que lui cause son éloignement. De toute évidence, ce choix permet également de mettre à distance la mission botanique qu'on attend de lui :

13 Joseph de Jussieu à son frère Antoine, Lima, 20 août 1748, f. 86. Sur la manière dont l'héroïsme remplace, dans le récit de voyage savant, l'aventure intellectuelle lorsque l'enquête scientifique est infructueuse, voir Mary Louise Pratt, *Imperial Eyes : Travel Writing and Transculturation*, London, Routledge, 1992.

14 *Ibid.*

15 Françoise Simonet-Tenant, *Journal personnel et correspondance...*, *op. cit.*, p. 31.

16 On trouve déjà, dans les lettres précédentes, des mentions occasionnelles de désagréments physiques ou, plus rarement, d'accès mélancoliques, mais ce motif ne devient véritablement central qu'à partir de 1743.

17 Joseph de Jussieu à son frère Antoine, Quito, 25 avril 1743, f. 63v°.

> Vous croirez peut-être, cher frère, qu'une aussi longue absence comme celle de huit ans aura effacé de ma mémoire l'obligacion [*sic*] des bienfaits que j'ai reçus de vous, et refroidi la tendre amitié que je vous professe. Bien loin de causer en moi un effet qui n'a que trop d'exemples, elle a produit en moi un plus violent désir de me montrer reconnaissant et m'a couvert d'une rare mélancolie dont le sujet est la privation de tout ce que j'ai de plus cher en ce monde.
>
> L'impossibilité que mettait la guerre, ainsi je le pensais, me consolait un peu, et la fin des opérations des académiciens qui paraissait de jour en jour prochaine me ranimait. Le peu de fonds, et les secours de la compagnie épuisés pour penser à un départ accéléré me rebutait. La pratique de la médecine, toute ardue qu'elle est, m'a servi de diversion. Et ce qui a été diversion est aujourd'hui ressource, puis qu'elle me met en état de penser sérieusement à sortir enfin de l'exil [...].
>
> Nous avons éprouvé les deux années dernières et celle-ci des pluies presque continuelles et si abondantes, qui ont causé dans ce pays-ci, ce qui est rare, une grande disette de // vivres, et qui ne m'ont pas permis d'aller à la campagne faire des herborisations. D'ailleurs, depuis les fièvres tierces qui me fatiguèrent dans mon voyage à Loxa, et un dévoiement qui me dura toute l'année de 1740, sur la fin de laquelle je fus attaqué pour surcroît d'une fièvre maligne dont j'eus bien de la peine à me tirer d'affaire, j'ai resté [sic] d'une complexion fort délicate[18].

Le 28 juin 1744, Joseph avoue se « laisse[r] entraîner par une profonde mélancolie[19] », que viennent accroître de nombreuses maladies, l'une d'elles l'ayant même conduit à demander les saints sacrements[20]. Il se dit pourtant tenté d'emprunter pour son retour « un chemin aussi dangereux pour la santé comme celui du Marañon », de manière à pouvoir récolter « des curiosités botaniques ou naturelles[21] ». Dans la lettre du 18 mars 1759 citée au début de cette étude, Joseph de Jussieu terminera son bulletin de santé en précisant que sa faiblesse le contraint à ne sortir « que le matin à quelques visites indispensables, et quoi que ce soit en chaise roulante, je reviens au logis aussi brisé comme si j'eusse fait une journée de plusieurs lieues[22] ».

---

18 *Id.*, f. 63-63v°. À partir de cette lettre, les hispanismes – ici, « j'ai resté », puis systématiquement dans les lettres ultérieures, l'utilisation en lieu et place du suffixe français *-tion* du *-cion* espagnol – seront fréquents dans les écrits de Joseph. Le voyageur s'établit bel et bien au Pérou.

19 Joseph de Jussieu à son frère Antoine, Quito, 28 juin 1744, f. 65.

20 *Ibid.*

21 *Id.*, f. 66.

22 Joseph de Jussieu à son frère Bernard, Lima, 18 mars 1759, f. 128.

Ces motifs participent selon moi d'une stratégie plus générale de dévoilement de soi très maîtrisée. Si l'on ne peut accéder aux réactions de Bernard et Antoine face aux lettres de leur frère, un document conservé au Muséum national d'histoire naturelle permet en revanche de mesurer, dans le contexte scientifique et familial, l'agacement que put éveiller la dimension trop privée des lettres de Joseph. Antoine-Laurent de Jussieu, neveu du voyageur, a en effet dressé un extrait de cette correspondance à l'attention de Condorcet qui, en 1779, rédigea l'éloge funèbre de Joseph de Jussieu[23]. À propos de la lettre du 25 avril 1743, il note : « il paraît mélancolique et l'on commence à observer l'origine de cette maladie qui n'a fait depuis qu'augmenter[24] ». On constate ensuite une certaine lassitude face aux passages similaires dans les lettres ultérieures. Le 16 mars 1745, il relève ainsi qu'« il parle toujours de son voyage et de son désir de revoir la patrie » ; puis « toujours il est question de son retour » (26 septembre 1747), « il parle encore de son retour, de ses infirmités, et de ses fréquents accès de vertige » (4 avril 1761[25]) ; deux lettres de février et avril 1761, « ne disent rien de particulier, même envie de revenir, même récit d'infirmités[26] » ; « c'est toujours la même répétition » le 26 mars 1762[27] et l'on trouve dans celle du 5 mars 1768 « ses lamentations ordinaires sur sa santé[28] ».

En quête d'éléments permettant de souligner l'importance du voyage de son oncle, Antoine-Laurent n'a que faire de ces données. Mais son agacement, plus précisément encore, est sans doute lié à la manière dont cette omniprésence des déboires physiques et psychiques crée un voile opaque sur la vie réelle du savant. Aux interrogations multiples sur celle-ci, qui permettraient d'expliquer pourquoi il ne rentre pas, pourquoi il n'adresse aucun mémoire, pourquoi il ne répond pas aux lettres qu'on lui envoie, une seule réponse : le corps souffrant, et l'âme rongée de mélancolie, habilement mis en scène dans un propos

23 Nicolas de Condorcet, « Éloge de M. de Jussieu », *Histoire de l'Académie royale des sciences… avec les mémoires de mathématique & de physique*, année 1779, Paris, Imprimerie Royale, 1782, p. 44-53.

24 Antoine-Laurent de Jussieu, « Notice sur M. Joseph de Jussieu, contenant un extrait de sa correspondance », MNHN, ms. 179, f. 1v°.

25 *Id.*, f. 2v°.

26 *Id.*, f. 3.

27 *Id.*, f. 3v°.

28 *Ibid.*

qui, tout en s'épanchant, ne dit rien. Le phénomène est particulièrement sensible dans la réponse que Joseph adresse à une démonstration d'impatience, surprenante par sa violence, qu'il reçoit d'Antoine en 1758. Dans une lettre datée du 29 novembre 1756, l'une des rares en notre possession, ce dernier « [s]'étonne infiniment » d'un « silence de plus de neuf années[29] ». La nécessité d'obtenir un certificat de vie et des procurations pour régler l'héritage de leur mère et de deux frères, fait l'objet principal des réprimandes d'Antoine. Mais il reproche tout aussi amèrement à son cadet l'absence de tout résultat scientifique et son irrévérence vis-à-vis de l'Académie : « Rien n'est plus honteux pour mon frère Bernard et moi que de ne pouvoir présenter à l'Académie, qui vous a élevé au grade d'associé, aucune lettre de remerciement de votre part. En vérité cher frère, je ne sais que dire et que penser de votre conduite[30] ! » La réponse de Joseph est adressée à Bernard ; elle est, on pouvait s'y attendre, rhétoriquement très construite. Au « sensible plaisir[31] » de recevoir des nouvelles de son frère, il oppose d'emblée le « chagrin » causé par le rappel des deuils – qui prennent donc le pas, chez Joseph, sur les conflits entre héritiers, chapitre sur lequel il ne revient pas. Les réprimandes d'Antoine déclenchent par ailleurs « la plus noire tristesse[32] ». Lui-même sans nouvelles, il a l'élégance d'imputer ce silence non à la négligence de ses frères, mais à celle d'intermédiaires peu scrupuleux. Enfin, l'évidence de sa bonne volonté, de sa générosité et des multiples malheurs qui semblent l'accabler est soulignée par une ponctuation extrêmement éloquente, alors que ses lettres, depuis le début du voyage, se caractérisaient par une absence pour ainsi dire totale de rigueur formelle :

> M'abandonnant à la peine qui me presse, je ne puis cependant me persuader que vous n'ayez saisi les occasions de me donner de vos chères nouvelles. Mais pour mon malheur, vos lettres passant par tant de mains négligentes et infidèles n'ont pu parvenir jusqu'à moi. Pourquoi douterez-vous que je n'aie le même empressement pour vous faire part de ma situacion[33] ? Comment pourrais-je manquer à la reconnaissance que j'ai toujours conservée pour vos bontés ? À cette amitié, qui s'est acquis encore plus de droit par la qualité de

29 Antoine de Jussieu à son frère Joseph, Paris, 29 novembre 1756, f. 120.

30 *Ibid.*

31 Joseph de Jussieu à son frère Bernard, Lima, 6 avril 1758, f. 122.

32 *Ibid.*

33 Tous les points d'interrogation et d'exclamation sont originaux.

> père dont vous m'avez tenu lieu jusqu'à présent, et dont vous exercez encore les bons offices à mon égard ? Serait-il bien possible que je fus sourd à la voix de la nature, au milieu de ces mêmes occupacions, qui ne peuvent que me rappeler à chaque instant le souvenir de tout ce que j'ai de plus à cœur // en ce monde ? Combien de fois pour vous procurer le plaisir que je sais que vous recevez à la vue des plantes nouvelles curieuses ou étrangères, j'ai entrepris à grands frais des voyages longs et pénibles avec risques, et la perte même de ma santé ! Mais bon Dieu, qu'est devenue la meilleure partie du fruit de mes fatigues, mes lettres et les envois des semences recueillies avec tant de soin ne sont pas parvenus jusqu'à vous, et bien loin de cette consolation que j'en attendais, j'essuie des reproches. Quel regret ! En effet je fais peu de cas du dérangement de ma fortune, je vois avec une grande indifférence que les frais que j'ai été obligé de faire, les pertes, les vols qui me poursuivent, ont diminué beaucoup les petites épargnes faites peu à peu dans la pratique de la médecine ; je serais riche si j'eusse été plus intéressé. Ce qui m'afflige, c'est le peu de santé que j'ai sacrifié si inutilement, que je vois réduit à une langueur sujette à de fréquents accès de fièvre, à une affection scorbutique dont j'ai été atteint, et une douleur fixe au rein droit me fait craindre pour la gravelle. Ce sont là, cher frère, les motifs qui m'ont retardé jusqu'ici, ce sont eux qui aujourd'hui même ne me permettent pas de m'hasarder dans le vaisseau *Le Saint Bruno* à une navigacion aussi longue et dangereuse comme celle du Cap Horn[34] [...].

Le tragique biographique, un affect soudain emphatique qui renvoie au correspondant l'effet des reproches d'Antoine, forment donc les piliers de la défense de Joseph. Les malheurs physiques ici évoqués resserviront en outre en fin de lettre à expliquer pourquoi le savant n'a pas eu le temps de « mettre en état de paraître » ses recherches en histoire naturelle[35]. Enfin, au terme de sa lettre, il transforme significativement son récit en échantillon d'une existence qui restera, pour l'essentiel, inaccessible aux siens : « Le détail circonstancié de tout ce qui m'est passé serait aussi ennuyeux qu'inutile pour vous, et d'ailleurs rien ne se remédie par-là[36]. »

Cette lettre constitue une nouvelle rupture dans le corpus. Joseph écrit à deux reprises en 1759, mais adresse désormais ses courriers à Bernard. Il ne recevra qu'à la fin de cette même année la nouvelle de la mort d'Antoine, survenue le 22 avril 1758[37]. On voit alors émerger

34 *Id.*, f. 122-122v°.

35 *Id.*, f. 123.

36 *Ibid.*

37 Bernard lui avait apparemment écrit pour l'en informer le 13 septembre 1758. Voir la lettre de Joseph à Bernard du 12 février 1760, de Lima, f. 134.

à deux reprises de véritables confidences, dont Joseph prend soin de souligner la valeur exceptionnelle. En février 1760, il attribue à « [s]on génie mélancolique » et « désabusé » un « défaut d'ambition [qui] lui fait négliger de satisfaire pleinement à ses obligacions[38] ». Il se réjouit d'une situation financière assez mauvaise pour se sentir contraint au retour à Paris,

> où je puis en votre compagnie le passer beaucoup mieux[39] et avec plus de douceur qu'ici avec des millions de piastres. Vous me direz peut-être : c'est un peu du style de l'enfant prodigue ; je ne prétends pas donner à entendre que dans les revers que j'éprouve il n'y ait un peu de faute, mais ni le jeu ni les femmes // n'en sont pas la cause [sic]. Une naturelle nonchalance m'occasionne tous mes soucis présents. *Je vous parle à cœur ouvert, comme ayant la plus grande confiance en vous*[40].

Dans la même lettre, Joseph exprimera son soulagement face à la décision de l'Académie de lui retirer son statut d'associé :

> Je la remercie et en cela elle me fait beaucoup de grâce. C'est ce que je pouvais ambitionner et prétendre, et ce qui est le plus conforme à mon génie, qui hait la contrainte et l'espèce de dette que celui qui est pensionnaire ou associé doit payer tous les ans. Je me vois par-là libre de la nécessité et de l'obligation, et pour lors, je suis plus porté à faire de bonne volonté ce que je ne faisais pas avec goût et peut-être avec tant de soins, y étant obligé[41].

Un an plus tard, le même « génie dépouillé d'ambition et de l'amour du gain[42] » est évoqué aux côtés de la botanique – dont il se dit le « martyr[43] » – pour expliquer les déboires du naturaliste. Tous ses efforts ont été vains, tournés vers des objets inutiles. Aussi, conclut-il,

> c'est bien moi-même qui suis mon ennemi. *Et gardez cela pour vous en secret.* Les places que me conviait le défunt[44], et tout le bien qu'il me présentait

38 *Id.*, f. 135v°-136.

39 Il s'agit là encore d'un hispanisme.

40 *Id.*, f. 136-136v°. Je souligne.

41 *Id.*, f. 137v°.

42 Joseph de Jussieu à son frère Bernard, Lima, 6 avril 1761, f. 145v°. Plus haut, Joseph disait : « Mon génie incliné à la mélancolie, est plus ami de la retraite, que des conversations inutiles. » (f. 144)

43 *Id.*, f. 148 : « Vous aimez la Botanique, c'est votre occupation favorite, elle a des attraits pour vous qui en êtes favorisé. Mais moi qui en suis le martyr, je lui fais quelquefois mauvais visage. »

44 Il s'agit d'Antoine.

comme un appât, étaient pour moi plutôt capables d'exciter le dégoût. Je ne veux rien qui soient des charges, et les charges sont pour moi véritablement charges. Cette indépendance avec laquelle j'ai vécu ici est ce qui m'en a rendu le séjour supportable. La gêne et la contrainte me sont insupportables[45].

On touche là, semble-t-il, à une intériorité du personnage que la présence d'Antoine comme mentor et répondant du Roi pour l'expédition avait apparemment rendue impossible. Alors que, jusque-là, le moi intime se substituait comme par commodité à l'*ethos* du savant, les deux statuts se fondent ici en une personnalité cohérente. Antoine-Laurent de Jussieu résumera de manière très pudique et elliptique les passages en question : « la pratique lui a peu rendu parce qu'il n'était pas exigeant », « il a appris sans peine que l'académie l'avait vétéranisé[46] », « obligé de pratiquer pour vivre il n'a pu remplir entièrement l'objet principal de sa mission. Cependant il n'a point d'ambition et il fuit la gêne[47] », sont quelques-unes des formules qui, tout en rendant l'essentiel des « secrets » confiés par Joseph à son frère, en éliminent soigneusement, justement, la dimension intime.

S'arrêter aux aspects les plus privés de la correspondance de Joseph de Jussieu permet ainsi de cerner la manière dont le savant construit, à proprement parler, un personnage, et joue habilement de ce qu'il souhaite ou non révéler de lui-même à ses frères. On complétera ce parcours en s'intéressant à la vie relationnelle de Joseph de Jussieu en Amérique, telle qu'elle transparaît dans ce corpus. Les allusions sont, en la matière, assez rares. Mais on apprend qu'il a lié au cours de la traversée « une amitié très étroite » avec un certain Verguin[48]. À deux reprises, il mentionne que Seniergues, chirurgien de l'expédition, lui est « fort attaché[49] ». Sont également évoqués quelques amis « intimes », selon l'expression même de Joseph : Bourdaz, un marchand français qui fit fortune au Pérou[50], un certain « Duguin de St Malo, capitaine de

45 *Id.*, f. 145v°-146. Je souligne.

46 Antoine-Laurent de Jussieu, « Notice sur M. Joseph de Jussieu », *ms. cit.*, f. 2v°.

47 *Id.*, f. 3.

48 Joseph de Jussieu à son frère Antoine, La Martinique, 5 juillet 1735, f. 14.

49 Joseph de Jussieu à son frère Antoine, Portobello, 16 décembre 1735, f. 39v° et de Panama, le 15 février 1736, f. 47.

50 Joseph le mentionne pour la première fois dans une lettre à Bernard, Lima, 1er mars 1759, f. 125.

vaisseau marchand et commerçant dans l'Amérique[51] », et un dénommé Joseph de Valois[52] qui, en 1764, sert d'intermédiaire à Joseph pour faire parvenir une lettre à son frère Bernard. De Valois, arrivé à Cadix, fait suivre le pli en l'accompagnant du message suivant :

> J'ai l'honneur de vous envoyer l'incluse qui est de mon cher ami Monsieur votre frère, à qui j'ai laissé en parfaite santé [sic] à Lima dans le mois de mai passé (que je partis de cette ville-là dans le Navire Torrero) avec beaucoup d'envie de se retourner chez lui, mais il le manque de la résolution [sic]. Je crois qui [sic] ne prendra pas cette détermination jusqu'à son bon ami [sic] D^{n} Domingo de Jauregui qui est actuellement à la Cour de Madrid se retourne chez lui à Lima[53] [...].

Les informations sur la santé de Joseph sont évidemment intéressantes, dans la mesure où elles diffèrent singulièrement de ce à quoi l'intéressé a habitué ses frères. De Valois savait-il qu'on s'inquiétait à Paris de l'absence trop prolongée de Joseph ? En avait-il été informé par Joseph lui-même ou par d'autres membres de son cercle ? Certaines lettres au dossier de la correspondance témoignent de la tentative, de la part de Bernard et Antoine-Laurent, de s'informer des intentions de Joseph par le biais de tiers. Une correspondance régulière se mettra ainsi en place entre Bernard et Bourdaz qui, à plusieurs reprises, propose son aide pour rapatrier Joseph. Le 12 mars 1760, Bernard s'adresse par ailleurs en espagnol et dans les formes à Domingo de Jauregui, gouverneur de la province de Potosí. Il demande qu'on lui fasse « l'honneur de me dire ingénument si vous connaissez chez mon frère quelque disposition au retour, car je doute beaucoup d'avoir jamais le plaisir de le revoir, dans la mesure où toutes ses lettres ne sont, selon moi, que de faux espoirs qu'il me donne[54] [...] ». Jauregui offrira ses services pour tenter de convaincre Joseph de s'en retourner en France[55]. Enfin, un certain Delgart, marchand français apparemment très proche de Joseph, qui participa activement à son départ d'Amérique en 1770, écrivait déjà le 8 décembre 1754 à un destinataire anonyme situé en Espagne afin que

51 Joseph à Bernard, Lima, 28 novembre 1763, f. 193.

52 On ne sait rien de ce personnage, mentionné par Joseph dans une lettre à Bernard écrite à Lima le 19 mai 1764, f. 198v°.

53 Joseph de Valois à Bernard de Jussieu, Cadix, 26 février 1765, f. 203.

54 Bernard de Jussieu à Domingo de Jauregui, Paris, 12 mars 1760, f. 138v°.

55 Domingo de Jauregui à Bernard, Madrid, 2 février 1762, f. 168-170v°.

des nouvelles soient transmises à Bernard. Ici, le problème de la valeur des informations qu'on obtient sur Joseph est thématisé :

> J'ai enfin reçu des nouvelles de Mr De Jussieu. Un de ses amis et des miens m'écrit qu'il jouissait d'une parfaite santé à Potosí le mois de mars 1753, que par une lettre qu'on avait reçue de Buenos Aires le mois de mai de la même année, on espérait le voir arriver en juillet, et qu'ainsi il ne doute pas qu'il arrivera dans le premier navire qui viendra de Buenos Aires. Il n'a pas été volé comme on l'assurait l'année passée, et il n'est pas vrai qu'il soit retourné à Quito pour se refaire de cette perte. Vous pouvez assurer Mr son frère que tout ce qu'on en a dit est faux, car l'ami qui m'écrit s'intéresse assez à ce qui le regarde pour savoir ce qu'il en est[56].

Lorsqu'en 1771 Joseph rejoint sa famille à Paris, il rentre sans aucun papier scientifique, dont il prétend avoir laissé une malle pleine à Lima[57]. Il s'enferme en outre rapidement dans le silence, apparemment atteint d'une maladie dégénérative qui lui ôte l'usage de la parole et de la mémoire. Jusqu'à la fin de sa vie, Bernard, puis Antoine-Laurent, chercheront auprès de ses relations péruviennes des informations sur sa vie et sur le travail qu'il mena en Amérique. Contradictoires, vagues ou fragmentaires, toujours liées par ailleurs à une demande de faveur ou de service de la part des correspondants sollicités, les lettres reçues ne font qu'augmenter la sensation que la vie de Joseph au Pérou devait rester inaccessible à ses proches. Ceux-ci virent pourtant arriver de nombreuses lettres de l'épouse de Jauregui, la comtesse de Villanueva, chez qui Jussieu avait séjourné durant de longues années à Lima. Rédigées en des termes extrêmement familiers, elles contiennent des bilans de santé de l'expéditrice, des considérations sur la mort, ou les relations de crises hypocondriaques ; elles sont en outre accompagnées d'objets tels qu'une tabatière en or gravée aux armes de Joseph – « utilisez-la et gardez-la en gage », précise la comtesse[58] –, une « plume curieuse que vous mettrez dans vos encriers[59] », des graines pour enrichir le jardin

56 Delgart à [anonyme], [Pamiers], 8 décembre 1754, f. 104.

57 En 1778, la France envoie une nouvelle grande expédition scientifique au Pérou. L'une des missions du botaniste, Joseph Dombey, est de récupérer les manuscrits de Jussieu.

58 La Comtesse de Villanueva à Joseph de Jussieu, Lima, 11 janvier 1772, f. 240v°.

59 Dans une autre lettre du 21 janvier 1772, la comtesse précise que cette plume est « de peu de chose » (f. 243), alors qu'on apprend par Antoine-Laurent dans un brouillon de lettre sans date que cette plume est en or (f. 239).

du roi, une « *bombillita* pour qu'ils voient avec quoi on prend le maté » et quelques petites pierres en or que Jussieu avait omis d'emporter[60]. Si des formules telles que « Petit papa chéri de mon cœur[61] » sont communes dans les relations épistolaires familières dans l'espace hispano-américain de l'époque, elles ne laissent pas, pour les observateurs extérieurs, de susciter une certaine gêne. Ainsi, le chanoine Juan de Bordenave, auquel Bernard et Antoine-Laurent demandent des informations sur la vie de Joseph au Pérou, écrira-t-il que celui-ci avait « eu le malheur de choisir pour son habitation la maison d'une comtesse grêlée[62] qui avait accoutumé de l'appeler [sic] son cher Papa[63] », donnant évidemment une connotation fort négative à cette pratique. Dans ses lettres, la comtesse mentionne également une certaine Rosa Morillo, probablement sa sœur, et une religieuse inconsolable du départ de Joseph. Il est impossible, en tout état de cause, de déterminer précisément la nature de ces relations. Dans un brouillon fragmentaire d'une réponse qu'il a souhaité lui adresser, Antoine-Laurent « regrette infiniment [...] de n'avoir pu lire les lettres que mon oncle a reçu de vous ; il paraît par quelques morceaux dont il nous a fait l'explication qu'il avait en vous une bonne amie, toujours disposée à l'obliger, et affligée de son éloignement[64] ». En Amérique, Joseph n'a, en fin de compte, que peu voyagé. Il a vécu. Et le dispositif par lequel il choisit de laisser paraître cette autre vie devait à jamais empêcher quiconque, en Europe, d'y entrer autrement que par hypothèse – ou fantasme.

Nathalie VUILLEMIN
Université de Neuchâtel

60 Lettre du 11 janvier 1772, f. 241.

61 Ctesse de Villanueva à Joseph de Jussieu, Lima, 14 février 1771, f. 232. La formule de la comtesse est : « Mi amado taitita de mi corazón. »

62 L'adjectif peut désigner un visage portant des marques de petites véroles (*Dictionnaire de l'Académie française*, 1762). L'expression existe également en espagnol.

63 Juan de Bordenave à Antoine-Laurent de Jussieu, Lima, 15 janvier 1774, f. 257v°.

64 Antoine-Laurent de Jussieu à la Comtesse de Villanueva, minute de lettre incomplète et sans date, f. 239.

« LE RESTE EST TROP INTIME »

Indicible et silences dans le *Voyage en Orient* de Lamartine

Il est à première vue paradoxal d'associer texte viatique et écriture de l'intime. Le récit de voyage, tourné vers l'ailleurs et l'autre, est semble-t-il bien éloigné de l'exploration des secrets du moi qui préside à tout projet autobiographique. Donner à lire « l'inexplicable cœur[1] » n'est pas la première des préoccupations d'un voyageur qui, s'il fait bien son métier, doit avant tout « raconter fidèlement ce qu'il a vu ou ce qu'il a entendu dire[2] ». Pour autant, on connaît le propos de Chateaubriand qui figure, comme celui qui précède, dans la première préface de son *Itinéraire de Paris à Jérusalem* : « [...] je parle éternellement de moi[3] ». La critique a abondamment commenté cet infléchissement majeur[4] qui, à l'orée du XIXe siècle, aboutit à placer le voyageur au centre de son propos. Cette sorte de « révolution copernicienne[5] » fait

1 L'expression figure au début des *Mémoires de ma vie* de Chateaubriand, commencés en 1809 : [...] je veux avant de mourir, remonter vers mes belles années, expliquer mon inexplicable cœur, voir enfin ce que je pourrais dire lorsque ma plume sans contrainte s'abandonnera à tous mes souvenirs » (*in Mémoires d'outre-tombe*, Jean-Claude Berchet (éd.), Paris, Le Livre de Poche, « La Pochothèque », 2003, t. I, p. 7).

2 Chateaubriand, *Itinéraire de Paris à Jérusalem*, « Préface de la première édition » (1811), Philippe Antoine et Henri Rossi (éd.), *in Œuvres complètes VIII. IX. X.*, Béatrice Didier (dir.), Paris, Champion, 2011, p. 139.

3 *Id.*, p. 139.

4 Voir par exemple Roland Le Huenen, *Le récit de voyage au prisme de la littérature*, Paris, PUPS, « Imago Mundi », 2015, chap. VI, p. 91-103 et Jean-Claude Berchet, *Chateaubriand ou les aléas du désir*, Paris, Belin, 2012, chap. XV, « De Paris à Jérusalem ou le voyage vers soi », p. 414-449.

5 « La littérature des voyages commence [lors des décennies qui précèdent la Révolution] à s'émanciper du simple constat référentiel. Il s'agit d'une espèce de révolution copernicienne. C'est le "relateur", et non plus son objet, qui devient le centre du récit. Le sens du paysage se substitue à l'esprit topographique. L'écrivain-voyageur va naître de ce processus d'appropriation du moi reflété par l'écriture. » (François Moureau, *Le Théâtre des voyages. Une scénographie de l'Âge classique*, Paris, PUPS, « Imago Mundi », 2005, p. 22)

de l'expérience sensible le véritable référent d'un texte qui, dès lors, mêle inextricablement l'inventaire à un usage du monde renvoyant au sujet, à ses manières de voir et de sentir mais aussi à son histoire personnelle. Il devient alors acceptable que la relation accueille des biographèmes, que le monde prenne les couleurs du moi ou encore que soit orchestrée au fil du récit la série des motifs qui contribuent à la formation d'une *mythologie* de l'écrivain – aimant poser en aventurier et se représentant face aux monuments des hommes ou de la nature.

Il y a loin, certes, de ces quelques considérants à l'expression de l'intériorité mais le tournant autobiographique qui caractérise les Voyages de l'époque romantique est l'une des conditions nécessaires (et non suffisantes) menant possiblement à la mise en mots de *moments* d'intimité. Il fallait par ailleurs, pour entreprendre un voyage au pays du moi, qu'évolue la manière dont la conscience perçoit le corps – comme une forme de prolongement d'elle-même. Pour « l'homme sensible », le sentiment d'existence provient des sensations[6] et, notamment, de cette sensibilité interne qui met l'homme en rapport avec lui-même alors qu'il est exposé à des expériences évaluées comme des mises à l'épreuve de soi : immersion du corps dans l'eau, perte de repères spatio-temporels, vertige de la sensualité… Ainsi, l'espace peut-il être appréhendé comme relevant peu ou prou de l'intime, en ce qu'il est à l'unisson d'un sujet qui l'habite, s'y projette, se l'approprie ou s'y dissout. Bien des récits de voyage de la première moitié du siècle démarquent, consciemment ou non, la célèbre rêverie sur les bords du lac de Bienne dont les rives sont, on le sait, « sauvages et romantiques[7] ». Une confusion peut s'instaurer entre intériorité et extériorité, profondeur et surface, dedans et dehors… par le truchement de sensations combinées qui conduisent à un déport de soi, à une forme d'extase ou d'expansion illimitée du sujet dont les quelques lignes qui suivent, que l'on doit à Flaubert, offrent une belle illustration :

> Nous nous roulions l'esprit dans la profusion de ces splendeurs ; nous en repaissions nos yeux ; nous en écartions les narines, nous en ouvrions les oreilles : quelque chose de la vie des éléments s'émanant d'eux-mêmes, sans

6 Voir à ce propos Georges Vigarello, *Le Sentiment de soi. Histoire de la perception du corps*, Paris, Seuil, « L'Univers Historique », 2014.

7 Jean-Jacques Rousseau, *Les Rêveries du promeneur solitaire*, Henri Roddier (éd.), Paris, Classiques Garnier, 1997, p. 61.

> doute, à l'attraction de nos regards arrivait jusqu'à nous, et s'y assimilant, faisait que nous les comprenions dans un rapport moins éloigné, que nous les sentions plus avant, grâce à cette union plus complexe. À force de nous en pénétrer, d'y entrer, nous devenions nature aussi ; nous nous diffusions en elle ; elle nous reprenait ; nous sentions qu'elle gagnait sur nous, et nous avions une joie démesurée : nous aurions voulu nous y perdre, être pris par elle, ou l'emporter en nous. Ainsi que dans les transports de l'amour, on souhaite plus de mains pour palper, plus de lèvres pour baiser, plus d'yeux pour voir, plus d'âme pour aimer[8] ; [...].

Cette manière de poème en prose est, dans le cas présent, le biais par lequel le relateur tente de désigner et de donner forme au trop plein d'émotion qui l'assaille. Nous nous trouvons placés face à une difficulté apparemment insoluble qui tient à ce que l'intime est rétif à une mise en mots et cesse sans doute d'être tel s'il est partagé. Il est impossible d'avoir accès, c'est une chose entendue, au for intérieur de l'homme. Seul le versant de l'expérience réfracté par le langage[9], et rendu par lui intelligible, peut offrir une image du ressenti supposé du voyageur. Nous sommes évidemment contraints de nous en contenter, en sachant que personne ne pourra dire avec certitude si elle entretient ou non un rapport de ressemblance avec ce qu'elle figure. Le scripteur est par ailleurs conscient de ce fossé entre le senti et le dit. Il cherche parfois à le combler et bricole des solutions pour accorder autant que faire se peut les mots et les affects. Le recours au lyrisme, l'adoption d'un phrasé accordé aux battements de l'âme et du corps, la quête d'une écriture transparente... font partie des ressources dont dispose l'écrivain pour se situer au plus près de l'impression. Mais, souvent, le texte avoue son incapacité à exprimer l'intime et expose les raisons de cette impuissance : c'est ce qui m'occupera au premier chef dans la suite de mon propos, centrée sur une étude de cas, celle du *Voyage en Orient* de Lamartine. L'Avertissement par lequel s'ouvre ce journal de voyage le situe dans la sphère des écrits personnels, accorde une place de choix à l'expression d'un moi qui se découvre, au contact du monde,

8 Gustave Flaubert, *Par les champs et par les grèves*, Adrianne J. Tooke (éd.), Genève, Droz, 1987, p. 300-302.

9 Serge Tisseron propose de distinguer « l'intime » (« non partageable parce que trop peu clair à soi-même ») et « l'intimité » (« qui a suffisamment pris forme pour chacun d'entre nous pour qu'il soit possible de la proposer à autrui »). *L'Intimité surexposée*, Paris, Hachette, « Littératures », 2002, p. 52. Je remercie Vanezia Pârlea d'avoir attiré mon attention sur cette réflexion.

et commente la façon du livre à venir, aussi éloignée que possible des « mensonges » de la littérature.

Ce voyage, pensé « comme un grand acte de [la] vie intérieure[10] », thématise à maintes reprises l'impossible mise en mots de l'intimité. Précisons, il ne s'agit pas de ce qui ne *doit* pas être dit (au regard par exemple des codes moraux en vigueur), ni de ce qui n'est pas *digne* d'être dit (car évalué comme trop insignifiant ou accessoire) mais de ce qui ne *peut* être dit. C'est cette dernière classe d'énoncés qui retiendra mon attention. Avançons l'hypothèse qu'elle est susceptible d'être appréhendée selon les possibles suivants : le trop plein d'émotion bloque toute expression, la langue est inapte à parler le langage du cœur et toute tentative de *traduction* affaiblit la vérité et l'intensité du ressenti personnel.

LA MORT DE JULIA

La fille de Lamartine meurt au cours du voyage, le 7 décembre 1832. Si la figure de Julia hante le Voyage, le désespoir du père ne peut s'exprimer nûment. Dans l'introduction de son édition, Sarga Moussa commente par ces mots l'interruption du journal de voyage (elle s'étend sur près de quatre mois) : « La douleur du père, indicible, ne peut que faire l'objet d'une ellipse [...] Il y a là un "blanc" textuel, qui ne constitue nullement un appel à l'imagination du lecteur, mais au contraire le signe même d'un vide non destiné à être comblé. » (*VO*, p. 29) Les indices sont nombreux qui nous attirent vers cette béance centrale. On rappellera de manière cavalière, avec l'aide du critique (« Introduction », p. 28-31), les principaux éléments de ce dossier. Le journal fut interrompu par la mort de Julia et ne reprit que quatre mois après[11] (p. 390-391). Un poème, « Gethsémani ou la mort de Julia » (*VO*, p. 344-348) est inséré, entre des

10 Alphonse de Lamartine, *Voyage en Orient*, Sarga Moussa (éd.), Paris, Champion, 2000, p. 47. Les références à cette édition figureront désormais dans le corps du texte, précédées de l'abréviation *VO*.

11 L'ellipse est figurée, typographiquement, par des points de suspension qui précèdent la « Note de l'éditeur ». Sarga Moussa indique par ailleurs que « plusieurs mois après la mort de Julia, Lamartine continue à dater son récit de 1832, – comme si le temps s'était arrêté à la suite du tragique événement » (*VO*, p. 29).

fragments datés des 3 et 4 novembre 1832, soit un mois avant la mort de l'enfant et à la suite de pages consacrées à Jérusalem et aux grottes de Gethsémani. Ajoutons que bien des énoncés du Voyage ont valeur de prolepse pour qui connaît le triste sort de l'enfant (ils fragilisent ce faisant l'idée d'un journal tenu au jour le jour[12]). D'autre reviennent après coup sur l'épisode, par exemple à la date du 28 mars, à laquelle reprend le journal : « cette promenade est la dernière que je fis avec Julia » (*VO*, p. 417). Enfin, comment lire : « Julia est florissante de santé » (phrase datée du 5 novembre 1832, *VO*, p. 355) et des propos du même type autrement qu'en prenant acte de l'ironie amère qu'ils recèlent ?

Il est probablement un point commun à l'ensemble de ces traits. L'intime est désigné comme un horizon que le texte, par définition, ne saurait atteindre. Le caractère lacunaire du *Voyage en Orient* proviendrait pour partie de cette douleur inexprimable qui conduit au repli sur soi, suite à une expérience non partageable, au moins en régime référentiel et dans une relation destinée à être publiée[13]. Pour autant, ce silence est « peuplé » et surtout signalé comme tel, c'est-à-dire destiné malgré tout à susciter des interprétations. Lamartine, manie donc l'allusion, par exemple dans son « Avertissement » qui contient sans plus d'explications une notation (« Mon cœur était brisé », *VO*, p. 46) justifiant par ailleurs le caractère inachevé du texte. Il délègue sa parole à un « éditeur » qui intervient à deux reprises et prend en charge, à la manière d'un messager, la diffusion de la triste nouvelle en présentant un poème qui fut composé quatorze mois après le drame et en justifiant l'interruption du journal (*VO*, p. 243 et p. 390). Il chante sa peine dans des vers qui font entendre les sanglots du poète et non du père, le « *Je* lyrique » se substituant dans ce cas au « *Je* historique[14] ». Pour compléter cet inventaire, il faudrait prendre en compte enfin le changement de tonalité qui intervient, après la date du 7 décembre 1832, et confère à la deuxième partie du

12 Comme le remarque Sarga Moussa : « [...] le manuscrit proprement dit est mis au propre après le retour en France. Ce qui a une conséquence immédiate sur l'épisode de la mort de Julia, à laquelle le narrateur du *Voyage en Orient* est tenté de faire allusion par anticipation. » (*VO*, p. 30).

13 La fiction d'un journal composé pour soi et non revu est une topique du genre viatique : l'exigence de spontanéité et la recherche du naturel paraissent en effet, à première vue, peu conciliables avec un travail de réécriture.

14 Je me réfère ici aux catégories forgées par Käte Hambürger dans sa *Logique des genres littéraires*, Paris, Seuil, « Poétique », 1986.

Voyage une couleur indéniablement plus sombre[15] : la douleur, sourde et insistante, se diffuse alors dans un texte que le lecteur, mis dans la confidence, est enclin à relier au drame personnel.

L'intime est dans tous les cas approché de manière oblique et comme tenu à distance. Les mots ordinaires, sans doute, sont impuissants à exprimer une catastrophe qui ébranle l'être tout entier et face à laquelle les larmes ou la prière constituent, pour Lamartine, les seules réponses possibles. Sans doute faut-il considérer également la pudeur d'un écrivain qui ne souhaitait pas livrer en pâture ses sentiments à la curiosité du public. On l'a dit, le *moi* a depuis longtemps cessé d'être haïssable dans le texte viatique lorsque paraît le *Voyage en Orient.* Il n'en demeure pas moins qu'un récit de voyage, dans la période, est soumis au pacte référentiel et ne saurait être ouvertement autobiographique. Dans cette mesure, il a des comptes à rendre et ne peut oublier le monde sans se saborder. Il y aurait un risque à mettre au premier plan un drame privé qui pourrait prendre le pas sur les souvenirs, impressions et paysages collectés pendant ce voyage. Pour toutes ces raisons, la relation de Lamartine *compose* avec l'absente – et en parle d'autant mieux, c'est une hypothèse, qu'elle se refuse à toute expression frontale de la douleur.

LES MOTS DE TOUTE LANGUE SONT INCOMPLETS

Dans le Voyage revient avec insistance une réflexion sur l'insuffisance du verbe, inapte à rendre parfaitement les « heures de pointe de l'existence ». On donnera la parole à Lamartine qui s'exprime en ces termes au début du Voyage : « Le cœur est plein et voudrait déborder [...] ah ! si l'on avait une langue ! mais il n'y a pas de langue, surtout pour nous, Français [...] » (*VO*, p. 92). On laissera de côté le débat qui touche à la pauvreté du vocabulaire français, à la rigidité de sa syntaxe ou

15 On peut ici faire allusion à un autre deuil qui n'est évoqué que de manière très allusive et cryptée par Chateaubriand : celui de Pauline de Beaumont qui vint rejoindre l'auteur en Italie et mourut peu après son arrivée. Le contraste entre les lettres enjouées qui ouvrent le Voyage et la tonalité mélancolique de la *Lettre à Fontanes sur la campagne romaine*, composée après la mort de l'amante, est flagrant.

encore à l'absence de rythme de son phrasé[16]. Retenons avant tout que le relateur avoue son impuissance à dire le sentiment de communion avec l'immensité, ce moment ou le moi aimerait faire partager le trop-plein de joie qui l'envahit. Il importe de remarquer que ce n'est pas seulement la prose qui est ici en cause : le poème également[17] est inapte à rendre l'émotion éprouvée au contact du monde. En témoigne cette phrase qui vient interrompre une série de vers écrits sur les ruines de Balbek : « Il n'entend que le vent qui rend un son moqueur ; / Un poids courbe son front, écrase sa poitrine : / Plus de pensée et plus de cœur ! / … *Le reste est trop intime.* » (*VO*, p. 436) Encore une fois, le silence est assourdissant et l'expression lyrique elle-même rend les armes devant la douleur, le doute existentiel ou les mystères du divin…

Le poète ne peut se fier à son instrument, comme en témoigne cet autre fragment qui vient après qu'il a écrit quelques vers, aussitôt déchirés et jetés :

> Les mots de toute langue sont incomplets, et chaque jour le cœur de l'homme trouve […] des choses que la bouche ne peut exprimer, faute de mots. Le cœur et la pensée de l'homme sont un musicien forcé de jouer une musique infinie sur un clavier qui n'a que peu de notes. Il vaut mieux se taire. Le silence est une belle poésie dans certains moments. L'esprit l'entend et Dieu la comprend : c'est assez. (*VO*, p. 332)

Pour Lamartine « Les plus beaux vers sont ceux qu'on ne peut pas écrire » (*VO*, p. 332). Il faut évidemment comprendre l'affirmation en la resituant dans le cadre d'une « pensée romantique [qui] refuse à l'espèce humaine et à l'individu le privilège d'une disjonction par rapport à la

16 Gilles Philippe analyse ce « procès » qui fut intenté contre la langue française dans *Le Français, dernière des langues. Histoire d'un procès littéraire*, Paris, PUF, 2010. Voici le commentaire qu'il propose du passage auquel nous venons de faire allusion qui, pour les contemporains, exemplifiait un poncif : « Nous sommes le 1er août 1832 ; une nuit superbe sur une mer sereine fait monter dans les cœurs le souvenir des êtres chers et un sentiment de communion avec l'infini. Toutes ces impressions, toutes ces pensées, aucune langue n'est capable d'un lyrisme assez puissant pour les convoquer avec justesse. Une langue, en tout cas, en est encore moins capable que les autres : nous nous en doutions, c'est le français, l'idiome antilyrique par excellence. », p. 292.

17 C'est l'une des particularités notables du *Voyage en Orient* que de se révéler accueillant à la poésie. Sarga Moussa fait le point sur cette question dans son article « *Poeta viator* : La poésie et le poète dans le *Voyage en Orient* de Lamartine », p. 167-179, *in* Sophie Linon-Chipon, Véronique Magri-Mourgues et Sarga Moussa (dir.), *Poésie et Voyage. De l'énoncé poétique à l'énoncé viatique*, La Napoule, Éditions La Mancha, 2002.

masse du réel. L'être humain, dans son unité incarnée, ne se réduit pas à la conscience claire ; complexe de chair et d'esprit, il est partie intégrante de l'*omnitudo realitatis*, en communion avec l'organisme total de la nature (*Gesamtorganismus*[18]) ». Cette même pensée, se heurtant alors à l'incomplétude de l'homme, capable donc d'envisager une intimité fusionnelle mais inapte à la vivre (sinon peut-être par bouffées) et plus encore à l'exprimer explique la récurrence d'un motif qui apparaît avec une insistance particulière dans les relations de voyage du moment romantique. La matrice en est simple et pourrait se résumer à la formulation suivante, sur laquelle se greffe une importante série de variations : « je ne peux dire ce que j'éprouve ». Christine Montalbetti a raison de remarquer que « [...] les figures de l'indicible [...] présentes en contexte fictionnel (où elles servent de procédé d'amplification, de prétérition etc.), récupèrent de leur valeur littérale en registre référentiel[19] ». Il est probable que le « trop intime » fasse partie de la catégorie de ces indicibles que le récit de voyage doit se contenter de désigner comme tels – sans parvenir donc à leur donner forme.

Ce que Lamartine nous dit dans les remarques que je viens d'évoquer est, somme toute, l'impuissance du logos face au sentiment, ou à la sensation – ou l'écart irréductible entre ce que je sens (donc ce que je suis) et une mise en mots qui est soumise à une logique autre, reposant sur des conventions, sur le principe d'une certaine manière analytique de la succession, et sur une forme de rationalité. Il faut donc envisager la question du trop intime sous un dernier angle : celui du passage d'un ordre à un autre, qui découle du constat de l'inadéquation de l'expérience et de sa mise en mots.

18 Georges Gusdorf, *Le Romantisme. Tome 2 : L'homme et la nature*, Paris, Payot, 2011, p. 143.

19 Christine Montalbetti, « Les séductions de la fiction : enjeux épistémologiques », p. 99-108, *in* Philippe Antoine et Marie-Christine Gomez-Géraud (dir.), *Roman et récit de voyage*, Paris, PUPS, « Imago Mundi », 2001, p. 107.

VOYAGER C'EST TRADUIRE

Référons-nous, pour engager ce dernier temps de la réflexion, à une « définition » du voyage que donne Lamartine dans son journal, à la date du 18 août 1832 :

> De tous les livres à faire, le plus difficile, à mon avis, c'est une traduction. Or voyager c'est traduire ; traduire à l'œil, à la pensée, à l'âme du lecteur, les lieux, les couleurs, les impressions, les sentiments que la nature ou les monuments humains donnent au voyageur. Il faut à la fois savoir regarder, sentir et exprimer ; et exprimer comment ? non pas avec des lignes et des couleurs, comme le peintre, chose facile et simple ; non pas avec des sons, comme le musicien ; mais avec des mots, avec des idées qui ne renferment ni sons, ni lignes, ni couleurs. (*VO*, p. 123)

Plusieurs éléments doivent être pris en compte pour lire cet extrait. Le premier renvoie au débat sur la spécificité des différents arts et, sur ce point, Lamartine semble prendre position pour la supériorité de la peinture et de la musique sur la littérature. Elles seraient mieux à même de traduire sentiments et impressions (la musique parce qu'elle est plus proche de l'émotion, comme langage parlant à l'âme, la peinture par ses capacités de figuration, dans la simultanéité et la globalité). Le deuxième point, plus essentiel pour notre propos, touche à la question de la traduction qui, pour cette génération, est capitale, particulièrement dès lors qu'il s'agit de poésie : chaque langue aurait son génie propre (Chateaubriand expose cette thèse dans son *Génie du christianisme* et ses articles de critique littéraire) et la beauté du chef-d'œuvre est inaccessible autrement que dans sa « version originale ». Lamartine sait bien qu'en traduisant on ne dit qu'à peu près la même chose.

Mais ce n'est pas un texte qu'il faut ici traduire, c'est l'expérience du voyage elle-même, en un code qui, répétons-le ne se prête pas à un saisie d'ensemble de l'ailleurs (comme la peinture) ou au rendu d'émotions ineffables (comme la musique). Nous sommes ici au cœur d'un débat théorique essentiel pour l'appréhension du texte viatique (et plus généralement de toute écriture référentielle). J'en rappellerai quelques traits, de manière cavalière. La position défendue par Christine Montalbetti, dans *Le Voyage, le monde et la bibliothèque*[20] consiste à constater l'impossible coïncidence entre le texte et le monde : le désordre et la matité du réel ne peuvent entrer dans le cadre d'une construction textuelle qui lui est par essence hétérogène. Si l'on admet ce raisonnement, la bataille est perdue d'avance et le Voyage raterait toujours son objet. La discussion a été reprise par Frédéric Tinguely[21] qui propose d'opérer un déplacement de perspective : ce n'est pas l'ailleurs que tente de décrire le récit de voyage mais l'expérience de l'ailleurs. La référentialité du texte viatique devient dès lors moins problématique si l'on admet que « l'auteur d'un texte de voyage transforme en discours les représentations du lointain qui sont les siennes[22] ».

Reste la question de la traduction, qui n'est pas résolue pour autant. Comment traduire le plus fidèlement possible ce qui est de l'ordre de l'incommunicable. Le relateur connaît bien entendu les ruses qui permettent de combler les silences : il peut déléguer sa parole à autrui, se réfugier dans la fiction, ou dans la prose poétique, ou dans l'imaginaire… L'obstacle est ainsi contourné plus que franchi et il reste cette zone opaque que le texte désigne sans parvenir à l'exprimer. Ce pourrait être « le trop intime ». Nous savons pourtant que la traduction, même avec ses imperfections, donne tout de même accès à ce qui est transposé. Il s'agit certes d'un pis-aller, grâce auquel on peut cependant dire *presque* la même chose[23], même si la besogne est rendue plus difficile encore par la fracture qui sépare la vie et les mots, bien plus difficile à réduire que celle qui s'établit d'une langue à l'autre. De manière certes lacunaire le récit de voyage conserve tout de même les traces de ce qui fut intimement éprouvé. Revenons au texte de Lamartine et à ce passage par lequel se clôt l'« Avertissement » :

> Quelquefois, le voyageur, oubliant la scène qui l'environne, se replie sur lui-même, se parle à lui-même, s'écoute lui-même penser, jouir ou souffrir ; il grave aussi alors un mot de ses impressions lointaines, pour que le vent de l'Océan ou du désert n'emporte pas sa vie tout entière, et qu'il lui en reste quelque trace dans un autre temps, rentré au foyer solitaire, cherchant à ranimer un

20 Christine Montalbetti, *Le Voyage, le monde et la bibliothèque*, Paris, PUF, « Écritures », 1997.

21 Dans son article « Forme et signification dans le récit de voyage », *Le Globe*, 2006, vol. 146, p. 53-64.

22 *Id.*, p. 59.

23 Je me réfère ici à l'essai d'Umberto Eco, *Dire presque la même chose*, Paris, Grasset, 2007.

> passé mort, à réchauffer des souvenirs froids, à renouer les chaînons d'une vie que les événements ont brisée à tant de places. (*VO*, p. 46)

Le silence n'est pas total et l'on continue à entendre, malgré le trop plein d'une émotion indicible, malgré le caractère imparfait de la langue, malgré les approximations de la traduction... une sorte de murmure gravé dans la mémoire et qui sourd du livre. Il reste donc une « trace », que l'on rangera dans la catégorie de ces « indices » (dans le sens que Peirce donne à ce terme) qui nous indiquent la direction à suivre pour approcher cet intime qui se tiendra toujours à distance, malgré les tentatives réitérées d'un poète qui sait sa mission impossible et la continue pourtant.

Lamartine n'est pas le seul, on l'a dit, à arpenter le pays du moi dans une relation de voyage. Il est probablement l'un de ceux qui affronte avec le plus de lucidité et d'honnêteté les résistances que la littérature de l'ailleurs oppose à la mise en mots du for intérieur. Chateaubriand ne doute guère du pouvoir de la plume, Stendhal préfère avancer masqué en s'inventant des identités multiples, Dumas cède aux séductions de la fiction, Nerval évolue dans une dimension onirique, Gautier revendique une impersonnalité (par ailleurs toute relative) ... Le caractère très schématique des affirmations qui précèdent n'a d'autre intérêt que de pointer la diversité des solutions qui sont « inventées » par les relateurs pour inscrire leur histoire personnelle, secrets de l'existence compris, dans un genre dont ce n'est pas l'objet. Il ne s'agit pas, on l'a compris, de revenir sur la dimension subjective du Voyage (difficile à contester pour le premier XIXe siècle) mais de poser les fondements d'une enquête qu'il conviendrait de poursuivre sur les conditions de possibilité de l'expression et de la représentation du sujet dans le texte viatique. Sur cette question, le *Voyage en Orient* de Lamartine a indéniablement des choses à nous apprendre parce qu'il fragilise la distinction qu'il convient de poser entre « se dire » et « se dire en voyage » – ce qui n'est évidemment pas la même chose. Il évite aussi les faux-semblants dans la mesure où il formule, de manière très explicite et très articulée, des interrogations que bien des textes contemporains se contentent d'aborder de biais et qui sont, de ce fait, laissées à la charge du lecteur. Elles sont sans doute comparables, d'une œuvre à l'autre, mais il revient à Lamartine de délivrer un *commentaire* explicite, certes redevable au climat d'une époque, qui présente l'immense avantage d'aborder frontalement les relations compliquées qu'entretiennent intimité et voyage.

Philippe ANTOINE
Université Clermont Auvergne,
CELIS

L'HYBRIDITÉ D'UN GENRE FACE À L'OBSESSION DU *MOI*

Les Pays lumineux de Louise Colet

> ce qui prouve la radicale nullité des
> femmes, en fait d'invention,
> c'est qu'elles n'ont dans la tête qu'un roman,
> et c'est le leur, celui de leur vie[1].

Louise Colet n'est pas une femme simple, encore moins un écrivain dont ses (rares) lecteurs, aujourd'hui, sauraient tout. Simple « bas-bleu[2] » pour Barbey d'Aurevilly, écrivaine sans talent qui passe son temps à considérer la littérature comme un « déversoir à passions[3] » selon Flaubert, auteure consumée par son orgueil et sa soif de réussite d'après Du Camp[4], elle a beaucoup subi de la cruauté de ses confrères. Malgré leurs différences esthétiques et leurs propres rivalités, ils se sont accordés pour dénoncer en Louise Colet une sorte d'opportuniste de la littérature qui « vend de la copie comme le marchand de blanc vend des mouchoirs[5] ». Ils en ont fait le paradigme du littérateur négli-

1 Jules Barbey d'Aurevilly, *Les Bas-Bleus*, Paris, Dentu, 1878, p. 242.

2 Elle occupe le chapitre X de l'ouvrage publié par Barbey d'Aurevilly sous ce titre en 1878 (voir note précédente).

3 « Tu as fait de l'art un déversoir à passions, une espèce de pot de chambre où le trop-plein de je ne sais quoi a coulé. – Cela ne sent pas bon », écrit Flaubert à Louise Colet. Voir Gustave Flaubert, *Correspondance*, Jean Bruneau et Yvan Leclerc (éd.), Paris, Gallimard, « Bibliothèque de La Pléiade », (5 vol.), 1973-2007, lettre à Louise Colet du 9-10 janvier 1854, t. 2, p. 502.

4 « Il y a des gens qui cherchent à faire parler d'eux d'une certaine manière, il y en a qui veulent faire parler d'eux n'importe comment : les uns aiment la célébrité, les autres aiment le bruit. Louise Colet était de cette dernière catégorie ; elle avait la réclame ingénieuse et ne reculait devant rien pour éveiller l'attention », écrit Maxime Du Camp dans ses *Souvenirs littéraires*, Paris, Aubier, 1994, p. 529.

5 C'est Gautier qui mettait en garde son jeune ami Flaubert contre des réalités trop idéalisées : « Tu crois à la mission de l'écrivain, au sacerdoce du poète, à la divinité de l'art :

geable, l'incarnation au féminin de cette engeance que nous appelons aujourd'hui les *minores*.

Comment comprendre alors l'aventure étrange que représente dans l'œuvre de Louise Colet l'écriture de son récit de voyage intitulé *Les Pays lumineux* ? Envoyée par le journal *Le Siècle*, qui l'a beaucoup soutenue, assister à l'inauguration du canal de Suez, à l'automne 1869, elle ne rend compte de l'événement que par deux articles[6] mais s'ingénie à composer en parallèle un récit beaucoup plus complet. Or, pour des raisons qui échappent à tous, le récit ne sera jamais terminé par Louise Colet malgré ses efforts pour le reprendre en 1875 ; il faut attendre une édition posthume, en 1879, soit trois ans après sa mort, pour que le public accède enfin au texte. Pourquoi cette absence d'édition du vivant de l'auteur alors que Louise Colet traverse une période économiquement difficile ? Que n'assume-t-elle pas au point de ne jamais achever son récit ? Pourquoi renonce-t-elle à chercher et trouver un éditeur pour les pages écrites quitte à laisser son lecteur sur sa faim ?

Quoi qu'il en soit, le texte finit par voir le jour et connaît même des rééditions dont la dernière date de 2001 et dans la postface de laquelle Muriel Augry observe cependant : « *Les Pays lumineux* se présente comme un ouvrage descriptif, ponctué de digressions politiques, historiques ne reposant pas toujours sur de solides fondements[7]. »

Pour aller plus loin, nous ajouterons volontiers que ce récit de voyage retient d'abord l'attention du lecteur par son caractère hybride. Sous la plume de Louise Colet, en effet, tout est possible pourvu que l'obsession égocentrique y trouve sa part. Tour à tour, scène de théâtre où le *moi* apparaît dans ses grandiloquences et ses ridicules ; puis, exposé d'un tribun imbu de ses savoirs qui pérore un discours peu abouti et rarement convaincant, entre réflexions philosophiques, historiques et sociologiques

ô Flaubert, tu es un naïf. L'écrivain vend de la copie comme un marchand de blanc vend des mouchoirs ; seulement le calicot se paye plus cher que les syllabes, et c'est un tort », *in* Maxime Du Camp, *Souvenirs littéraires*, *op. cit.*, p. 363.

6 Le premier paraît le 14 novembre 1869 et rend compte de la modernisation de l'Égypte qui finit par trop ressembler à l'Occident ; Louise Colet le publie sous son pseudonyme égyptien de Mohammed el-Akmar. Le second est consacré, quant à lui, à dénoncer la pauvreté et l'esclavage en Égypte.

7 Muriel Augry, « Postface : Louise Colet, une femme de lettres », p. 281-334, *in* Louise Colet, *Les Pays lumineux*, Muriel Augry (éd.), Paris, Cosmopole, 2001, p. 333. Les références à cet ouvrage figureront désormais, pour la plupart, dans le corps du texte, précédées de l'abréviation *PL*.

comme autant de préoccupations propres à l'auteur ; enfin, pamphlet dans lequel l'écriture satirique est vouée à régler de vieux comptes strictement personnels, un tel récit de voyage montre à sa mesure combien le genre viatique s'ouvre aux projets les plus divers et en permet une étonnante addition. Il interroge sur le résultat obtenu par le voyageur devenu narrateur quand son projet littéraire n'est fondé sur rien d'autre que l'intention testimoniale réductible à un *veni, vidi, scripsi* ; il révèle la pluralité des formes et la multiplicité des thèmes comme autant de possibles spécifiques au genre. Pourtant, dans le foisonnement des écritures qui résultent de l'absence d'un grand dessein autre que l'expression du *moi*, il discute la réalité du récit viatique en tant que genre littéraire clairement défini.

LA THÉÂTRALISATION DU RÉCIT VIATIQUE Une mise en scène du *moi*

Pourquoi raconter son voyage, sinon pour parler de soi[8] en une utilisation du récit viatique comme substitut au récit autobiographique ? Nicolas Bourguinat le fait remarquer :

> Grâce à l'écriture du voyage prise comme passe-temps ou comme témoignage, et grâce à la pratique même du voyage avec ses épreuves et ses difficultés, les femmes concernées accédaient à une forme de visibilité dans l'espace public, à une manière de considération pour soi, et à un itinéraire de redécouverte de soi comme sujet[9].

8 Jean-Claude Berchet l'a déjà constaté : « [...] parler de soi dispense de faire un *voyage* en règle ("connaître le pays") ; mais parler de "soi en voyage" dispense de répondre à la question autobiographique fondamentale : pourquoi parler de soi ? [...] Ni *voyage*, ni *Mémoires*, mais mémoires de voyage, voyage de la mémoire où le moi avance masqué, ne se montre que travesti » *in* Jean-Claude Berchet, « De Paris à Jérusalem ou le voyage vers soi », *Poétique*, n° 53, 1983, p. 92, cité par Roland Le Huenen, « Parler de soi par ricochet : le voyage au féminin ou l'impossible autobiographie », p. 37-53, *in* Frank Estelmann, Sarga Moussa et Friedrich Wolfzettel (dir.), *Voyageuses européennes au* XIXe *siècle*, Paris, PUPS, 2012, p. 37.

9 Nicolas Bourguinat, « Voyage et genre, une interrogation renouvelée », p. 7-18, *in* Nicolas Bourguinat (dir.), *Le Voyage au féminin : perspectives historiques et littéraires (*XVIIIe-XIXe *siècles)*, Strasbourg, Presses Universitaires de Strasbourg, 2008, p. 7.

De fait, avec Louise Colet, il n'y a plus rien de paradoxal à envisager le genre viatique à travers une écriture de l'intimité, bien au contraire. Peut-être même est-ce là un trait distinctif du récit viatique au féminin, plus sensible à l'expression de l'intime dans une exploration de soi nécessaire et parfois infinie. Avant de porter un regard sur les contrées parcourues et les individus rencontrés, il est des voyageurs qui se tournent d'abord sur eux-mêmes et profitent de l'expérience viatique pour entamer un premier – ou un supplémentaire – autoportrait. Il s'agit de « trouv[er] dans le récit de voyage un mode d'expression détourné qui, sous le prétexte de parler de l'autre, permet aussi de parler de soi et donne ainsi à la prise de parole une forme de légitimité[10] ». C'est le choix principal de Louise Colet dans *Les Pays lumineux*[11]. D'ailleurs, la notion d'intimité y est élargie autant que possible aux multiples sphères dans lesquelles le *moi* de l'auteur est susceptible d'occuper un rôle, quitte à ce que l'extériorité se réduise bientôt à des compagnons de voyage ou de cabine, seulement, à des tablées festives ou à quelque discussion privée avec un hôte de marque. Au pays de Louise Colet, le plus « lumineux » se doit de rester sa propre personne…

Que la précision soit d'emblée donnée : il n'en va pas, avec une pareille posture, d'un choix d'écriture *a priori* condamnable – parce qu'il réduirait le voyage aux aventures personnelles du voyageur – mais bien d'une volonté de conférer intentionnellement au récit viatique une forme particulière, celle de la représentation, marquée par une théâtralisation voulue et assumée. Dès les premières lignes, Louise Colet a prévenu son lecteur en affichant sans masque la nature de son projet : « puissent mes récits vous distraire des soucis » (*PL*, p. 4). Le récit viatique est donc un spectacle donné. Et si le spectacle permet d'oublier une réalité plus sombre et moins agréable, un voyage effectué mal accompagnée[12], l'auteur n'aura qu'à s'en réjouir !

10 Roland Le Huenen, « Parler de soi par ricochet : le voyage au féminin ou l'impossible autobiographie », p. 37-53, *in Voyageuses européennes au* XIXe *siècle*, *op. cit.*, p. 53.

11 Nicolas Bourguinat ajoute : « Il faut s'interroger ensuite sur l'émergence d'un "je" féminin à travers l'écriture, d'abord jugé haïssable, puis "je" de modestie, puis s'imposant peu à peu comme un "moi" et accompagnant le retour sur elle-même qu'effectue la femme voyageuse » *in* « Voyage et genre, une interrogation renouvelée », p. 7-18, *in Le Voyage au féminin : perspectives historiques et littéraires (*XVIIIe-XIXe *siècles)*, *op. cit.*, p. 9.

12 « Avec ses idées de gauche, son impiété, sa grande beauté qui la protégeait autrefois maintenant fanée, ses poumons défaillants qui incommodent parfois les autres, lorsqu'elle ne peut continuer de marcher, son caractère "viril" qui refuse de se plier aux clichés de

Ainsi l'intimité s'expose-t-elle d'abord par la mise en scène de l'écrivain au cœur de son cercle familial le plus étroit. L'épisode des adieux, qui ouvre le récit, offre le premier tableau de la représentation. Moment d'émotion exagérée[13], peut-être, il montre la mère et la fille, devenue « ma chère et unique enfant », « encore enlacées » (*PL*, p. 6). Les interrogations du voyageur sur le départ se font pathétiques et Louise Colet confirme :

> Mon cœur indécis se cabre en arrière ; tout ce que j'y laisse d'aimant et d'aimé m'y rappelle et m'y retient ; en cette seconde d'hésitation, j'entrevois toutes les possibilités du malheur. – *retrouverai-je au retour ceux que je viens de quitter ?* (*PL*, p. 7)

D'ailleurs, Louise Colet n'hésite pas, plus loin, à insérer dans son récit ses propres lettres à sa fille jusqu'à préciser en donner « ici la copie textuelle » (p. 263). Les écritures publique et privée se confondent. Certes, en ce qui concerne les lettres, « Elles constituent une sorte d'infra-littérature de voyage, intimement liée à celle-ci puisque la relation féminine du voyage a pris longtemps la forme épistolaire[14] » mais, en l'occurrence, elles sont d'abord les bienvenues pour défendre une image personnelle. Louise Colet, en effet, tient à témoigner d'un attachement solide à sa famille en une époque moralisatrice où l'on préfère la femme dans son foyer ; de plus, il lui faut veiller à redorer son propre blason maternel.

Les plus vieux amis, les familiers, sont convoqués à l'identique. Les rencontres d'Antony Deschamps ou d'Eugène Pelletan et de son fils constituent d'autres instants forts pendant lesquels l'on se recommande les uns aux autres.

En réalité, les premières pages du récit viatique ne s'écrivent pas sur un registre différent des suivantes. Elles font la meilleure part aux émotions les plus vives possibles, celles qui bouleversent même les individus les plus robustes : « je dus passer toute la journée du 8, alitée » (*PL*, p. 13), conclut Louise Colet. En toute logique coletienne, il s'agit bientôt, les jours

---

la vieillesse – comment Louise Colet, journaliste en "crinoline" qui usurpe un métier jusque là réservé aux hommes, aurait-elle pu ne pas se mettre à dos ses collègues masculins ? », s'interroge Francine du Plessix Gray, dans sa biographie, *Mon cher Volcan ou la vie passionnée de Louise Colet*, Paris, Lattès, 1995, p. 329.

13 Il est notoire que Louise Colet et sa fille ont entretenu de très mauvais rapports…

14 Nicolas Bourguinat, « Voyage et genre, une interrogation renouvelée », p. 7-18, *in Le Voyage au féminin : perspectives historiques et littéraires* (XVIIIe-XIXe *siècles*), *op. cit.*, p. 11.

s'écoulant et la terre de France s'éloignant, de se concentrer sur un *moi* douloureux. À l'instar de sa génération, Louise Colet est l'héritière d'un romantisme quelque peu geignard. C'est pourquoi, à plusieurs reprises, se donnent à lire des considérations accablées sur la nature humaine et les épreuves endurées par les « vaincus de l'amour, de l'amitié ou de la gloire » (p. 8-9) au nombre desquels elle s'inscrit évidemment !

Le voyage devient synonyme de solitude : soit il expose à une mise à l'écart par les autres compagnons d'expédition, qui rappelle la vie solitaire menée à terre[15], soit il rend l'envie d'écrire en condamnant à ce même isolement tellement inattendu sur un bateau[16]. S'exprime paradoxalement, comme en un sursaut d'orgueil, une inclination toute particulière pour la solitude que le voyage ne ferait qu'exacerber : du moins, il en favorise la satisfaction dès lors qu'il devient doux de se retirer du groupe pour s'abandonner à une rêverie solipsiste :

> Habituée dès l'enfance à la solitude de la campagne et au recueillement de l'étude, j'ai toujours senti, à travers les phases les plus passionnées et les plus actives de ma jeunesse, l'impérieux besoin de m'isoler quelques heures du jour dans le silence et la méditation. Ce régime excellent pour ressaisir et apaiser notre âme, rend à nos facultés une force que le monde énerve : il est devenu pour moi au déclin une irréfrénable nécessité. (*PL*, p. 208)

Mieux encore, la solitude se fait thérapeutique selon Louise Colet mal intégrée à ses confrères :

> La solitude et le silence du désert sublime, ouvert devant moi, versent comme un breuvage d'opium l'apaisement d'abord, puis des visions ineffables ; je ne sens plus la toux qui déchire ma poitrine : je ne vois plus les chevaux et les hommes qui s'agitent devant moi. (*PL*, p. 155)

L'artiste est désormais seul sur les tréteaux. Il insiste pour apparaître en train d'occuper toute la scène quitte à décaler le regard du spectateur sur sa seule prestation quand la représentation se déroulerait ailleurs. S'il peut exagérer les situations dans un épanchement grandiloquent, il s'écrit cependant plutôt en conformité avec la réalité viatique : on sait que, tout au long du périple, Louise Colet par « ses prétentions, ses

15 Louise Colet écrit : « Ma vie de voyage et de solitude des dernières années m'avait rendue presque étrangère à la plupart d'entre eux. » (*PL*, p. 14)

16 Louise Colet, cette fois écrit : « Comme toujours, l'énergie me revint en me retrouvant seule. Je me sentis ranimée par l'apaisement du silence. » (*PL*, p. 31)

poses, ses emportements excitaient des irritations ou des sourires[17] ». Des quatrains moqueurs ont été diffusés alors, rédigés par quelques-uns de ses compagnons de voyage lassés.

De fait, le récit viatique semble parfaitement adéquat à rendre l'isolement de la voyageuse dans ses moments passés à l'écart du groupe : parce qu'elle est l'Artiste, parce qu'il est, en l'occurrence, la Femme. Sans conteste, dans *Les Pays lumineux*, Louise Colet cultive la singularité, et le sens de la singularité prétendue.

Mais il y a mieux à faire encore pour dire son intimité. C'est oser des autoportraits valorisants, rappeler des souvenirs qui grandiront son personnage dans l'Histoire, mettre en avant des relations flatteuses qu'il convient de ne jamais laisser tomber dans l'oubli. C'est pourquoi la narratrice ne laisse passer aucune occasion de se donner de l'importance, par exemple dans ce tableau de salon où elle se montre reçue à sa demande par le vice-roi qui la fait « asseoir à sa droite » (*PL*, p. 92) et, bien entendu, plus fine que les autres invités, seule à être capable de faire les frais de la conversation ! D'ailleurs, mieux entourée, elle sait bien qu'elle « aurai[t] tenté de lui parler de l'éclatante et généreuse mission qu'il lui était réservé d'accomplir en Égypte » : elle aurait su « avec la délicatesse d'une femme et l'euphémisme d'un poète » dire ses vérités à « cet homme tout-puissant » (p. 97) ! Le temps est venu, déjà, pour la narratrice de rappeler toute l'importance qu'on sait bien lui reconnaître hors d'une France trop ingrate. Car, au Caire, le vice-roi en personne sait qui elle est et Louise Colet n'hésite pas à consigner : « Mon nom, bien connu des Italiens en fonction auprès du vice-roi, me fit aussitôt introduire. » (p. 90) Qui pour ignorer qu'elle est allée en Italie et qu'elle s'y est montrée active, courageuse et introduite dans les cercles les plus importants ? C'est bien elle à qui il est donné de rencontrer jusqu'en Égypte « un ancien député sicilien [...] rencontré en 1861, à Naples, chez [s]on ami l'illustre Carlo Poério » (p. 136). Ainsi Louise Colet met-elle volontiers en avant ses relations les plus importantes, qu'elles soient littéraires ou politiques.

D'emblée, elle a ravivé le souvenir de son amitié avec Victor Hugo, pour noter à propos de sa fille qu'il « l'a bénie à Guernesey » ; à la suite, elle a précisé un peu pompeusement : « les plus beaux génies de ce siècle

---

17 Joseph Jackson, *Louise Colet et ses amis littéraires*, New Haven, Yale University Press, 1937, p. 305.

ont souri à son berceau » (p. 13). Quelques lignes plus loin encore, elle se souvient que Théophile Gautier, d'abord oublieux de leur amitié, « était venu souvent chez [elle] lorsqu'il eut pour la première fois la velléité d'être de l'Académie française » (*PL*, p. 14) : comment pourrait-il à présent ne pas la reconnaître ? Ailleurs, alors qu'elle évoque Charles Blanc, elle rappelle que son « illustre frère [lui] a toujours témoigné un amical intérêt » ... (p. 90).

La théâtralisation du *moi* nécessite de s'accorder le meilleur rôle, celui qui ne fera bientôt des autres vedettes que des comparses moins lumineux. Et parce que même les héros ont le droit d'être fatigués – peut-être cela leur confère-t-il d'ailleurs une part d'humanité qui les grandit encore au lieu de les rabaisser – Louise Colet évoque régulièrement sa lassitude, voire ses soucis physiques. La perspective d'un bon lit (*PL*, p. 54), la désolation face à une mauvaise chambre (p. 70), les conditions déplorables imposées pour une toilette (p. 101) sont autant de petites révélations faites au détour du récit pour rappeler combien le *moi* – dans la dualité de l'esprit et du corps – reste au cœur de toute expérience, qu'il s'agisse d'un voyage ou pas. Alors Louise Colet raconte « une extinction de voix complète et un peu de fièvre » (p. 77), dit sa fatigue et le bonheur d'un fauteuil à la « sensation presque voluptueuse » (p. 263) et se met en scène lors d'« excursions plus ou moins accablantes. Souvent en arrière, je faisais partie plutôt des traînards que de l'avant-garde. » (p. 247) Pourtant, par delà les considérations sur le physique et la santé d'une femme bientôt âgée de soixante ans, Louise Colet aime à occuper la scène de son récit en renvoyant d'abord à son identité professionnelle d'écrivain. Sans cesse, elle se place en posture de femme de lettres et joue à composer une scénographie auctoriale qui valorise son passé éditorial tout en témoignant de ses présentes capacités littéraires. Femme de lettres qui a fréquenté les plus belles plumes du siècle, elle l'a été : elle n'oublie pas non seulement de faire référence à ses amis célèbres mais encore de multiplier les allusions à ses œuvres, qu'il s'agisse d'un texte satirique comme son poème *Paris-Matière* publié dans *Le Siècle*[18] ou son ouvrage *L'Italie des Italiens*. Et quand elle rencontre un nouvel interlocuteur, elle précise aussitôt à destination d'un lecteur qu'il convient de ne pas laisser dans l'ignorance : « il me répondit qu'il était le gendre de Meyerbeer,

18 Louise Colet, en effet, assure elle-même la publicité de ses textes plus anciens au cœur du récit en cours : voir *PL*, p. 34-35.

qui souvent lui avait parlé de moi ; qu'il avait lu mes livres et qu'il se mettait à mes ordres » (p. 248). Il lui faut ensuite montrer qu'elle est restée un poète de premier plan : l'île d'Éléphantine, tendre souvenir à la mémoire de ses deux anciens amis, Flaubert et Du Camp, donne sous sa plume naissance à un poème par lequel elle ne peut s'empêcher de terminer (provisoirement) son récit de voyage.

Mais comme un *ego* surdimensionné ne se satisfait jamais de la place qu'on lui cède, voilà que Louise Colet ose dans son récit jusqu'à une sorte de mise en abîme, faisant du récit lui-même le lieu de la réflexion créatrice : que doit-on insérer dans un récit de voyage ? Que faut-il s'interdire ? Louise Colet s'interroge, en toute sincérité peut-être ou faussement, comme pour mieux occuper, autrement encore, la première place de son texte. Le temps est-il venu pour elle de théoriser le récit viatique ? Elle s'y essaye ! Louise Colet occupe toutes les places, toutes les fonctions. Ainsi commente-t-elle ses choix, sans manquer l'occasion de dénoncer les options opposées de ses confrères écrivains : « Je n'aurai pas le pédantisme de donner à mes lecteurs une description détaillée des mémorables ruines de Karnak. » (p. 255) Ailleurs, pour bien faire comprendre le poids de son silence – et que le lecteur l'imagine tombée en admiration… – elle écrit :

> J'entre dans la plus belle de ces mosquées abandonnées : il faudrait vingt pages pour en décrire les tombes ceintes de sveltes colonnettes, les parois en marbre précieux, les fenêtres aux treillis capricieux enchâssant des rondelles de vert jaune qui brillent comme de grosses topazes. (*PL*, p. 149)

Car ce qui compte pour de bon, c'est d'abord la promotion du *moi* et, par conséquent, il lui faut aller jusqu'à la représentation de l'écrivain en train de composer son œuvre. Pourquoi se priver de raconter que, dès qu'elle prend la plume, le capitaine « l'œil interrogateur » se rapproche d'elle « curieux de savoir ce qu['elle] écrivai[t] » ? (p. 212)

Le voyage permet-il de découvrir des somptuosités ? Le récit, pour autant, n'en sera pas un compte rendu exhaustif. La frustration du lecteur n'a d'égale que la jouissance de l'auteur à apparaître tantôt en mère, tantôt en femme ; tantôt en voyageuse, tantôt en écrivain ; tantôt en malade, tantôt en vaillante promeneuse… Tous les rôles sont bons à Louise Colet pourvu que son texte la rende vivante, la montre omniprésente et fasse porter sur elle tous les regards.

DISCOURS ET PSEUDO-SAVOIRS
Le *moi* perdu entre philosophie, histoire et sociologie

À propos de la *Promenade en Hollande* de Louise Colet, publié par Hachette en 1859, Madeleine van Strien-Chardonneau a souligné « la façon dont Louise Colet exploite la structure ouverte du récit de voyage, propre à faire entendre d'autres voix, pour y insérer des textes de nature diverse[19] ». Si *Les Pays lumineux* sont parfois une confession improvisée, si le texte contient comme la *Promenade en Hollande* des poésies de l'auteur[20] où manifester sa maîtrise métrique, si, une fois de plus, Louise Colet « étale cette soif de reconnaissance quelque peu naïvement en se mettant en scène[21] » et si, une fois encore, elle n'hésite pas à introduire d'autres récits, dans une perspective dialogique avec son lecteur, néanmoins elle s'abandonne, plus que jamais, à un discours prétendument savant. Elle accumule les réflexions personnelles aussitôt offertes comme autant de pensées nécessaires à l'édification de l'humanité lectrice. Qu'il s'agisse de philosophie, d'histoire ou de sociologie, Louise Colet donne souvent des leçons. Le risque de faire de son « récit de voyage un ensemble composite où se conjuguent un discours aux ambitions documentaires voire érudites et une rhétorique romanesque et sentimentale offrant un discours paradoxal sur la femme, un discours ambivalent tel que l'on peut le trouver dans les œuvres romanesques et poétiques de Louise Colet[22] » n'est pas fait pour l'effrayer ; mieux, elle le court d'autant plus volontiers qu'elle conçoit et élabore son texte comme le lieu propice à une réflexion sur le monde comme il va…

19 Madeleine van Strien-Chardonneau, « Trois voyageuses en Hollande », p. 73-88, *in Le Voyage au féminin : perspectives historiques et littéraires (XVIIIe-XIXe siècles), op. cit.*, p. 83.

20 D'autres pièces de vers lui ont été inspirées par ce voyage en Orient. Par exemple, les sonnets intitulés *Les Bédouins, Les Magnouns de l'île de Philae* ou *Groupes d'Arabes*. Ils seront publiés en 1876 dans *Le Parnasse*. Pour Joseph Jackson, « ce sont des sonnets "impassibles", sentant fort l'influence de Gautier, de Leconte de Lisle et, pour la forme, du jeune Hérédia » *in* Joseph Jackson, *Louise Colet et ses amis littéraires*, *op. cit.*, p. 305.

21 Madeleine van Strien-Chardonneau, « Trois voyageuses en Hollande », p. 73-88, *in Le Voyage au féminin : perspectives historiques et littéraires (XVIIIe-XIXe siècles), op. cit.*, p. 84.

22 *Id.*, p. 85.

Les thématiques abordées apparaissent nombreuses et variées. À son habitude, Louise Colet commence par développer ses opinions anticléricales sans lien direct avec les contrées visitées mais professe ainsi :

> Étouffer le génie grec, suprême manifestation de l'humanité, fut le premier signe que les chrétiens donnèrent de leur puissance. À l'avènement de ces hallucinés mystiques, la nuit et la barbarie se font chaque jour plus intenses ; elles enveloppent et étouffent la terre jusqu'à la Renaissance. (*PL*, p. 49)

Ailleurs, évoquant la saleté des ulémas rencontrés, elle ne se prive pas de les comparer aux « prêtres chrétiens de l'Italie méridionale » (*PL*, p. 82). De toute manière, le christianisme reste à son sens cette religion qui « décréta le supplice religieux » (p. 221), abandonnée aux mains d'individus qui « croyant glorifier par des macérations le Christ, Dieu clément, [en] firent un Dieu barbare » (p. 221). En réalité, Louise Colet reprend là ce qu'elle a déjà écrit dans *Les derniers Abbés* l'année précédent son voyage sur le canal de Suez.

Plus philosophique, elle peut se montrer en pleine réflexion sur le temps et l'éternité. Comme inspirée par on ne sait quelle puissance tutélaire, elle compare par exemple les œuvres des tyrans à celles des dieux à qui elle fait tenir les paroles suivantes : « vous participez du néant des êtres périssables, mais nous, qui peut nous atteindre ? Nous avons la sérénité de l'immuable » (*PL*, p. 116). Ou bien elle oppose la nature dans sa permanence à la réalité toute provisoire de l'homme :

> Poussière et néant de l'homme, dans ces sépultures qui durent depuis des milliers de siècles ! éternité de la nature qui revit et fleurit sans trêve dans le bleu d'un ciel étincelant. (*PL*, p. 191)

En tout cas, il lui faut inviter son lecteur à réfléchir sur la vanité des hommes :

> Éternelle raillerie des inutiles efforts que l'homme fait pour se survivre. La mort emporte la vie, et le temps balaye les plus orgueilleuses sépultures ; poussière sur poussière et néant sur néant ! (*PL*, p. 150)

Puis, elle établit des parallèles entre l'esprit et le sentiment, décidant tout de go :

> Être heureux et intelligent implique d'être bon et pitoyable ! Aimons, aimons ! et inspirons l'adoration de ce bel et grand amour à tous ceux sur lesquels il rayonne ! (*PL*, p. 222)

Toujours la même prétention au sublime ! Ailleurs, pourtant, préférant des positions davantage pragmatiques, elle expose ses idées sur la justice humaine et se montre fort sévère avec les cultures locales :

> La justice est proscrite de ces sociétés barbares où le faste et l'éclat de quelques-uns, voire d'un seul, sont pétris de fange et de sang. Ces sociétés n'ont jamais intronisé que l'immonde matière. Combien de durs labeurs, de larmes d'immolation de tous pour un tissu d'or et de soie revêtant le corps dégradé d'un maître. (*PL*, p. 134)

Louise Colet a aussi des opinions médicales ; elle explique par exemple :

> La fatigue générale était à son paroxysme. Je parvins à la vaincre en l'analysant. L'exercice impérieux et incessant de la pensée triomphe des affaissements du corps. (*PL*, p. 108)

Chantre des forces de l'esprit, elle proclame encore :

> Dormir ! manger ! est-ce donc à ces fonctions animales qui prennent la moitié de notre courte vie, que nous devons penser ? Dominons les importunités de la matière ! anéantissons-les, planons ! et jusqu'à ce que la mort nous décompose, vivons par l'esprit ! (*PL*, p. 188)

Arrêter là l'exemplier ne signifie pas que les occurrences du discours sentencieux de Louise Colet ne se comptent pas en plus grand nombre. D'ailleurs, les citations précédentes ont volontairement été limitées à quelques courts extraits de développements beaucoup plus longs dans lesquels une logorrhée apparemment inépuisable se fait entendre. Il convient de rappeler que c'est sans manifester la moindre acrimonie partisane à l'encontre de Louise Colet qu'il est nécessaire de reconnaître à ses propos trop longs un caractère souvent pompeux. En permanence, il y a quelque chose d'une leçon faite au lecteur comme si celui-ci n'était qu'un triste imbécile ou si l'auteur était, quant à elle, d'une intelligence très largement supérieure. Louise Colet se regarde-t-elle écrire comme l'on s'écoute parler ? Se plaît-elle à pérorer plus ou moins doctement ? Elle risque malheureusement de se voir comptée au nombre des femmes savantes raillées depuis Molière tant son discours, souvent inattendu sinon déplacé au cœur du récit viatique, s'élance sans fin sur des sujets dépourvus de lien. Il ne peut faire autorité. Il donne trop l'impression de partir en des sens différents, fondé sur un savoir jamais posé avec la clarté suffisante. C'est pourquoi, avec la sévérité qu'on lui connaît, Barbey d'Aurevilly condamne définitivement Louise Colet dans sa prétention à un discours savant ; il juge ainsi :

> D'opinion donc, de jugements, d'aperçus, il n'y en a pas à discuter ici, parce que le cerveau de Mme Colet n'est pas conformé pour se faire des opinions et donner aux autres des aperçus. Il n'y a dans son livre que les opinions du parti auquel elle appartient probablement depuis le berceau[23]...

Les déclarations sentencieuses de Louise Colet, comme autant d'aphorismes plus ou moins adroits, augurent mal en effet d'une profondeur de pensée. Elles s'appuient le plus souvent sur des impressions personnelles, des idées anciennes – elles ont déjà été exprimées dans des ouvrages précédents – que le contexte ne ranime qu'artificiellement, des *a priori* qu'aucun argument ne fonde avec la rigueur d'une réflexion intellectuelle prétendument reconnue. Comment ne pas admettre que les affirmations péremptoires ainsi avancées se donnent à entendre dans une inutilité assourdissante ? Ce n'est pas parce que Louise Colet affiche une sincérité à toute épreuve, et que sa franchise n'a d'égal que son plaisir à professer le plus doctement possible, que son propos s'en trouve répondre à un quelconque besoin chez le lecteur ou lui apporte la moindre satisfaction.

De fait, dans toutes les professions de foi accumulées, c'est le *moi* coletien qui ne cesse de parler et se donner à entendre, tout entier imbu de lui-même. Un *moi* qui a besoin d'être reconnu à travers un discours savant construit à mi-chemin entre philosophie et histoire, qui hésite à lorgner du côté d'une réflexion sociologique ou même ethnographique mais qui accumule parfois poncifs et clichés. Un *moi* qui réclame de la considération et même peut-être une forme d'expression admirative et qui, pour parvenir à ses fins, ne cesse plus de se poser *ex nihilo* et *sua sponte*... Une anecdote contenue dans *Les Pays lumineux* rend assez bien la haute opinion que Louise Colet a d'elle-même et l'audace assez naturelle qui est la sienne. Alors qu'elle se trouve à Louqsor, elle est reçue par le consul arabe qui dirige la représentation prussienne ; elle raconte la scène qui s'ensuit :

> Son fils, qui parle un peu l'italien, lui explique qui je suis et lui traduit mon désir de passer, si cela est possible, le reste de la journée dans une chambre

23 Barbey d'Aurevilly, *Les Bas-Bleus*, *op. cit.*, p. 248.

> de sa maison pour y écrire à l'abri du soleil et des mouches. Aussitôt, le bienveillant Arabe met à ma disposition une petite pièce qui donne sur la terrasse. Les murs en sont nus ; elle n'a pour tout mobilier qu'un vieux divan fort dur. Sur ma demande, une petite table est placée devant ce divan ; j'y pose mes papiers et tout ce qu'il me faut pour écrire. (*PL*, p. 265-266)

Expliquer aux autres – à tous – « qui je suis », occuper toute l'attention de ses hôtes en tant qu'écrivain, et aller jusqu'à cultiver autant que possible la posture de l'artiste prêt à créer, dans une représentation en acte, et selon une mise en scène savamment étudiée, tel est donc le spectacle que Louise Colet ne cesse de donner chaque fois qu'elle le peut. Or, son discours savant participe exactement de la même scénographie orgueilleuse : il s'agit de se donner à voir dans la prétention même du personnage qu'elle cultive, bientôt plus prégnant et mieux visible que sa propre personne.

Lamartine, dans son *Voyage en Orient*, a écrit : « Il n'y a d'homme plus complet que celui qui a beaucoup voyagé, qui a changé vingt fois la forme de sa pensée et de sa vie[24]. » Pour Louise Colet, les voyages ne forment pas plus la jeunesse qu'ils ne conduisent la vieillesse sur le chemin de la sagesse. Et Lamartine aurait tort : ce dernier grand voyage ne l'a pas davantage que les précédents incitée à revoir ses opinions. En effet, il ne l'a convaincue ni de penser autrement, ni de se montrer différente. Le voyage, pour Louise Colet, selon l'avant-propos des *Pays lumineux*, a été l'occasion de « trouv[er] les âmes les plus hautes, les cœurs les plus délicats, les plus aimants, les plus rares » (*PL*, p. 4). Comment les lecteurs, à qui la narratrice demande d'emblée de compter pour autant de « compagnons bienveillants » pourraient-ils ne pas se douter que de telles âmes et de tels cœurs ne se donnassent jamais qu'à une âme et un cœur semblables ?

---

24 Alphonse de Lamartine, *Œuvres complètes*, Bruxelles, Melines, 1838, p. 203.

LE PAMPHLET : LA COLÈRE D'UN *MOI* VENGEUR

Si, bientôt âgée de soixante ans, Louise Colet est restée la même, avec une obsession égocentrique toujours aussi puissante, sinon ravageuse, c'est peut-être que les mêmes feux intérieurs continuent de la dévorer. En tout cas, la brûlante maîtresse de Flaubert n'a rien oublié de leur amour passé, ni de son amant si loin d'elle en 1869. Désormais, la jalousie sinon la haine, la colère sinon le mépris, la violence sinon l'agressivité dirigent Louise Colet qui regrette tant ses amours avortées, elle qui était, dit-on, si belle. En conclusion de son beau récit *Les Amants de Mantes*, Hélène Frejlich écrit près de cinquante ans après la mort de la femme poète :

> Louise Colet laisse le souvenir d'un fruit sapide dont se rappellent des lèvres affamées. Encore une fois, le rêve de Flaubert s'accroche non pas uniquement au visage gracieux, au corps séduisant, mais aussi et encore à l'idée de l'union et de l'unisson. N'aime-t-on d'ailleurs que l'être dont on se laisse aimer ou qui se laisse aimer ? N'aime-t-on pas surtout l'idée qu'on se fait de lui avec plus ou moins de croyance, plus ou moins de passion, Flaubert aurait pu aimer Louise Colet comme elle l'avait voulu – et elle avait des raisons pour le vouloir – se prendre à sa surface et y rester[25].

Or, Flaubert l'a quittée pour partir à l'aventure ; d'une certaine manière, il l'a trompée dans les bras de femmes orientales que les récits d'autres voyageurs avaient rendues si follement attrayantes. Pire, moqueur, Flaubert l'a provoquée, qu'elle l'ait jamais su et s'en soit seulement douté, ou qu'on le lui ait rapporté, en écrivant par exemple à Bouilhet : « le mot almée veut dire *savante*, bas bleu. Comme qui dirait putain, ce qui prouve, Monsieur, que dans tous les pays les femmes de lettres[26] ! ! !... » C'est pourquoi Joseph Jackson a raison de noter : « Il a quelque chose de pathétique, ce voyage "romantique" accompli quarante ans trop tard et avec la hantise constante de l'image de Flaubert[27]. » Car Louise Colet marche sur les pas de son ancien amant, et c'est le seul moyen, en effet,

25 Hélène Frejlich, *Les Amants de Mantes*, Paris, Sfelt, 1935, p. 159-160.

26 Gustave Flaubert, *Correspondance*, *op. cit.*, lettre à Louis Bouilhet, 13 mars 1850, t. 1, p. 606.

27 Joseph Jackson, *Louise Colet et ses amis littéraires*, *op. cit.*, p. 305.

de comprendre la scène étonnante de l'hallucination nocturne, racontée avec une si troublante intensité par Louise Colet dans un déferlement d'impudeur et une obsession du *moi* qui confine au pathologique. Un autre des biographes de Louise Colet, Jean-Paul Clébert, explique bien la réalité pathétique du voyage à Suez pour Colet :

> Son séjour en Égypte est en même temps un voyage d'utile agrément, de découverte archéologique, d'inventaire des mœurs locales, et une traversée de ce *no man's land* désertique où l'air tremblant au niveau du sol semble un liquide gélatineux, où s'agitent les voiles de ces almées dont il a souillé sa bouche [...] Elle n'a de cesse, dans ce voyage en Orient, de rencontrer ces femmes dont il a si grossièrement joui. [...] Alors elle cherche cette Koutchouk-Hanem[28].

Qui est-elle, Koutchouk-Hanem ? C'est une Almée d'origine syrienne, dont le surnom signifierait « mignonne petite princesse » ou « danseuse ». Flaubert l'aurait rencontrée à Esneh durant la nuit du 6 mars 1850 avant de la retrouver, au retour, le 26 avril suivant. Et c'est bien elle que Louise, comme elle l'avoue, a décidé de découvrir, en vain :

> j'ai pensé tout à coup qu'il serait curieux d'y retrouver à l'état de momie vivante une de ces séduisantes almées qui lui servirent à déchirer et à révolter mon cœur dans ses récits de voyage. (*PL*, p. 176)

Si Flaubert se confond avec le souvenir « d'un être aimé », à la « stature de géant », il devient dans l'« hallucination étrange et indéfinissable » : un « spectre malsain », une « larve obstinée » (*PL*, p. 174), au mieux un « Pygmalion vulgaire » (p. 177) dont la dangerosité ne fait aucun doute. Il « a toujours abattu ma force vitale et paralysé mes élans généreux » (p. 174), confesse Louise Colet. Puis, succède au récit du cauchemar son analyse. La mise en accusation de Flaubert, dont le nom ne sera jamais écrit, se fait violente et totale. Celui qui était « cet élu de l'amour » devient l'homme « des débauches du corps, et ce qui est pis, des débauches de l'âme et des bassesses de la vanité ». Pour être aussi vil, il « doit avoir peur » car « il n'échappera pas au châtiment » (p. 176-177). Au passage, le lecteur aura noté que le réveil de Louise Colet la confronte à la terrible et détestable présence sur son corps de « cafards [qui] cheminaient lentement et processionnellement » comme la réincarnation misérable, et kafkaïenne avant l'heure, de l'amant lamentable.

28 Jean-Paul Clébert, *Louise Colet ou la muse*, Paris, Presses de la Renaissance, 1986, p. 352.

Dans ce récit assez singulier, les commentateurs de Louise Colet accordent généralement une assez faible importance à la conclusion tout entière centrée pourtant sur le *moi* coletien pour ne retenir trop volontiers que le portrait terrible de Flaubert. Si, avec Barbey d'Aurevilly, on note en effet « une vanité monstrueuse qui ne décoléra jamais[29] », il convient alors de dépasser les cris vengeurs pour mieux considérer comment le pamphlet se fait adresse et prière à soi-même et se transforme en une sorte de déclaration de foi en un *moi* plus fort que toutes les épreuves et tous les monstres réunis n'abattront jamais. En effet, tout un long avant-dernier paragraphe devient l'objet d'un discours à soi qui profite de l'occasion pour afficher la force d'un caractère et la puissance d'un esprit. Dans un argumentaire qui se veut auto-convaincant, Louise Colet, oublieuse d'ailleurs de son lecteur, à mille lieues alors des intentions qui président initialement à un récit de voyage, se lance dans des imprécations qui ne regardent plus qu'elle :

> Comment ! toi qui gardes à travers le temps toute ta jeunesse et ta vigueur d'esprit [...] tu rayonnes dans ta conscience [...] Sois incorruptible ! Tu vis, tu vivras de ta propre force [...] Cet orgueil inquiet, tu le domines par ta silencieuse tranquillité dans la solitude. Tu le domines par ta soif de justice, par ton mépris de ce qui est fourbe et bas, par ta conviction des candeurs sublimes et ton intarissable attendrissement de toutes les souffrances humaines. [...] la vie circule en toi et le défie [...] Emeus ! tu vaincras ! (*PL*, p. 176-177)

Ou bien encore :

> La femme est perpétuellement cet agneau supplicié par l'amour ; mais l'agneau lâchement poignardé en secret peut guérir de ses blessures, il se ranime et devient lionceau, il mord à son tour le meurtrier impuni, et devient l'instrument de la justice éternelle. (*PL*, p. 178)

Et si le récit se termine par un appel à « la mansuétude » qui devra se substituer aux « vengeances bibliques », c'est encore à elle-même que Louise Colet s'adresse *in fine* quand elle lance : « endors-toi dans la paix d'une pitié universelle » (*PL*, p. 178).

Sans conteste, mais en contradiction avec ce qui a pu être noté, Flaubert lui-même ne constitue donc pas le personnage principal de la scène très spectaculaire de l'hallucination, il n'en est pas, non plus,

29 Barbey d'Aurevilly, *Les Bas-Bleus*, *op. cit.*, p. 238.

le destinataire. C'est Louise Colet, au contraire, son caractère et son mental, qui en sont les pièces maîtresses. Appel à la révolte, prière lancée aux forces de l'esprit, invocation des sentiments les plus nobles deviennent les réalités les plus profondes de ce qui a revêtu l'apparence d'un portrait au vitriol de l'amant d'autrefois. Car Louise Colet est bien au cœur de son texte.

Le récit de voyage concourt à l'édification d'un *moi* plus fort quand il s'agit de se remémorer les accidents de la vie, les moments de fragilité ou encore les blessures supportées. Gérard-Gailly, grand contempteur de Louise Colet, avec quelques autres, a tort de réduire ce fameux épisode des *Pays lumineux* à un règlement de comptes, « une vaticination apocalyptique contre son ancien amant[30] ». Il a tort d'écrire en se moquant :

> Mais son âme à elle, Louise Colet, son âme de sexagénaire, demeure un bloc pur de Paros qui attend son Phidias idéal, ni plus ni moins. L'autre sculpteur n'était qu'un Pygmalion vulgaire au souffle écœurant, ni plus ni moins[31].

De fait, l'intention de Louise Colet ne se limite pas à vitupérer contre Flaubert. Plus ambitieuse, au fond, elle consiste davantage pour mieux affirmer son *moi* à s'affermir encore dans une double identité de femme – amoureuse, malheureuse – et d'écrivain – qui ne bénéficiera jamais des « sympathies qu'il inspire aux journaux putrides » (*PL*, p. 177).

Convient-il de terminer encore en donnant la parole à Barbey d'Aurevilly quand il écrit à propos de *L'Italie des Italiens* ce qu'il aurait pu écrire des *Pays lumineux* tant c'est le sentiment immédiat de tout lecteur :

> Ainsi, Moi, Moi, toujours ! – là comme partout ! Le Moi est omniprésent dans le livre ou plutôt dans tous les livres de Mme Colet. Parler de Léonard de Vinci la fait penser à elle. Mais si le Moi est désagréable dans Chateaubriand, jugez de ce qu'il peut être dans Mme Colet ! L'égotisme pire que l'égoïsme et dont il sort, l'égotisme qui est l'égoïsme rapetissé et babillard, est suprêmement le caractère de *L'Italie des Italiens*, – de ce livre fait sur les autres par une femme qui ne s'oublie jamais et qui informe l'univers de l'état de son catarrhe, tout en lui parlant de son héros, Garibaldi[32] !

Non pas, et ce pour deux raisons au moins. D'abord, parce que nous croyons avec Friedrich Wolfzettel à la conséquence d'un temps misogyne

30 Gérard-Gailly, *Les Véhémences de Louise Colet*, Paris, Mercure de France, 1934, p. 194.

31 *Id.*, p. 197.

32 Jules Barbey d'Aurevilly, *Les Bas-Bleus*, *op. cit.*, p. 250.

qui empêche la narratrice-voyageuse d'aborder tout ce qu'elle pourrait vouloir dire :

> Cette exaltation de l'intimité n'est que la contrepartie comme on sait, de l'exclusion de tout ce qui a trait à une érudition trop sérieuse et, partant, associée à des caractéristiques qui seraient typiquement masculines. Il suffit de penser, en l'occurrence, au récit de voyage en Orient *Les pays lumineux*, où Louise Colet se contente d'admirer le paysage du Nil sans se soucier de problèmes d'ordre archéologique, et en insistant sur le fait que c'est là un domaine masculin[33].

Louise Colet se trouve donc largement excusable… Ensuite, parce qu'une telle lecture, réductrice, sinon partisane, refuse en réalité de considérer l'enseignement de Flaubert lui-même quand il réclame pour toutes les œuvres une critique construite sur la prise en compte exclusive de la « poétique insciente[34] ». Car il s'impose en effet de tenir compte des intentions de l'auteur et du projet auquel vient correspondre le livre qui en résulte, *a fortiori* quand il s'agit d'une publication posthume qui échappe donc à la volonté de l'écrivain. Il faut donc lire *Les Pays lumineux* en fonction des réalités qui prévalent à sa rédaction. Et, sans recourir à une critique biographique, il faut relire Louise Colet à l'aune de ce que Du Camp, une autre victime de la critique flaubertienne, écrivait à son ami de Croisset :

> Pour toi la force est le développement excessif de l'intelligence aux dépens du cœur : je crois que tu es dans le faux, et que l'homme fort est celui qui juge et pense par le cœur comme par l'intelligence[35].

Car Louise Colet, avec *Les Pays lumineux*, « juge et pense par le cœur ». En un temps qui refuse de la comprendre, elle semble bien recourir au récit de voyage comme un cache-sexe : comment dévoiler son *moi*, une fois encore, sans encourir les pires railleries une fois de plus ? Comment

33 Friedrich Wolfzettel, « Récit de voyage et écriture féminine », p. 19-34, *in Voyageuses européennes au* XIX*e siècle*, *op. cit.*, p. 22.

34 Flaubert appelle de ses vœux une autre manière critique de lire : « Où connaissez-vous une critique qui s'inquiète de l'œuvre en soi, d'une façon intense ? On analyse très finement le milieu où elle s'est produite, et les causes qui l'ont amenée ; mais la poétique insciente d'où elle résulte ? sa composition ? son style ? le point de vue de l'auteur ? » *in* Gustave Flaubert, *Correspondance*, *op. cit.*, lettre à George Sand, 2 février 1869, t. 4, p. 15.

35 Flaubert-Du Camp, *Correspondance*, Yvan Leclerc (éd.), Paris, Flammarion, 2000, lettre à Flaubert, 31 octobre 1844, p. 184.

renoncer à réclamer une reconnaissance qu'on lui refuse ou lui accorde avec une parcimonie insupportable ? Comment, arrivée presque au terme de sa vie, tourner le dos à ce qu'on a toujours été ? Louise Colet ne sait pas écrire autre chose que ce qu'elle a sur le cœur, au moment même où elle le ressent. Se répète-t-elle au gré de ses détracteurs ? Elle estime, pour sa part, creuser ainsi son sillon. Elle ne doit pas avoir complètement tort… Pour elle, sortir de chez soi ne revient pas à sortir de soi, bien au contraire.

Thierry POYET
Université Clermont Auvergne,
CELIS

DEUXIÈME PARTIE

VÉCUS DE L'INTIMITÉ

VOYAGE ET DÉCOUVERTE DE L'AUTRE

L'INTIMITÉ EN PARTAGE, OU LE « MOMENT » KUCHUK-HANEM CHEZ FLAUBERT

L'épisode de la rencontre de Flaubert avec Kuchuk-Hanem (qu'on traduit en général par « petite dame » en turc[1]), une prostituée d'origine syrienne avec laquelle il a passé une nuit enflammée à Esneh, en Haute-Égypte, en mars 1850, a déjà été commenté à plusieurs reprises[2]. Edward Said, en particulier, y a consacré plusieurs pages dans *L'Orientalisme*, mettant en évidence, à juste titre, le lien de cette figure féminine avec celles de Salammbô et de Salomé (*Hérodias*), dont il voit en Kuchuk-Hanem le « prototype[3] ». Said voit également dans cette dernière une illustration exemplaire du lien que Flaubert – et il n'est bien sûr pas le seul – établit entre l'Orient, les femmes et la sexualité : Kuchuk-Hanem suggère, selon lui, « non seulement la fécondité, mais la promesse (et la

1 Sur les différentes significations possibles de ces deux termes, voir l'édition du *Voyage en Égypte* de Flaubert procurée par Pierre-Marc de Biasi, Paris, Grasset, 1991, p. 281-282, n. 243. Ce nom apparaît sous différentes graphies (Kuchuk-Hanem, Kuchiuk-Hanem, Koutchouk-Hanem, avec ou sans trait d'union...). Nous retenons, conventionnellement, celle qu'utilise Flaubert lui-même dans sa lettre à Louis Bouilhet du 13 mars 1850 (mais il écrit « Kuchiuk » dans ses notes de voyage).

2 L'un des derniers commentateurs en date est Richard Bernstein, qui consacre un chapitre entier à Flaubert, dans un ouvrage assez polémique à l'égard d'Edward Said (voir note suivante), où il entend montrer que l'Orient du XIXe siècle, contrairement à l'Occident à la même époque, avait une attitude beaucoup plus libre vis-à-vis de la sexualité, si bien que nombre de voyageurs auraient pu y satisfaire facilement leurs fantasmes érotiques (Richard Bernstein, *The East, the West and Sex : A History of Erotic Encounters*, New York, Knopf, 2009, p. 92-101). Mais Thierry Poyet a cependant souligné tout récemment les aspects déceptifs de l'épisode de Kuchuk-Hanem, qu'il interprète comme une répétition, pour Flaubert, de la rencontre avec Eulalie Foucault, à Marseille, lors du voyage dans les Pyrénées et en Corse, en 1840 (Thierry Poyet, « Le voyageur et sa sexualité : Flaubert ou l'interdit des sens levé pour rien », p. 169-185, *in* Philippe Antoine (dir.), *Sur les pas de Flaubert. Approches sensibles du paysage*, Amsterdam et New York, Rodopi, « Crin », vol. 60, 2014, en particulier p. 177 et suiv.).

3 Edward Said, *L'Orientalisme. L'Orient créé par l'Occident*, Catherine Malamoud [trad.], Paris, Le Seuil, 1980, p. 215.

menace) du sexe, une sensualité infatigable, un désir illimité[4] ». Sur ce plan également, Said voit juste, encore que la courtisane incarne plutôt la satisfaction d'une hypersexualité, même si la « menace » liée à celle-ci, déjà présente dans cet épisode[5], n'apparaîtra clairement que dans l'œuvre fictionnelle ultérieure, en particulier dans le chapitre « Sous la tente » de *Salammbô* (« envie sanguinaire » de l'héroïne regardant dormir Mâtho[6]). Enfin, Said fait de Kuchuk-Hanem, dans son « Introduction » à *L'Orientalisme*, une métaphore du rapport de domination de l'Occident sur l'Orient : c'est bien le cœur de son propos, qui considère le « discours orientaliste » tout à la fois comme une anticipation et comme une légitimation *a posteriori* de l'impérialisme occidental et de sa traduction coloniale dans le monde oriental, justifiant ainsi l'occupation de celui-ci au nom de la Raison civilisatrice. Dans ce dernier cas, l'hypothèse de Said nous semble beaucoup plus fragile[7]. D'abord parce que rien, ni dans ses notes de voyage, ni dans sa correspondance autour de 1850, ne laisse penser que Flaubert ait une opinion favorable à la colonisation. Tout au contraire, il adopte bien souvent un discours nostalgique sur un Orient dont il déplore les signes de modernisation à l'européenne, y compris à propos des harems[8]. Le rapport de Flaubert à Kuchuk-Hanem ne se laisse pas en outre réduire à une forme de domination du « mâle » occidental sur un Orient féminisé. Cette rencontre est aussi empreinte de tendresse de la part du voyageur, ce point a été relevé depuis longtemps, d'abord par Michel Butor dans ses *Improvisations sur Flaubert*[9], puis par Françoise Berenguer, dans un chapitre de sa thèse consacrée au *Mythe de la femme orientale*[10].

---

4 *Id.*, p. 210.

5 Voir *infra*, « Le journal de l'intimité ».

6 Gustave Flaubert, *Salammbô* [1862], Jacques Neefs (éd.), Paris, Gallimard, « Le livre de poche », 2011, p. 298.

7 Pour une critique de l'analyse saïdienne de l'épisode de Kuchuk-Hanem, voir Francis Lacoste, « L'Orient de Flaubert », p. 73-84, *Romantisme*, n° 119, 2003, p. 76-77.

8 « Ô Orient, où es-tu ? – Il ne sera bientôt plus que dans le soleil. À Constantinople, la plupart des hommes sont habillés à l'européenne, on y joue l'opéra, il y a des cabinets de lecture, des modistes, etc. ! Dans cent ans d'ici, le harem, envahi graduellement par la fréquentation des dames franques, croulera de soi seul, sous le feuilleton et le vaudeville » (lettre à Louis Bouilhet, d'Athènes, 19 décembre 1850, *in* Gustave Flaubert, *Correspondance*, t. I, Jean Bruneau (éd.), Paris, Gallimard, « Bibliothèque de la Pléiade », 1973, p. 730).

9 Michel Butor, *Improvisations sur Flaubert*, Paris, Éditions de la Différence, 1984, p. 66.

10 Françoise Berenguer, *Le Mythe de la femme orientale chez les écrivains voyageurs français de 1806 à 1869*, thèse en littérature française sous la direction de Max Milner, Université

Le dossier mérite toutefois d'être repris, pour plusieurs raisons. D'abord parce qu'il faut rappeler que la rencontre avec Kuchuk-Hanem a fait l'objet, chez Flaubert, de plusieurs récits, qui donnent du même coup une image plurielle de ce temps fort – moment d'ailleurs dédoublé, puisque le voyageur revoit la courtisane à son retour de Nubie. D'autre part, il faut tenir compte du cadre générique, qui peut influer sur la teneur du récit lui-même : Flaubert ne dit pas tout à fait la même chose dans ses notes et dans ses lettres de voyage ; il en va de même chez Du Camp, si l'on compare ses notes et son récit publié. Enfin, en ce qui concerne la correspondance de Flaubert, il faut distinguer entre lecteurs et lectrices : il y a quelque chose comme une sexuation du texte en fonction du destinataire, ce qui induit, là encore, une érotisation ou une esthétisation, selon que l'épistolier s'adresse à son ami Bouilhet, ou, une fois rentré en France, à Louise Colet. Bref, si Kuchuk-Hanem a quelque chose d'une obsession flaubertienne, celle-ci est aussi de nature textuelle.

LE JOURNAL DE L'INTIMITÉ

Flaubert et Du Camp arrivent en Égypte en novembre 1849. C'est le début du traditionnel voyage en Orient, qui les mènera ensuite en Syrie, en Palestine, à Constantinople, puis en Grèce. Flaubert, lui, rejoindra sa mère en Italie et rentrera un peu après Du Camp en France, au printemps 1851. C'est donc un voyage à deux, mais il ne faut pas oublier que, dans ce couple voyageur, Du Camp mène la barque : c'est lui qui, ayant déjà effectué un premier voyage en Orient, en 1844, avait persuadé Madame Flaubert de laisser partir son fils avec lui ; surtout, c'est lui qui avait obtenu de la part de l'Académie des Inscriptions et Belles-Lettres une mission consistant à photographier un certain nombre de sites, mission dont il s'acquittera parfaitement en ramenant plus d'une centaine de calotypes, publiés dans le recueil *Égypte, Nubie, Palestine et Syrie* (1852).

Paris 3, 1988, t. II, p. 115 et suiv. J'ai moi-même développé cette image, apparemment paradoxale (mais finalement assez courante au XIXe siècle : pensons à *La Dame aux camélias* de Dumas fils), de la prostituée avec laquelle s'établit une relation amoureuse, fût-ce de manière éphémère (Sarga Moussa, « Flaubert ou l'Orient à corps perdu », *Revue des lettres et de traduction*, Université Saint-Esprit de Kaslik [Liban], n° 5, 1999, p. 193-213).

Flaubert avait également une « mission », avec un questionnaire préparé par le ministère de l'Agriculture et du Commerce[11], mais on sait qu'il n'en avait cure[12]. Il apparaît donc comme le « mauvais élève », en tout cas comme celui qui se moque régulièrement du sérieux de son compagnon de voyage, et notamment de ce qu'il appelle les « rages photographiques[13] » de celui-ci. Il n'empêche que dans le quotidien, c'est bien Du Camp qui a la primauté, y compris en matière sexuelle, comme en témoignent les notes de Flaubert, lorsque les deux amis arrivent à Esneh (au sud de Louxor) et se rendent dans la maison de Kuchuk-Hanem : « Elle nous a demandé si nous voulions nous amuser. Maxime a d'abord demandé à s'amuser seul avec elle et est descendu dans une salle du rez-de-chaussée – à gauche en entrant dans la cour – après M. Du Camp ç'a été M. Flaubert[14]. » Le récit de cet épisode commence comme une scène de bordel habituelle, même si le caractère tarifé en est évacué ; le verbe *s'amuser*, à la fois codé et transparent, ne laisse aucun doute sur l'activité à laquelle vont se livrer les deux amis, que Flaubert représente, de manière autoparodique, comme des bourgeois faussement respectables.

Du Camp ayant été mentionné comme le premier à coucher avec Kuchuk-Hanem, il va progressivement être éliminé du récit qu'en fait Flaubert dans ses notes. S'il apparaît encore implicitement, dans le pronom de la première personne du pluriel, après un petit intermède archéologique (« Seconde visite plus détaillée au temple [...]. Nous revenons chez Kuchiuk[15] »), le même pronom va désormais désigner le seul couple constitué par Flaubert et Kuchuk-Hanem : « Nous nous sommes couchés. [...]. Nous nous serrions les mains. [...]. Le matin nous nous sommes dit adieu fort tranquillement[16]. » Le lecteur pénètre ainsi, à travers cette longue parenthèse du récit de voyage, dans l'intimité du

11 Sur cette mission, voir Gustave Flaubert, *Correspondance*, t. I, *op. cit.*, p. 519 et n. 2, p. 1057-1058.

12 « Je ne m'occupe pas plus de ma mission que du roi de Prusse » (lettre à L. Bouilhet du 2 juin 1850, *id.*, p. 628).

13 Lettre à sa mère du 8 mars 1850, *id.*, p. 599. Sur Du Camp photographe et écrivain orientaliste, voir Marta Caraion, *Pour fixer la trace. Photographie, littérature et voyage au milieu du XIXe siècle*, Genève, Droz, 2003, p. 179 et suiv.

14 Gustave Flaubert, *Voyage en Orient*, *in Œuvres complètes*, t. II, Claudine Gothot-Mersch (éd.), Paris, Gallimard, « Bibliothèque de la Pléiade », 2013, p. 660.

15 *Id.*, p. 661.

16 *Id.*, p. 663-664.

voyageur. Mais pour qui celui-ci écrit-il ? La réponse est aussi simple qu'incontournable : d'abord pour lui-même. Si Flaubert a songé un moment à publier un texte issu de son voyage en Égypte, comme en témoigne l'embryon de récit intitulé *La Cange*[17], il en a vite abandonné l'idée, préférant la liberté du journal, qu'il a pris la peine de recopier à son retour à Croisset.

Flaubert note ses impressions de voyage pour s'en souvenir, afin de pouvoir les relire plus tard. Mais, en les notant, il éveille en lui des souvenirs plus anciens qui constituent ainsi, pour le diariste, l'occasion d'une rêverie, d'un dialogue avec soi-même. D'où la présence insistante d'un « je » qui renvoie non seulement au voyageur, à l'expérience orientale de ce dernier, mais aussi au narrateur du journal, à la conscience réflexive de celui qui porte en soi toute une *mémoire*, à la fois personnelle et culturelle :

> Je la regardais dormir. Je songeais à d'autres nuits où je regardais d'autres femmes dormir – et toutes les autres nuits que j'ai passées blanches. Je repensais à tout, je m'abîmais de tristesses et de rêveries. [...]. Je sentais mes fesses sur son ventre (j'étais accroupi sur le lit) – sa motte plus chaude que son ventre me chauffait comme avec un fer. Une autre fois je me suis assoupi le doigt passé dans son collier comme pour la retenir si elle s'éveillait. J'ai songé à Judith et Holopherne[18].

La relation de la rencontre avec Kuchuk-Hanem conduit, du moins dans un premier temps, à une écriture de l'intime, celle du diariste qui n'a rien à cacher, puisqu'il est son propre lecteur – sachant toutefois que Du Camp a dû lire parfois, pendant le voyage en Orient, les notes de son ami, et vice-versa. D'où la possibilité de consigner les détails les plus triviaux – ceux qui, précisément, trouveraient difficilement place dans un récit destiné à être publié. À cet égard, le portrait que donne Flaubert de Kuchuk-Hanem, dans ses notes, est remarquable. Ainsi son corps est-il décrit d'une manière assez réaliste, voire avec un effet de loupe

17 *Id.*, p. 597 et suiv.

18 *Id.*, p. 663. L'histoire du général assyrien décapité (voir dans la Bible le livre de *Judith*, chapitre XII) trahit sans doute un fantasme de castration, en tout cas la peur, au milieu même de l'expérience amoureuse, d'une sexualité dangereuse que Flaubert tente ainsi d'exorciser. Sur ce point, voir Lucette Czyba, *La Femme dans les romans de Flaubert*, Lyon, Presses Universitaires de Lyon, 1983, p. 127. Sur la question mémorielle dans les récits de voyage, voir Sarga Moussa, Sylvain Venayre (dir.), *Le Voyage et la mémoire au XIX*e *siècle*, Grâne, Créaphis, 2011.

qui en grossit volontairement les défauts : ses flancs laissent voir des bourrelets, ses narines sont fendues, elle a de larges épaules, mais surtout, « elle a une incisive d'en haut, côté droit, qui commence à se gâter[19] ». On notera que cette observation est confirmée par Du Camp dans ses propres notes de voyage, si ce n'est que ce dernier situe la dent cariée « à gauche », et qu'il parle non pas d'une incisive, mais d'une « canine[20] » ! D'autres similitudes lexicales peuvent d'ailleurs être repérées dans la façon dont les deux compagnons décrivent Kuchuk-Hanem. Du Camp dit d'elle, dans ses notes, qu'elle est « viandée, solide, superbe[21] », ce à quoi Flaubert semble faire écho, dans une lettre à Bouilhet du 13 mars 1850 (« c'était une impériale bougresse, tétonneuse, viandée[22]... »).

À l'inverse, on a parfois le sentiment que les deux diaristes cherchent à se différencier l'un de l'autre, au point de faire état d'éléments totalement opposés dans le portrait de Kuchuk : Flaubert écrit ainsi que « ses yeux sont noirs et démesurés[23] », alors que Du Camp parle, de son côté, de « ses yeux de grandeur ordinaire[24] ». Quoi qu'il en soit de cette probable circulation des notes de voyage entre les deux compagnons, il faut remarquer l'importance du détail réaliste, voire provocateur (la dent cariée de Kuchuk). Tout le paradoxe de cette vision de près, qui démythifie parfois son propre objet, semble contenir en germe une esthétique à venir. Certes, Flaubert n'est pas encore « Flaubert ». Il ne sait pas précisément, en 1850, ce qu'il écrira à son retour en France, ni quel sera son style. Mais ces questions le hantent déjà, pendant son voyage en Orient. Sa correspondance en fait foi : « Il se prépare en moi quelque chose de nouveau, une seconde manière peut-être ? », écrit-il à sa mère depuis Constantinople[25]. Autrement dit, et alors même que les notes de voyage relèvent d'une forme *a priori* opposée au travail de la fiction (elles se présentent parfois, comme dans la description de l'entrée

19 Gustave Flaubert, *Voyage en Orient*, *in Œuvres complètes*, t. II, *op. cit.*, p. 660.

20 Maxime Du Camp, *Notes du « Voyage en Orient » (1849-1851)*, Giovanni Bonaccorso (éd.), Messine, Peloritana, 1972, p. 68.

21 *Ibid.*

22 Gustave Flaubert, *Correspondance*, t. I, *op. cit.*, p. 606.

23 Gustave Flaubert, *Voyage en Orient*, *in Œuvres complètes*, t. II, *op. cit.*, p. 659.

24 Maxime Du Camp, *Notes du « Voyage en Orient »*..., *op. cit.*, p. 68.

25 Gustave Flaubert, *Correspondance*, t. I, *op. cit.*, p. 704 (lettre du 14 novembre 1850). Pierre-Marc de Biasi note également, dès le début de son introduction au *Voyage en Égypte* de Flaubert, que celui-ci se met à la rédaction de *Madame Bovary* dès son retour à Croisset, en 1851 (*op. cit.*, p. 10).

chez Kuchuk, dans un style télégraphique, avec une juxtaposition de syntagmes plus ou moins longs : « deux divans – deux fenêtres – une du côté des montagnes, une autre donnant sur la ville[26] [...] »), elles préparent ce qui sera l'une des caractéristiques du récit flaubertien (on pense bien sûr à *Madame Bovary*) dont aucun *détail* concernant les sensations de l'héroïne, de ses nausées à table à son suicide par empoissonnement, ne sera épargné au lecteur. Le texte le moins « littéraire » est en réalité proche d'une littérature à venir : Flaubert est moderne, même s'il n'en a pas encore conscience.

L'INTIMITÉ EXHIBÉE

Si Flaubert refuse de publier un récit de voyage en Orient à partir de ses notes, pressentant, sans doute, le risque de la redite, dans un type d'écrits fortement tributaires de parcours ritualisés, générateurs de *lieux communs*, il n'en reste pas moins qu'il écrit de longues lettres, principalement à sa mère et à son ami Louis Bouilhet, grâce auxquelles nous pouvons suivre ce périple oriental, étape après étape. En un sens, on pourrait presque dire que la correspondance de Flaubert constitue le « véritable » récit de voyage en Orient, dans la mesure où elle est *destinée* à être lue, fût-ce dans un sens restreint. On sait, d'ailleurs, que la lettre est l'une des formes du « genre » viatique, en particulier depuis l'époque des Lumières. Toutefois, même en adoptant cette forme épistolaire, qui permet traditionnellement une grande liberté de ton, Flaubert n'en manifeste pas moins une certaine mauvaise conscience : « Je crois bien que tu ne t'attends pas, homme intelligent, à recevoir de moi une *relation* de mon voyage[27] », écrit-il à Bouilhet dès qu'il arrive au Caire, en soulignant ironiquement le mot qui renvoie au récit viatique traditionnel, dont il récuse par avance le caractère en principe sérieux et objectif. Du coup, dans la même lettre, Flaubert laisse libre cours à sa verve pour décrire le choc culturel de cette première rencontre

26 Gustave Flaubert, *Voyage en Orient*, *in Œuvres complètes*, t. II, *op. cit.*, p. 659. Sur le style de la note chez Flaubert, voir Isabelle Daunais, *L'Art de la mesure ou l'invention de l'espace dans les récits d'Orient (XIXe siècle)*, Saint-Denis / Montréal, Presses de l'Université de Vincennes / Presses de l'Université de Montréal, 1996, chap. I.

27 Gustave Flaubert, *Correspondance*, t. I, *op. cit.*, p. 538 (lettre du 1er décembre 1849).

avec l'Orient, employant toute une rhétorique de l'altérité destinée à mettre l'accent sur le voyage comme expérience personnelle : « Ce sont des intonations gutturales [...] ; nous mangions avec nos doigts[28]... » etc. La lettre viatique donne à voir et à entendre l'ailleurs, elle l'exhibe dans sa différence, elle fabrique de l'exotique, s'il le faut : c'est bien cela que demande implicitement le destinataire, resté au pays. Flaubert n'échappe pas toujours à cette surenchère orientaliste, qui conduit fatalement à « orientaliser l'Oriental », comme dit Edward Said[29].

Cette *exposition* orientalisante, on la retrouve parfois lorsqu'il est question de Kuchuk-Hanem – du moins dans les lettres que Flaubert écrit à Bouilhet, car à sa mère, bien sûr, il n'en souffle mot. Dans une longue missive à son ami, et avant même d'entamer le récit de sa nuit de plaisir, il affiche fièrement son tableau de chasse : « À Esneh j'ai en un jour tiré 5 coups et gamahuché 3 fois[30]. » Or cela, Flaubert ne l'avait pas écrit dans ses notes, du moins pas sous cette forme synthétique et provocatrice, sans doute exagérée, en tout cas destinée à émoustiller l'ami Bouilhet. On peut d'ailleurs faire la même observation à propos du second épisode avec Kuchuk-Hanem, que les deux voyageurs revoient à leur retour de Nubie. C'est la version dégradée de la première rencontre, la courtisane apparaissant malade, « sans tarbouch, sans collier, ses petites tresses tombant au hasard[31] ». Les notes éludent le rapport sexuel, qui est pourtant implicite à travers la description des corps, celui de Kuchuk (« Le docteur Willemain lui a fait sur le sein droit un énorme suçon[32] »), comme celui de Flaubert (« Ma moustache l'indigne encore ; puisque j'ai une petite bouche, je ne devrais pas la cacher[33] »). À l'inverse, la lettre à Bouilhet qui relate le même épisode reprend le vocabulaire familier de la sexualité masculine comparée à une partie de chasse, celle-ci fût-elle réduite au strict minimum : « À Esneh j'ai revu Kuchuk-Hanem. Ç'a été triste. Je l'ai trouvée changée. Elle avait été malade. J'ai tiré un coup seulement[34]. » Ajoutons que si Flaubert,

28 *Ibid.*

29 Edward Said, *L'Orientalisme*, *op. cit.*, p. 66 et suiv.

30 Gustave Flaubert, *Correspondance*, t. I, *op. cit.*, p. 605 (lettre à L. Bouilhet du 13 mars 1850).

31 Gustave Flaubert, *Voyage en Orient*, *op. cit.*, p. 180.

32 *Ibid.*

33 *Id.*, p. 181.

34 Gustave Flaubert, *Correspondance*, t. I, *op. cit.*, p. 635 (lettre du 2 juin 1850).

dans sa correspondance d'Orient, aime comptabiliser ses « coups », en revanche, il tend à effacer les détails trop crûment réalistes qui figuraient dans ses notes. Ainsi la mention de la dent cariée de Kuchuk disparaît-elle dans les lettres à Bouilhet, où l'on ne trouve pas trace, non plus, du « suçon » qui dégrade la poitrine de la courtisane.

Autre exemple d'un travail de l'écriture de l'Orient, qui montre tout à la fois que l'épistolier se base sur ses propres notes pour raconter son voyage dans ses lettres, et qu'il sélectionne l'information de façon à « gazer » certains éléments triviaux de la rencontre avec Kuchuk : tout le développement, figurant dans les notes, sur les « gardes ou maquereaux » à qui elle donne « de grands coups de pieds dans le cul et des soufflets pour rire[35] », disparaît purement et simplement dans la lettre à Bouilhet, où Flaubert ajoute en revanche : « Maxime est resté tout seul sur un divan, et moi je suis descendu au rez-de-chaussée dans la chambre de Kuchuk. Nous nous sommes couchés sur son lit fait de cannes de palmier[36]. »

Le récit de voyage va dans le sens d'une auto-héroïsation, en tout cas d'une *individuation* qui, dans ce cas, fait du compagnon de voyage le « perdant » de cette nuit d'amour (« Quand il a fallu partir, je ne suis pas parti[37]… »). On peut d'ailleurs vérifier cette hypothèse en regardant rapidement la façon dont Du Camp relate le même épisode, dans *Le Nil* (1854), le récit publié de ce voyage en Égypte. Flaubert, on le sait, en est complètement évacué, son compagnon se donnant à voir comme l'unique protagoniste de cette rencontre : « En haut des degrés, Koutchouk-Hanem m'attendait. Je la vis en levant la tête ; *ce fut comme une apparition*[38]. » Cette formule nous paraît toute flaubertienne[39], mais on peut se demander, dans le cas présent, lequel des deux compagnons l'a empruntée à l'autre. Quoi qu'il en soit, Du Camp radicalise le processus d'auto-héroïsation qu'on devinait déjà chez Flaubert. En écrivant « Koutchouk-Hanem

35 Gustave Flaubert, *Voyage en Orient*, *op. cit.*, p. 135 et 136.

36 Gustave Flaubert, *Correspondance*, t. I, *op. cit.*, p. 606.

37 *Ibid.*

38 *Un voyageur en Égypte vers 1850. « Le Nil » de Maxime Du Camp*, Michel Dewachter, Daniel Oster (éd.), Paris, Sand/Conti, 1987, p. 130. Nous soulignons. Sur cette question de l'individuation, voir Lise Schreier, *Seul dans l'Orient lointain. Les voyages de Nerval et Du Camp*, Saint-Étienne, Publications de l'Université de Saint-Étienne, 2006, p. 93 et suiv. (« La sotte idée de faire un voyage ensemble »).

39 Véronique Magri-Mourgues, dans son édition du *Nil* de Du Camp, rappelle qu'on la retrouve jusque dans *L'Éducation sentimentale* (Lyon, Palimpseste, 2007, p. 156, n. 130).

m'attendait », le narrateur du *Nil* fait de cette rencontre un événement prédestiné et, du même coup, de son voyage une sorte de quête de bonheur féminin – un bonheur charnel sur lequel, cependant, et contrairement à Flaubert, Du Camp met un voile pudique, y compris, d'ailleurs, dans ses notes de voyage où la sexualité n'apparaît qu'à propos de la représentation d'une danseuse qui « imite un coït violent », à l'occasion de la seconde visite des voyageurs chez Kuchuk, à leur retour de Nubie[40]. C'est là un point sur lequel les récits respectifs des deux compagnons se distinguent, alors qu'ils fréquentent ensemble, avec une belle obstination, les bordels orientaux : seul Flaubert exhibe ses aventures sexuelles, dans une sorte de jouissance au second degré, comme si, dans l'acte même d'écrire les plaisirs du corps, il tentait de prolonger imaginairement ceux-ci – le diariste, premier lecteur de soi-même, devenant du même coup apte à revivre fantasmatiquement l'expérience passée[41].

ESTHÉTIQUE DE L'INTIMITÉ

Qu'elle soit racontée (par Flaubert) ou éludée (par Du Camp), la nuit de plaisir passée par les deux voyageurs avec Kuchuk-Hanem, pendant leur remontée du Nil, fait l'objet d'une esthétisation. La chose est particulièrement sensible dans le portrait qu'ils font de la courtisane lors de sa première apparition. Vue en contre-plongée (comme le sera Salammbô, au moment où elle apparaît aux mercenaires, dans le roman carthaginois de Flaubert[42]), elle est une sorte de déesse orientale, habillée, coiffée et revêtue de bijoux manifestement destinés à séduire. Mais tout se passe comme si cette esthétisation se faisait progressivement ; comme si, Kuchuk ne se livrant que peu à peu aux regards, puis aux corps de Flaubert et de Du Camp, ces derniers avaient dû s'y reprendre à plusieurs fois pour parvenir à en donner une *image* qui, par ailleurs, conserve toujours une part d'ambivalence.

40 Maxime Du Camp, *Notes du « Voyage en Orient » (1849-1851)*, *op. cit.*, p. 82.

41 Sur cette question du voyage comme « revie », voir Philippe Antoine, *Quand le voyage devient promenade. Écritures du voyage au temps du romantisme*, Paris, PUPS, « Imago Mundi », 2011, p. 161 et suiv.

42 Gustave Flaubert, *Salammbô*, *op. cit.*, p. 56.

Dans ses notes de voyage, Flaubert précise que l'arrivée à Esneh se fait en début d'après-midi : « Sur l'escalier, en face de nous, la lumière l'entourant, et se détachant sur le fond bleu du ciel, une femme debout, en pantalons roses, n'ayant autour du torse qu'une gaze d'un violet foncé[43]. » Vision idéalisante, comme un rêve céleste, en même temps que pointe déjà la promesse du bonheur charnel, à travers la mention d'une poitrine à peine couverte – on entre ici dans le fantasme, typiquement « orientaliste », du *dévoilement*. Vient ensuite le portrait proprement dit. Il est constitué, sur le modèle rhétorique traditionnel, par l'énumération élogieuse des éléments du corps féminin et de sa parure, le regard allant de haut en bas, avec une insistance particulière sur la partie supérieure :

> Elle portait un tarbouch large garni au sommet d'un disque bombé, en or, au milieu duquel était une petite pierre verte imitant l'émeraude ; le gland bleu de son tarbouch était étalé en éventail, descendait, et lui caressait les épaules. Devant le bord du tarbouch, posée sur les cheveux et allant d'une oreille à l'autre, elle avait une petite branche de fleurs blanches, factices[44].

On retrouve les mêmes éléments de ce portrait, qui a quelque chose de pictural, dans la lettre à Bouilhet où Flaubert raconte sa rencontre avec Kuchuk-Hanem. Mais, cette fois-ci, l'ordre dans lequel se fait la description est inversé, le tarbouche et les cheveux apparaissant en premier, puis, dans un second temps, la vision de loin (« elle se tenait debout en haut de son escalier[45]… »), comme s'il fallait désormais, pour conférer plus de puissance évocatrice à cette scène d'illumination, donner à l'*aura* de Kuchuk une présence et une intensité immédiates – comme si, au fond, Flaubert avait repris ses propres notes de voyage, sorte de première esquisse d'un texte destiné à être retravaillé et que la correspondance permettait justement de remettre sur le métier, l'épistolier affirmant ainsi, par rapport à Bouilhet (mais peut-être également par rapport à Du Camp), sa propre auctorialité en devenir.

---

43 Gustave Flaubert, *Voyage en Orient*, *op. cit.*, p. 132.

44 *Ibid.* L'alliance d'éléments érotisants (« le gland bleu de son tarbouch […] lui caressait les épaules ») et sacralisants (« un disque bombé, en or ») confirme l'une des formes typologiques dégagées par Yvan Leclerc (« figure 3 : la Prostitution sacrée ») de la sexualité selon Flaubert, *in* Yvan Leclerc, « Sacralisation et désacralisation du sexe chez Flaubert », article en ligne : <http://flaubert.univ-rouen.fr/etudes/leclerc_sacralisation.php> [consulté le 09/06/2016].

45 Gustave Flaubert, *Correspondance*, t. I, *op. cit.*, p. 606.

Du Camp a lui aussi donné, dans *Le Nil*, un portrait de Kuchuk-Hanem, non sans avoir opéré un nouveau déplacement dans la chronologie de cette rencontre puisque, dans ce texte, celle-ci est située au moment où le soleil se couche – ce qui correspond en réalité, si l'on en croit Flaubert, à la deuxième visite chez la courtisane. Mais la lumière rasante permet des effets esthétiques qui rehaussent Kuchuk, que Du Camp n'hésite pas à comparer, curieusement, à la « Bonne Déesse[46] », c'est-à-dire à une divinité romaine de la chasteté ! Du Camp a sans doute lu les notes de Flaubert avant de rédiger son propre récit de voyage. Mais il a aussi utilisé ses propres notes, qui témoignent tout à la fois d'une idéalisation précoce de Kuchuk (elle a « des genoux de cariatides[47] ») et d'une certaine proximité avec Flaubert dans la technique descriptive. En revanche, dans *Le Nil*, le regard va d'abord de bas en haut (les pieds, les épaules, le tarbouche), avant de redescendre pour se concentrer sur le visage (le front, les yeux, les lèvres). L'esthétisation de Kuchuk atteint ici son point culminant : « Son cou large et de *forme antique* s'appuyait sur de fortes épaules dont la ligne arrondie descendait vers des bras qu'*embellissait* un verset du Koran tatoué en bleu[48]. » Cependant, cette esthétisation n'est pas univoque, même chez Du Camp qui, tout en s'extasiant devant les « yeux limpides » de Kuchuk, signale que son nez est mordu à la base par « une trace de petite vérole[49] » – détail réaliste comparable à celui de la dent cariée mentionnée par Flaubert. Mais pour ce dernier, à la différence de Du Camp, la dégradation des êtres constitue non seulement les prémices d'une obsession littéraire à venir, mais elle peut aussi faire partie de leur beauté intrinsèque. C'est le sens de la longue lettre que Flaubert adresse à Louise Colet, le 27 mars 1853, alors qu'il a renoué avec elle, et après que celle-ci se fut offusquée à la lecture de l'épisode de Kuchuk-Hanem, dans les notes de voyage que son amant n'avait pas hésité à lui mettre sous les yeux :

> Tu me dis que les punaises de Kuchiouk-Hânem te la dégradent ; c'est là, moi, ce qui m'enchantait. Leur odeur nauséabonde se mêlait au parfum de sa peau ruisselante de santal. Je veux qu'il y ait une amertume à tout, un

46 Maxime Du Camp, *Un voyageur en Égypte vers 1850*, *op. cit.*, p. 131.

47 Maxime Du Camp, *Notes…*, *op. cit.*, p. 68.

48 Maxime Du Camp, *Un voyageur en Égypte vers 1850*, *op. cit.*, p. 130. Nous soulignons.

49 *Ibid.*

éternel coup de sifflet au milieu de nos triomphes, et que la désolation même soit dans l'enthousiasme[50].

Magnifique profession de foi qui a quelque chose d'hugolien dans cette alliance des contraires, qu'on trouvait d'ailleurs déjà dans la correspondance d'Orient de Flaubert[51]. Comment Louise Colet, humiliée tout à la fois en tant qu'amante et que poétesse, aurait-elle pu adhérer à cette esthétique ? Elle se vengera tardivement, dans *Les Pays lumineux*, le récit de voyage qu'elle rédigea à la suite de son voyage en Égypte de 1869, mais qui ne parut que de manière posthume, dix ans plus tard : arrivée à Keneh (au nord de Louxor : Flaubert s'y était aussi arrêté, peu avant Esneh[52]), elle tourne ostensiblement le dos à la danse des « almées banales[53] » qu'on propose aux voyageurs. Même si Kuchuk-Hanem n'est pas nommée, il est clair que l'image démythifiante que Louise Colet donne de ces courtisanes[54] renvoie, en creux, à l'épisode du voyage flaubertien dont elle avait eu connaissance. Louis Bouilhet, l'ami privilégié qui eut droit le premier au récit des prouesses sexuelles de Flaubert en Égypte, composa de son côté un poème intitulé *Kuchiuk-Hanem. Souvenir*, publié en mai 1853 dans la *Revue de Paris*, puis repris dans *Festons et astragales* en 1859, mais dont l'auteur donna la primeur au voyageur dès 1851, avant même son retour en France. Les cheveux de la courtisane y ont « une odeur de miel et de térébinthe[55] ». L'« odeur nauséabonde » des punaises que Flaubert disait aimer, mélangée au parfum du santal, a complètement disparu : Bouilhet est plus proche d'*Émaux et Camées* (1852), le recueil contemporain de poèmes de Théophile Gautier, que de l'harmonie des choses disparates louée par Flaubert.

50 Gustave Flaubert, *Correspondance*, t. II, Jean Bruneau (éd.), Paris, Gallimard, « Bibliothèque de la Pléiade », 1980, p. 283.

51 Ainsi dans cette lettre à Louis Bouilhet, du Caire, 1er décembre 1849 : « C'est ici qu'on s'entend en contrastes, bien des choses splendides reluisent dans la poussière » (Gustave Flaubert, *Correspondance*, t. I, *op. cit.*, p. 541).

52 Flaubert raconte s'être promené dans le « quartier des garces », mais en refusant leurs avances (lettre à L. Bouilhet, 13 mars 1850, *Correspondance*, t. I, *op. cit.*, p. 605).

53 Louise Colet, *Les Pays lumineux. Voyage en Orient*, Paris, Dentu, 1879, p. 296.

54 « Bientôt trois almées d'une beauté médiocre entrèrent suivies de musiciens plus ou moins barbares » (*id.*, p. 295-296).

55 Le poème de Bouilhet est publié par Jean Bruneau dans Gustave Flaubert, *Correspondance*, t. I, *op. cit.*, p. 1139 (n. 3 de la p. 777, lettre de Rome, 4 mai 1851, où Flaubert commente le premier jet de ces vers).

Quoi qu'il en soit, Flaubert avouait lui-même, en parlant de Kuchuk, faire « de l'esthétique sur son compte[56] ». On peut d'ailleurs se demander si l'on ne retrouve pas, sous une forme fictionnalisée, une même esthétique de la disparate dans *Salammbô*. Le portrait de la fille d'Hamilcar, lors de sa première apparition, présente en tout cas une certaine similarité avec celui de Kuchuk-Hanem :

> Sa chevelure, poudrée d'un sable violet, et réunie en forme de tour selon la mode des vierges chananéennes, la faisait paraître plus grande. Des tresses de perles attachées à ses tempes descendaient jusqu'aux coins de sa bouche, rose comme une grenade entrouverte. Il y avait sur sa poitrine un assemblage de pierres lumineuses, imitant par leur bigarrure les écailles d'une murène. Ses bras, garnis de diamants, sortaient nus de sa tunique sans manche, et son grand manteau de pourpre sombre, taillé dans une étoffe inconnue, traînait derrière elle, faisant à chacun de ses pas comme une large vague qui la suivait[57].

Au-delà de la technique descriptive qui énumère, de haut en bas, la beauté des attributs féminins, on remarque que Flaubert met l'accent sur le caractère composite du collier, dont la « bigarrure » renvoie tout à la fois à l'esthétisation et à la diffraction de ce corps. Salammbô est d'ailleurs elle-même plurielle, insaisissable, dans les différents idiomes qu'elle emploie « simultanément[58] » pour s'adresser aux Barbares. Au reste, tout le chapitre intitulé « Sous la tente », dans le roman carthaginois, pourrait être lu comme une récriture et une mise en fiction dramatisée de l'épisode égyptien de Kuchuk-Hanem.

La courtisane de Haute-Égypte est bel et bien entrée en littérature, fût-ce au prix d'un certain nombre de détournements qui n'annulent en rien, d'ailleurs, l'intensité de l'expérience viatique, tout au contraire, comme Flaubert l'écrit à Louis Bouilhet, de Rome, le 4 mai 1851 : « Elle n'est plus à Esneh, ma pauvre Kouchiouk, elle est retournée au Caire ! N'importe, pour moi, elle restera toujours à Esneh, comme je l'y ai vue et comme ta pièce le dit[59]. » Force du passé, c'est-à-dire, dans ce cas, force du souvenir personnel, qui annule toute évolution,

56 Gustave Flaubert, *Correspondance*, t. II, *op. cit.*, p. 284 (lettre à L. Colet du 27 mars 1853).

57 Gustave Flaubert, *Salammbô*, *op. cit.*, p. 57.

58 *Id.*, p. 62.

59 Gustave Flaubert, *Correspondance*, t. I, *op. cit.*, p. 777.

allant jusqu'à la dénégation du réel présent. Mais Flaubert révèle dans le même mouvement que ce passé n'est pas la « fin de l'Histoire ». Kuchuk a (heureusement !) une vie sans lui. Non seulement elle reviendra dans la capitale égyptienne, dont elle avait été exilée en 1834 par le vice-roi Méhémet-Ali, comme d'autres almées[60] mais encore, à l'époque où Flaubert se trouve en Haute-Égypte, elle a inspiré un autre voyageur français, comme l'a montré Michel Brix en publiant le sonnet « La Gahwasis », paru dans *Le Corsaire* du 19 juin 1850 et dû à la plume d'un certain Frédéric Le Blanc d'Hackluya qui semble avoir rencontré Kuchuk-Hanem au mois de mars 1850, entre les deux visites de Flaubert à la courtisane[61]. Ce dernier n'a sans doute pas eu connaissance du sonnet de Le Blanc d'Hackluya. D'ailleurs toute sa démarche a consisté, dans un double mouvement paradoxal, à dire ce moment de bonheur avec Kuchuk tout en refusant d'en faire état publiquement. *Exposer* et *contrôler* l'intimité, en somme. À Du Camp, qui publie dès son retour *Le Nil*, où il fait état de sa propre rencontre avec la courtisane, Flaubert répond implicitement par une rétention éditoriale : seuls quelques *happy few* seront mis dans la confidence. Quant au poème de Bouilhet, s'il peut paraître dès 1853 dans la *Revue de Paris*, dont Du Camp était le rédacteur, c'est manifestement à deux conditions : il a été entièrement revu par Flaubert[62] et, surtout, le nom de celui-ci en est absent. Prudence et pudeur, bien sûr, mais aussi, peut-être, rêve d'être présent littérairement de manière médiatisée, distante, voire cachée.

En ce début des années 1850, où Flaubert s'interroge sur son avenir, il y a donc un « moment » Kuchuk-Hanem. Celui-ci se caractérise d'abord par une jouissance de l'expérience sensible liée au voyage en Orient – une jouissance qui est bien sûr, en partie, celle de la jeunesse, et dont l'intensité ne se renouvellera plus sous cette forme-là dans la vie de l'écrivain, même si ce dernier accomplira encore un court séjour au Maghreb, occasion de coucher avec de nouvelles prostituées, à l'époque

60 Djamila Henni-Chebra, Christian Poché (dir.), *Les Danses dans le monde arabe ou l'héritage des almées*, Paris, L'Harmattan, 1996, p. 77-78.

61 Michel Brix, « Flaubert et Kuchuk-Hanem : un sonnet retrouvé », mis en ligne en octobre 2012, article publié sur le site de l'Université de Rouen : flaubert.univ-rouen.fr/article.php?id=22 [consulté le 09/06/2016].

62 Voir sa lettre déjà citée à L. Bouilhet, de Rome, le 4 mai 1851, dans Flaubert, *Correspondance*, t. I, *op. cit.*, p. 777 et suiv.

de la rédaction de *Salammbô*[63]. Cette jouissance n'est pas seulement celle de la satisfaction des sens : elle est aussi celle de *dire la beauté de Kuchuk*, beauté étrange reposant sur un orientalisme hybride, qui joue aussi bien sur une esthétisation idéalisante que sur un réalisme démythifiant. La seconde caractéristique de ce « moment » Kuchuk-Hanem renvoie à ce qu'on pourrait appeler un *partage contrôlé*. Il y a d'un côté tout ce qui relève de la dimension collective : non seulement Flaubert n'est pas le seul à coucher avec Kuchuk, mais surtout il n'est pas le seul à en parler – Du Camp s'en est lui aussi emparé littérairement pour en faire l'un des épisode privilégiés du *Nil*, où il se met en scène, seul face à la courtisane (« Koutchouk-Hanem m'attendait »). D'autre part, alors même que Flaubert a clairement souhaité faire connaître cette expérience à certains de ses proches, notamment à Bouilhet, il n'a rien publié qui puisse y renvoyer explicitement : tout se passe au fond comme s'il l'avait déléguée, à la fois à l'ami intime et à la postérité, dans un geste ambivalent, comme s'il entrouvrait seulement une porte en rappelant à la mémoire cette nuit égyptienne où, comme il le dit dans une formule déjà toute flaubertienne, « nous nous sommes aimés, je le crois du moins[64] ».

Sarga MOUSSA
CNRS, Université Paris 3,
UMR THALIM

63 Le *Carnet de voyage à Carthage* de Flaubert a été transcrit par Marie-Claire Delavoye (Rouen, Publications de l'Université de Rouen, 1999 ; sur la visite à la courtisane Ra'hel, voir p. 197).

64 Gustave Flaubert, *Voyage en Orient*, *op. cit.*, p. 137.

JANE DIEULAFOY,
LA VOYAGEUSE INDISCRÈTE

La relation de voyage de Jane Dieulafoy – *Une Amazone en Orient. Du Caucase à Persépolis, 1881-1882* – est particulièrement éloquente si l'on se propose de voir de quelle façon le face-à-face du voyageur et de l'observé affecte leurs intimités respectives. Il ne s'agira pas, dans l'étude qui va suivre, de rendre compte d'un cas de figure singulier mais de scruter la mise en mots d'une expérience exemplaire de ce face-à-face, renvoyant à une situation générale, probante parce que l'observateur est une femme, attentive à la vie privée, et parce que l'observé persan est jaloux de son intimité, domestique et religieuse.

Le couple Dieulafoy était parti pour la Perse afin d'étudier des monuments publics de l'art local, moderne et, surtout, ancien. Lui, Marcel Dieulafoy (1844-1920), était ingénieur des ponts et chaussées, spécialisé dans l'architecture des monuments historiques sous la direction de Viollet-le-Duc. Il publiera plusieurs ouvrages savants sur l'art antique de la Perse[1], en se faisant connaître par une théorie originale, selon laquelle cet art, diffusé par les Arabes ou les Byzantins, ensuite par les croisés, aurait influencé celui de l'Europe gothique.

En ce qui la concerne, Jane (1851-1916) n'avait pas fréquenté d'autres écoles que le couvent de Toulouse où elle avait été élevée. Elle s'était mariée à 19 ans et avait suivi son époux, capitaine du Génie pendant la guerre franco-prussienne, déguisée en franc-tireur. C'était le début d'une vie au cours de laquelle elle revêtira des vêtements masculins[2], non seulement pendant la guerre ou les voyages, mais aussi dans les salons parisiens, munie d'une « permission de travestissement » dûment obtenue. Les lacunes initiales de sa formation seront si bien comblées par les lectures et la pratique du terrain qu'elle fera des découvertes archéologiques aux

1 Ève Gran-Aymerich, *Naissance de l'archéologie moderne*, 1798-1945, Paris, CNRS, 1998.
2 Ève Gran-Aymerich, *Jeanne Dieulafoy, une vie d'homme*, Paris, Perrin, 1991.

côtés de son mari, et parlera de l'art persan en personne avisée, dans la relation de leurs voyages en Perse : celle-ci sera d'abord publiée dans *Le Tour du Monde*, ensuite en volume, en 1887, sous le titre *La Perse, la Chaldée, la Susiane*, avec 336 gravures élaborées d'après les photos de l'auteure. *À Suse*, le journal des fouilles, sera publié une année plus tard. En 1886, Jane Dieulafoy reçoit la Légion d'honneur pour ses recherches et pour les dizaines de tonnes d'objets rapportés, dont la frise des Archers, auxquels deux salles du Louvre seront consacrées. On la considérera digne de figurer dans le dictionnaire critique des histoires de l'art. Il ne faut pas oublier non plus qu'elle avait été une romancière connue, dont le premier roman, en 1890, avait reçu le prix de l'Académie française.

Le premier voyage en Perse, entre février 1881 et avril 1882 était déjà, pour Jane Dieulafoy, une occasion de vérifier et d'élargir ses amples connaissances en matière d'histoire ancienne : elle, qui voyageait avec les *Histoires* d'Hérodote dans les poches de ses vêtements masculins, pourra découvrir un hypogée de Darius, les ruines de la ville bâtie par celui-ci aux confins de la Perse ou les monuments de Persépolis. Des points litigieux sont savamment débattus par le couple : telles ruines pourraient-elles indiquer un tombeau ou bien un palais de Cyrus ? Tel *gabré* ou tombeau était-ce celui de Cyrus, comme le pensaient les Anglais, ou bien, plutôt, celui de sa mère (et non pas de la mère de Salomon, dont parlait la tradition perse) ? Si, pour déchiffrer l'origine de ces monuments publics, Jane Dieulafoy faisait parfois appel aux connaissances de son mari, en matière d'architecture et surtout de décoration, ses compétences sont évidentes. Elle maîtrise les notions au point de se montrer capable d'avancer ses propres théories au sujet de l'époque exacte à laquelle furent produits en Perse les plus beaux « reflets métalliques » des faïences et de leurs trois classes :

> La réunion de toutes ces qualités dans les étoiles, les croix ou les membres d'architecture composant le lambris, le sarcophage ou le mihrâb, donnent une inappréciable valeur artistique aux carreaux et aux frises de Véramine qui l'emportent comme coloris et comme émail sur les faïences italiennes, ainsi qu'un original sur une copie. Les revêtements de la salle du tombeau ont été posés après la chute de la dynastie des Seljoucides et sont, par conséquent, contemporains de la domination des Atabegs de l'Azerbéïjan ou des premiers Mogols maîtres de la Perse, dès le milieu du XIIIe siècle[3].

3 Jane Dieulafoy, *Une Amazone en Orient*, Paris, Phébus, 2010, p. 127-128. Les références à cet ouvrage figureront désormais dans le corps du texte, précédées de l'abréviation *AO*.

Mais Jane Dieulafoy ne s'intéresse pas seulement à la grande histoire persane. À la différence de son époux, que la relation nous montre préoccupé uniquement par les monuments anciens et modernes du pays visité, elle voudrait connaître aussi la petite histoire. En visitant le palais des huit paradis – Heicht Bechet – elle regrette qu'aucun indice ne lui révèle « les secrets » de la vie intime des huit favorites qui y avaient habité une soixantaine d'années auparavant. Une autre fois, elle est contente d'apprendre non pas les « hauts faits du Chah Abbas », que tout le monde connaît, mais l'histoire de sa vieillesse, passée au fond de son *andéroun* ou harem. À cette occasion, comme dans d'autres, Jane Dieulafoy cherche le moyen de déchirer le voile : celui qui recouvre un mihrâb, dissimulant un rare portrait de Mahomet, ou ceux derrière lesquels se cachent les visages des femmes ou les secrets des familles. Plus ces voiles jetés sur « leur vie privée » étaient épais, plus la voyageuse multipliait d'efforts afin de les faire disparaître. Toutes les confidences sont bonnes à écouter et il suffit de les susciter adroitement : celles des gendarmes qui, loin de refuser une « question indiscrète », comme leur statut les autoriserait à le faire, révèlent naïvement leurs affaires privées ; celles du prince Zelleh sultan, qui avait écrit « une lettre confidentielle » (!) à son médecin, pour se plaindre de la laideur des femmes de Boroudjerd et en demander d'autres, celles de Ziba Khanoum, questionnée sur sa vie à la cour de Téhéran, détournée des considérations géographiques sur lesquelles elle s'était lancée et que l'auteure jugeait peu intéressantes.

On peut justifier l'intérêt pour « la rumeur populaire » quand il s'agit d'un monument public dont la réparation cachait des intérêts personnels et des malversations. Mais comment ne pas penser que c'était par une curiosité indiscrète que la voyageuse pressait le Père Pascal de lui dévoiler le grand secret d'une certaine Madame Youssouf. Même si elle lui affirme que son prochain départ était un gage certain de sa discrétion, le bon prêtre ne peut révéler qu'en chuchotant le scandale encore récent de Djoulfa, dont l'énormité avait secoué toute la paroisse arménienne : il s'agissait d'une « mécanique faite en barres de fer » (*AO*, p. 301), une « machine », enfin ... un corset, sur les cordes duquel une servante tirait deux ou trois heures, avant de donner à madame Youssouf un corps de déesse. Seule l'intervention du bon prêtre avait sauvé de la mort le charpentier arménien coupable d'avoir révélé le secret. La voyageuse ne s'en étonne pas, sachant à quel point les femmes arméniennes, même si elles montraient à visage découvert, étaient désireuses de garder un voile « épais » sur leur vie privée.

Que dire alors de celles qui se recouvrent entièrement et « cherchent à se mettre à l'abri des regards indiscrets » (*AO*, p. 315) ? Leurs efforts ne dissuadent pas Jane Dieulafoy de vouloir les dévisager lorsque, par hasard, elle voyage dans la même caravane qu'elles vers Téhéran ou vers Chiraz. « J'ai vraiment tenté d'apercevoir au passage les traits de ces beautés si bien gardées » (p. 70), note-t-elle en montrant une vraie insouciance à l'égard de la pudeur de l'autre et en le déclarant, comme si cette insouciance était permise, sinon légitime.

Toute aussi permise, sinon légitime, lui paraît être sa curiosité, qu'elle cherche à « satisfaire » par tous les moyens. Ses réussites sont jubilatoires, les échecs éprouvés paraissent une frustration qui semblerait donner un droit d'accès à d'autres replis de la vie intime : ainsi, lorsqu'elle ne peut pas entrer dans *l'andéroun* réservé aux concubines de Zelleh Sultan parce que le prince n'était pas là pour l'y introduire, elle se dédommage « *en compensation* », par « quelque chose de bien autrement curieux » (*AO*, p. 228).

La voyageuse n'a pas l'excuse d'ignorer la gêne intense provoquée par les transgressions, dans ce qu'on pourrait appeler « la culture du voile[4] ». Elle sait que leur présence à l'intérieur de certains espaces sacralisés (la maison aussi en était un) scandalise, qu'elle provoque l'indignation, l'hostilité ou la fureur, étant vécue comme une « *profanation* ». Elle constate toutes ces réactions sans s'émouvoir et les consigne parfois en faisant semblant de croire au bien-fondé de leurs valeurs pour les annuler par l'ironie, de façon plus efficace que par une contestation ouverte : « L'œil européen est doué de forces particulièrement malfaisantes » (*AO*, p. 94). Si elle adopte le point de vue des indigènes en parlant de « la profanation qui vient de se commettre » (p. 96), de la souillure des sanctuaires provoquée par ses regards impurs, ce n'est que pour mieux le persifler et ridiculiser sa pertinence.

Évidemment, Jane Dieulafoy ne fait rien pour éviter de commettre ce qui peut être ressenti comme des profanations et des souillures même si elle sait bien que, dérisoires à ses yeux, elles faisaient réellement souffrir

4 Le voile, qui a focalisé l'imaginaire occidental, « pose avant tout le problème d'une possible ou impossible vision de cet Orient, le problème du visible et de l'invisible », souligne Alain Buisine dans *L'Orient voilé*, Paris, Zulma/Calmann-Lévy, 1993, p. 10.

l'Autre. Un scrupule l'empêche parfois de poser trop de questions à un fidèle serviteur au sujet des secrets de son maître ou de « troubler la paix des ménages » (*AO*, p. 348) dans un village misérable dont elle voudrait « examiner » de plus près les fondations antiques. Mais ces moments sont rares. On dirait que le couple s'aguerrit au fur et à mesure que le voyage progresse, en se montrant de plus en plus immunisé contre les réactions négatives, parfois violentes, des observés.

Au début, ils y voyaient plutôt l'offense qu'on leur faisait que les sentiments désagréables ressentis par l'Autre. Peu à peu, ils deviennent aussi insensibles à cette offense qu'à ces sentiments, en concevant leur relation avec les indigènes sur le mode de l'affrontement ouvert :

> Le temps est passé où nous nous laissions aller aux premières impressions d'un amour-propre justement blessé. Sachant à quelles gens nous avons affaire, et ayant appris par expérience que cet orage populaire se résoudra en une bousculade au demeurant peu dangereuse, nous avons tous deux pelotonné notre tête entre nos épaules et mis en saillie, dès le commencement de l'action, des coudes assez maigres pour devenir offensants. (*AO*, p. 286)

Comme on peut le voir dans ce fragment, de même que dans d'autres similaires, les observés n'entendent pas qu'on empiète sur leur espace intime, voir sacré, sans essayer de faire obstacle à cette intrusion. Leurs ripostes sont variées, depuis le refus poli ou l'esquive sournoise jusqu'à la menace et le passage à l'acte. Pour être latent ou évité à la dernière minute, le conflit n'est pas moins évident, mais il n'empêche nullement les Français, qui se targuent explicitement de leur mission, de leur statut et de leurs laissez-passer, pour pénétrer dans tous les lieux interdits. Ce conflit les rend prudents, c'est vrai, mais il ne les arrête pas et a pour effet pervers de leur donner le sentiment de la victoire, face à la défaite de l'adversaire : « Nous n'abusons pas de notre victoire : après avoir laissé à la foule le temps de constater sa défaite, Marcel donne l'ordre de refermer la porte du tombeau et nous reprenons sans nouvel incident le chemin de Djoulfa. » (*AO*, p. 288)

Cette relation de voyage nous montre non seulement que l'observateur n'a pas l'excuse d'ignorer les sentiments désagréables que son intrusion provoque, comme nous l'avons déjà dit. Mais il n'a pas l'excuse, non plus, d'être en général désinvolte pour ce qui concerne la vie privée et l'intimité : celles-ci lui paraissent particulièrement importantes lorsqu'il s'agit de lui-même. Jane Dieulafoy qui considérait son indiscrétion comme normale et légitime apprécie lorsque Hadgi Houssein éloigne, « par discrétion » envers elle, tous ses clients habituels, pour la recevoir dans son *biroun*.

Elle, qui tournait en dérision la profanation ressentie par les Persans à cause de ses regards inquisiteurs, est dérangée de se sentir « le point de mire de toutes les femmes, jeunes et vieilles, qui se pressent en foule sur les toits du voisinage » (*AO*, p. 361). Lorsque la situation se renverse et que ces *khanoums* viennent la voir pour « s'amuser », leur curiosité semble déplacée à celle qui cherchait à tout prix à satisfaire la sienne. « Ce bataillon de curieuses » (p. 152) l'agresse, en braquant tous ses regards sur elle qui se croyait seule en droit d'« examiner ». Elle, qui se faisait un plaisir d'apprendre les secrets d'un corset ou d'un visage voilé, de connaître les petites histoires des autres, verra avec déplaisir dévoiler sa propre petite histoire par un « indiscret soldat » de la caravane : celui-ci fait savoir à tous que le jeune homme qui accompagnait le Farangui, c'est-à-dire le monsieur étranger, était en réalité son épouse, « une véritable khanoum » (p. 152).

En effet, Jane Dieulafoy s'habillait en homme, pendant ce voyage, afin de mieux accompagner son mari ; l'illusion était probablement parfaite : on faisait compliment à celui-ci sur la ressemblance qu'il avait avec son fils. Les indigènes s'adressaient à elle en utilisant le terme de politesse « çaheb », de même que pour son époux, et la laissaient entrer là où elle n'aurait jamais dû en avoir le droit, en tant que femme. Le travestissement ne lui nuit qu'une seule fois, quand elle visite le tombeau de la mère de Salomon, interdit aux hommes ; là-bas, étendu par terre à cause d'un accès de fièvre, le soi-disant jeune homme est sur le point de se faire jeter dehors si les femmes qui devaient exécuter l'opération ne prenaient plutôt le parti de s'éloigner, « en criant comme des oies effarouchées » (*AO*, p. 349).

On peut supposer que son identité douteuse l'avait rendue intouchable, de même qu'elle avait pour but de la rendre invisible, en lui donnant par cela même le pouvoir et la liberté d'un Argus : observateur impénitent des moindres secrets ou replis des autres, qui ne donne aucune prise à leur curiosité indiscrète. Ce qui aurait pu être pour Jane Dieulafoy un accès doublement limité, en tant que femme et en tant que chrétienne, une double impossibilité de voir, devient ainsi une possibilité de jouer sur une double identité afin de mieux voiler sa propre personne et d'arracher le voile de l'autre :

> – Pourquoi, madame, me dit alors le roi en français, n'avez-vous pas conservé les longues robes et les vêtements des dames européennes ?
> – Parce que je voyage ainsi plus facilement et que je passe toujours inaperçue. (*AO*, p. 112)

Il y a, certes, quelques références éparses au moi intime des deux voyageurs. On trouve des détails corporels sur leur maigreur ou sur leurs organes affectés par les vicissitudes du voyage : un pied gelé ou enflé à cause d'une plaie suppurante, l'épine dorsale déformée par quatorze nuits consécutives passées en selle… Il est question de sa maladie, à lui, à cause de laquelle, pris « d'une fièvre violente, d'intolérables douleurs de tête et de vomissements » (*AO*, p. 100), il se fera transporter jusqu'à Téhéran sur une espèce de charrette. De sa maladie, à elle, qui lui donnait des hallucinations nocturnes, des douleurs articulatoires et de terribles frissons, au point de la faire s'évanouir sur les dalles du tombeau de Madérè Soliman.

Cependant, ces notations personnelles sont rares et, de plus, le lecteur seul y a accès. Rien n'indique qu'on les dévoilait à ceux qui se situaient dans le voisinage au sein duquel ces épisodes se passaient, sauf s'ils devenaient publics. Le corps des voyageurs est rendu invisible, autant que possible, alors que celui des observés est mis en scène. On postule la différence radicale de ce corps et, de ce fait, l'intérêt légitime à bien le regarder. Pour l'observateur, cette légitimité paraît renforcée par son statut, face à l'autre, et par la mission qu'il s'est arrogée ou dont on l'a mandaté. Il se considère en droit de scruter, d'examiner ces corps-objets dont toute l'intériorité est abolie de par l'impossibilité de communiquer avec leurs possesseurs, en parlant la même langue. Le voyageur-médecin improvisé, qui apparaît dans cette relation de même que dans d'autres, constitue, de ce point de vue, un cas de figure emblématique. Dans l'épisode qui suit, on veut accréditer l'idée que, loin de tout voyeurisme ou indiscrétion, il y aurait un droit de regard sur les intimités corporelles, droit octroyé par ceux mêmes sur lesquels il s'exerce :

> Sur le pas de la porte, nous sommes assaillis par une nuée de malades ; tous ces pauvres gens parlent à la fois, nous montrent leurs yeux, leurs poitrines, leurs bras, se disputent et se battent pour essayer de se rapprocher de nous

et tenter de se faire entendre ; les gardiens nous dégagent en les menaçant du bâton et nous partons enfin. (*AO*, p. 334)

Ce passage dans lequel les corps s'exposent eux-mêmes devant le regard étranger n'est pas unique en son genre. Une fois, une Chaldéenne réputée pour sa beauté, l'appelle elle-même depuis la terrasse voisine et, « après avoir fait quelques façons » (*AO*, p. 62), consent à abaisser le voile de mousseline, en montrant à nu sa tête et son visage. De plus, elle accepte de se faire dessiner par Marcel Dieulafoy. Une autre fois, une jeune fille très légèrement vêtue expose ses charmes : il est vrai qu'elle se trouvait dans sa propre maison et ignorait l'œil scrutateur de la voyageuse qui ne la perdait pas de vue. J'aimerais enfin signaler l'épisode de la très belle Ziba Khanoum, sur lequel je vais revenir.

Ces occurrences mises à part, les corps ne s'exposent pas volontairement ni ingénument. Les observés partagent une culture du corps caché. Mais plus on recouvre ses formes derrière d'amples vêtements, plus on réserve à ses usages spécifiques des espaces clos ou privés, plus l'observateur braque ses regards jusqu'au voyeurisme sur le corps des femmes, un corps « perçu » et « jugé » encore plus que selon la tradition courante dont parlait Pierre Bourdieu[5]. La narratrice, qui dissimulait le sien en prenant les apparences d'un « gamin », scrute les contours dissimulés, les poitrines, les visages, les parties accidentellement montrées :

Les lignes du corps laissées dans toute leur grâce naturelle ne sont pas détériorées par les prétendus artifices du corset et se dessinent nettement ; les tiraillements infligés à l'étoffe par les rubans qui l'attachent accentuent les formes des gorges peu développées mais d'une parfaite pureté de contours. (*AO*, p. 205)

Le corps masculin, que la différence typologique et le contexte de l'observation rendaient intéressant pour les voyageurs, était perçu et jugé lui aussi. Nos voyageurs s'improvisent anthropologues afin de distinguer un profil racial, des types humains différents à l'intérieur d'un bariolage ethnique : « Ses traits durs et accentués, sa peau brune rappellent, paraît-il, le type de la tribu Kadjar, dont il descend. » Combien de « physionomies » ne doit-on pas scruter pour connaître le type Kadjar ou bien

5 Sur « l'être féminin comme être-perçu » voir Pierre Bourdieu, *La Domination masculine*, Paris, Seuil, 1998, p. 90-98.

« le type de la population » du sud de la Perse, plus beau que celui du nord (parce qu'avec des cheveux blonds et des yeux bleus) ! Combien de fronts, de mains, de peaux, ne doit-on pas examiner, en comparant les nuances, les corpulences, les dimensions, afin d'en venir à établir des catégories ? La voyageuse semble se livrer consciencieusement à cette étude, dont les objets ignoraient sans aucun doute l'intérêt.

Il faut souligner qu'il est assez peu question dans la relation de ce qui paraît être plutôt un alibi scientifique qu'une vraie recherche. Ce n'est pas par intérêt anthropologique, mais par simple curiosité, par un droit de regard de la légitimité duquel on ne doute pas, qu'on fait des « études capillaires » sur la tête des fidèles à l'intérieur de la mosquée :

> Elle est accommodée de deux manières différentes. Les porte-turbans abandonnent tout leur crâne au barbier ; ceux qui adoptent le bonnet d'astrakan ou de feutre se font raser depuis le front jusqu'à la nuque, en réservant de chaque côté des oreilles une grande mèche bouclée destinée à tenir la coiffure. Ces graves études capillaires ne peuvent être faites qu'à la mosquée ou chez des barbiers, les musulmans considérant comme la dernière des impolitesses de se montrer en public la tête découverte. (*AO*, p. 275-276)

Ce n'est pas pour connaître les techniques corporelles de la prière que l'observation s'est fixée ensuite sur la façon dont le fidèle faisait ses ablutions, « tousse, crache, se mouche », et sur « la position des bras et des mains » pendant l'oraison. Le corps de l'autre constitue plutôt un spectacle, piquant parce que surpris à la dérobée, jouissif parce que licencieux (selon les règles sévères de pudeur de l'observé lui-même). Un spectacle licencieux lors même qu'on n'aperçoit que les « brunes rotules » des muletiers, la barbe mal faite du chah Nasr ed-Din, coupée aux ciseaux, selon l'étiquette, et non pas rasée, ou les maigres jambes découvertes « jusqu'au-dessus des genoux » et « l'horrible tête rasée », dont le turban était tombé, d'un intégriste local.

On ne détourne la tête ni du corps placé sur un brancard d'une personne décédée, en train d'être enterrée, ni de celui qui se tord de douleur, comme cette mère qui pleure son enfant dans un cimetière. Pour les décrire, le ton se fait neutre lorsque la situation impose le respect dans la propre culture de l'observateur, comme dans les deux derniers cas. Sinon, beaucoup plus souvent, la jubilation du dévoilement et la distance culturelle rendent « le spectacle » amusant ou dérisoire, en provoquant le rire ou l'ironie.

Des scènes dignes du *Roman comique* de Scarron nous sont racontées. Si elles étaient apprises seulement et vraisemblablement par ouï-dire, elles paraissent tellement dignes d'être notées que la narratrice ne manque pas de le faire. Le caractère exceptionnel du dévoilement rend acceptable la seconde main lorsqu'on peut ainsi montrer le corps obèse d'un effendi, dont les brigands avaient arraché la chemise et qui les avait effrayés au point de leur faire oublier le dernier voile, en prenant la fuite ; ou bien la scène provoquée par la chute d'un paravent lors d'un festin royal :

> [...] les femmes, dévoilées, ramènent par un mouvement instinctif leurs jupes devant leur figure sans songer aux suites de cette imprudente manœuvre, tandis que les convives, tous troublés, mettent d'abord leur main devant les yeux, puis se jettent la face contre terre et se glissent sous la table pour prouver à leur souverain la pureté de leurs intentions. (*AO*, p. 125)

Ce spectacle, devant lequel d'autres ferment leurs yeux, n'est-il pas hautement *bon* à voir pour la voyageuse, pour nous aussi (dans le sens culturel donné par Claude Lévi-Strauss aux nourritures *bonnes* à manger) ? Les voyageurs, dont la mission était d'étudier les ruines des monuments élevés par Kaï Kosro, Darab et Chapour, auraient dû, sans doute, se limiter à une « vue extérieure » de ces endroits publics mais, quand ils doivent s'en contenter, c'est plutôt à la manière d'un pis-aller, à cause d'un accès bien difficile à l'intimité. On peut comprendre leur désir de pénétrer à l'intérieur de la mosquée, afin de voir l'architecture et la décoration quoique, bien souvent, ils ne se bornent pas à l'étude des pierres, mais cherchent à surprendre, de façon peu discrète, les fidèles en prière. Mais c'est l'intérieur des maisons, et non pas des mosquées, qui semble susciter au plus haut point l'intérêt, du moins celui de la voyageuse.

Au début, « l'œil plonge tout à l'aise, dans les maisons voisines » (*AO*, p. 32), depuis les terrasses. Celles-ci constituent un véritable poste d'observation pour voir, « sans être vue », le cortège du gouverneur, le défilé d'une procession funèbre ou bien les femmes dans l'intimité du foyer. Enhardie, peu de temps après, Jane Dieulafoy délaisse les terrasses et l'observation à distance, qui ne lui permettaient pas d'atteindre cette connaissance idéale, attribuée au consul français de Tauris : celle des « replis les plus intimes du caractère persan » (*AO*, p. 40).

Pour y aboutir, elle fait l'effort méritoire d'apprendre le persan, mais elle fait aussi des tentatives inlassables afin de pénétrer dans les maisons, jusqu'au centre de leur intimité interdite. Parfois, « l'entrée de l'andéroun sera difficile à forcer » (*AO*, p. 236), comme elle le constatait, en experte. Évidemment, il s'agissait de la force de persuasion, exercée auprès des époux, appuyée sur un argument irréfutable : en changeant de vêtement, pour l'occasion, la voyageuse acceptait de se livrer elle aussi un peu aux autres, en se montrant comme femme.

Ainsi, elle réussissait le plus souvent à se faire inviter dans « la partie la plus retirée de l'habitation » (*AO*, p. 152), à « l'intérieur de l'andéroun » (p. 281) caché aux regards, là où les têtes et les poitrines étaient laissées « à peu près à découvert » (p. 152). Il est intéressant de noter qu'à trois reprises elle écourte elle-même son séjour dans ces lieux où elle avait tellement désiré se trouver : lorsque les femmes, croyant à une réciprocité possible, voulaient la connaître de la même façon qu'elle les connaissait, dans l'intimité. Elles se montrent curieuses de sa façon de vivre, de celles des femmes européennes en général, en mettant Jane Dieulafoy dans « l'embarras » quand ces questions semblent indiscrètes ou qu'elles remettent en doute des valeurs culturelles propres :

> – Pourquoi travaillez-vous ? Vous êtes donc pauvre ?
> – Non.
> – Mais alors pourquoi voyagez-vous ? Qu'êtes-vous venue faire en Perse ? Pour toute femme, le plaisir consiste à se reposer et à se parer. (*AO*, p. 154)

La voyageuse mettra un terme à « ce gênant interrogatoire », susceptible d'inverser les rôles[6], les rapports et les statuts. Les statuts surtout.

Ce n'est pas seulement pour elle-même que Jane Dieulafoy pose des questions et veut voir « les replis de la vie intime ». Elle va les livrer au public sous la forme la plus crue et la plus directe possible, par des photos. Cette compulsion à multiplier les clichés se heurte parfois à la sensibilité des indigènes ainsi immortalisés. Cette dernière attitude n'est pas étonnante dans une culture où la reproduction des images est défendue. Ce qui est étonnant, au contraire, c'est la facilité avec laquelle certains se laissaient convaincre de poser ou même sollicitent cela comme une faveur. Des prêtres, des mirzas, un gouverneur, des marchands

6 Sur « l'incompréhension réciproque » voir l'article de Natascha Ueckmann, « Voyage en couple et déguisement masculin : Jane Dieulafoy (1851-1916) », p. 87-108, *in* Frank Estelmann, Sarga Moussa, Friedrich Wolfzettel (dir.), *Voyageuses européennes au* XIX*e siècle*, Paris, PUPS, « Imago Mundi », 2012.

vont céder à la tentation, par vanité ou éblouis par une technique quasi magique. Certaines femmes aussi, comme la belle Rakhy, consentent à poser. Ne le voudraient-elles pas, la photographe est disposée à passer outre, comme cela arrive très souvent. Elle sait que c'est un « larcin », mais se dit « ravie de dérober à la jalousie persane une aussi jolie scène d'intérieur ». (*AO*, p. 32)

Dissimulée derrière un mur, perchée sur une terrasse, elle fait de ces larcins une habitude, comme nous le montre l'épisode de la belle Rakhy. Ils constituent un dévoilement au carré, et aux yeux de la voyageuse et à nos yeux de lecteurs conviés au spectacle de l'exhibition de l'intimité de l'Autre. Ces intimités sont non seulement regardées mais aussi mises sous le regard de tous, rendues publiques. Hadji Houssein, qui éloigne, par discrétion envers l'européenne, tous ses clients, avant de l'introduire dans son andéroun, auprès de sa belle femme, ne se serait certainement pas douté que l'indiscrétion de son invitée irait non seulement jusqu'à décrire dans un livre « la suppression de la chemisette de gaze destinée à voiler légèrement le buste des femmes persanes » (*AO*, p. 244), mais jusqu'à l'exhiber pour un large public. Si l'on regarde la photographie de « Ziba Khanoun en tenue d'intimité », on se dit que Jane Dieulafoy avait peut-être raison de se croire mandatée par ses lecteurs et de commettre sans remords un pareil larcin ? Hypocrite lecteur, mon semblable, mon frère…

Dolores Toma
Université de Bucarest

SUBVERSIONS DE L'INTIMITÉ CHEZ ROLAND BARTHES

Voyages à la recherche du neutre

> Quand je voyage, ce qui m'intéresse le plus, ce sont les lambeaux d'art de vivre que je peux saisir au passage. [...] Le voyage est aussi pour moi une aventure, une série d'aventures possibles, et d'aventures d'une grande intensité. Il est très évidemment lié à une sorte d'alerte amoureuse. Roland Barthes, « À quoi sert un intellectuel ? »
> Propos recueillis par Bernard HENRI-LÉVY, 1977, *Œuvres complètes* V[1], p. 369.

« LE KIKI D'UN CHINOIS »

Lorsque Barthes voit dans le voyage *une aventure*, le lecteur ne devrait pas être dupe : il ne s'agit pas, comme d'aucuns pourraient être enclins à le croire, d'une aventure intellectuelle. Par ailleurs, Barthes ne voyage ni en touriste, ni en anti-touriste[2] : bref, il ne va pas visiter des sites, il ne se rend pas ailleurs avec le dessein de se dépayser ou bien de découvrir une quelconque « altérité ». Rien de tel dans ses déplacements. Certes, comme tout intellectuel, il voyage souvent, surtout à partir des années 1960 : soit en professeur invité – en Suisse, au Maroc, aux États-Unis –, soit en France (dans la ville de son enfance, à Urt), soit en Italie, soit encore

---

1 Roland Barthes, *Œuvres complètes*, Paris, Seuil, tomes I-V, 2002. Les références à cette édition figureront désormais dans le corps du texte, précédées de l'abréviation *OC* et suivies de la tomaison.

2 Nous pensons au livre d'ethnologie du tourisme de Marc Augé, *L'Impossible Voyage : le touriste et ses images*, Paris, Payot & Rivages, 1997.

au Maroc. À ces voyages récurrents (du moins pendant quelques années), il faut ajouter les séjours qui ont marqué, d'une manière ou d'une autre, sa vie : Grèce, Hongrie (il était encore très jeune), Roumanie et Égypte (séjours professionnels), puis le Japon (il s'y rend à plusieurs reprises à partir de 1966) – son Paradis terrestre – et la Chine – son Purgatoire.

Néanmoins, Barthes n'est pas du tout un bourlingueur. L'aventure, pour lui, c'est en même temps un certain dépaysement à mettre immédiatement en relation avec le langage : il y aventure quand il y a la possibilité de l'écrire. Il s'agit également d'une une forme d'hédonisme, à comprendre parfois à travers son homosexualité. Lors de la parution des *Carnets du voyage en Chine*, en 2009, texte que Barthes n'a pas revu, puisqu'il n'était pas destiné à être publié, une phrase a fait un petit scandale. Dans son livre d'hommage *L'Amitié de Roland Barthes*, Philippe Sollers, celui qui avait eu l'idée du séjour chinois d'avril-mai 1974, la reprend tout en la jugeant « consternante de vulgarité ». La voici : « Et avec tout cela je n'aurai pas vu le kiki d'un seul Chinois. Or que connaitre d'un peuple si l'on ne connait pas son sexe[3] ? » En Chine, Barthes évolue dans un milieu drastiquement surveillé : la présence du corps est évacuée, tout comme est éliminée tout possible « incident » qui aurait pu troubler le lisse[4] d'un séjour que les autorités du régime de Mao avait soigneusement préparé. Barthes n'est jamais dupe de la propagande qui l'entoure, mais ce qui le gêne le plus ce n'est pas l'absence de ce qu'on appelle le plus communément la « liberté d'opinion », mais bien l'interdit pesant sur le corps.

Parler de « voyage et intimité » chez Roland Barthes ne peut pas se réduire à l'énumération des aventures érotiques/sexuelles qu'un homme nommé Roland Barthes a eues lors de ses voyages. Aventure veut dire « ce qui advient » : pour Roland Barthes, il n'y a pas d'aventure en dehors de ses traces dans l'écriture. Barthes ne raconte jamais « une aventure », non pas tant par pudeur (quoique la pudeur puisse être avancée pour

3 Roland Barthes, repris dans Philippe Sollers, *L'Amitié de Roland Barthes*, Paris, Seuil, p. 163. Il s'agit de la reprise de l'article que Sollers consacre à la parution des *Carnets* barthiens, article qui paraît dans Le Nouvel Observateur, 29 juin 2009. La citation de Barthes figure dans *Carnets du voyage en Chine*, Paris, Christian Bourgois/IMEC, 2009, p. 117.

4 Le lisse est un attribut matériel que Barthes attribue à un objet technique tel que Citroën 206 : « On sait que le lisse est toujours un attribut de la perfection parce que son contraire trahit une opération technique et tout humaine d'ajustement » (Roland Barthes, extrait des *Mythologies*, 1957, *OC* I, p. 788).

expliquer la discrétion – autobiographique – de Roland Barthes), mais par sa conscience aiguë du langage – et du réel en tant qu'objet sémiotique. Au sujet de l'intimité chez Barthes, deux questions se posent : peut-on écrire l'intimité sans se préoccuper du langage qui la construit pour nous la rendre ? Comment maintenir la clôture de l'intime – en tant que réalité psychologique – alors qu'on est en train de l'écrire et, par conséquent, de la dé-clôturer ? (Autrement dit : comment réduire le plus possible l'aliénation de l'intime qu'engendre l'écriture en tant que transcription publique de l'intime ?)

ÉCRIRE L'INTIMITÉ

La première question prend tout son sens avec l'allusion à la « vulgarité » de la remarque de Barthes : ce que l'ami Sollers juge « vulgaire » ne peut plus être intime, car il s'agit déjà d'une construction langagière rendue publique. Or, si l'accusation de vulgarité à l'encontre d'un fait de langage peut tenir, il faut accorder à Barthes que ce journal n'avait pas été *écrit*. L'écriture est un geste public, et un acte de conscience en même temps, que son auteur sait situer dans l'histoire de la culture écrite de l'Occident :

> L'écriture n'a-t-elle pas été pendant des siècles la reconnaissance d'une dette, la garantie d'un échange, le seing d'une représentation ? Mais aujourd'hui, l'écriture s'en va doucement vers l'abandon des dettes bourgeoises, vers la perversion, l'extrémité du sens, le texte. [...] (*OC* IV, p. 596)

On peut écrire *pour soi*, mais, dans la mesure où l'écrivain est un être humain doté d'une conscience historique, maître d'une technique du dire qui offre du sens et du plaisir, et donne à penser tout à la fois – aux autres, lecteurs –, le journal est pour l'écrivain une tentation qu'il devrait tenir à distance :

> Dois-je tenir un journal en vue de le publier ? Puis-je faire du journal une « œuvre » ? Je ne retiens donc que les fonctions qui peuvent m'effleurer l'esprit. Par exemple, Kafka a tenu un journal pour « extirper son anxiété » ou, si l'on préfère, « trouver son salut ». Ce motif ne me serait pas naturel, ou du moins

> constant. De même pour les fins qu'on attribue traditionnellement au Journal intime ; elles ne me paraissent plus pertinentes. On les rattachait toutes aux bienfaits et aux prestiges de la « sincérité » (se dire, s'éclairer, se juger) ; mais la psychanalyse, la critique sartrienne de la mauvaise foi, celle, marxiste, des idéologies, ont rendu vaine la confession : la sincérité n'est qu'un imaginaire au second degré. (*OC* V, p. 669)

Barthes donne ici une image de l'intimité en accord avec sa « misologie » : « intimité : le dire d'une vérité sans preuve, le désir de la vérité comme indicible » (*OC* V, p. 264, extrait de *Fragments d'un discours amoureux*). Vérité sans preuve, puisque la vérité ne provient pas de la chose, mais du désir qu'on éprouve pour elle ; or, les expressions du désir ne sauraient être moulées dans les formes toutes faites du roman, du journal ou, pour le dire autrement, du récit.

Cette méfiance du « direct » ne pouvait pas ne pas empiéter sur les rendus barhésiens de l'intime, de sorte qu'on devrait toujours écrire le vocable entre guillemets. « Intime », alors ? Mais c'est la perversion de l'écriture qui intervient pour nous empêcher de mettre ce mot entre guillemets : puisqu'on sait déjà que l'« intime », une fois écrit, n'est que de l'imaginaire (qui rassemble les images de l'intimité).

De cette méfiance envers l'écriture de l'intime, voici quelques preuves liées au thème de l'intime, indissociables de leur mise à distance réflexive. L'autobiographique est dispersé chez Roland Barthes, en miettes : fragments, photographies et texte, dessins et texte (*Roland Barthes par Roland Barthes* et *La Chambre claire*). *Roland Barthes par Roland Barthes* est un autoportrait écrit de la main d'un « autre », maintenant une distance du narrateur par rapport au « je » devenu « il », et un inventaire de figures dont « l'ensemble » laisse entrevoir un « moi » instable. « Ni autobiographie ni autoportrait », c'est ainsi que Louis Marin caractérise ce livre[5]. Barthes refuse l'« auto- » puisqu'il le fait passer par le miroir de l'écriture : Marin parle d'un « portrait autoptyque », un portrait construit par l'énonciation, et non par des énoncés :

> Ce gouffre ouvert à chaque mot, cette folie du langage, nous l'appelons scientifiquement : énonciation (nous ouvrons ce gouffre d'abord pour une raison tactique : défaire l'infatuation de nos énoncés, l'arrogance de notre science). (*OC* IV, p. 645)

5 Louis Marin « Roland Barthes par Roland Barthes ou L'autobiographie du neutre », p. 3-13, *in L'Écriture de soi*, Paris, PUF, Librairie du Collège international de philosophie, 1999.

Le « je », qui parle tout en pensant à ce qu'*il* dit, serait composé, selon Barthes, de trois strates, qui s'activent à tour de rôle pendant son voyage en Chine :

> 1. Phénoménologie : ce que je vois. Manière occidentale.
> 2. Structurale : comment ça marche : description de l'appareil de fonctionnement. Niveau stalinien.
> 3. Politique : luttes socio-révolutionnaires. Pour quelle révolution ? Luttes de ligne, etc.[6]

Il est évident que le travail de l'intime a lieu au niveau de la perception phénoménologique, mais cette classification laisse de côté le désir – et pour cause, puisque rien en Chine ne l'attise. Or, pour Barthes, le désir fuse par moments :

> Tout d'un coup, un, [il faut garder la seconde virgule, *n. m.*] vague d'électricité érotique : c'est qu'il a des yeux intelligents. Intelligence vaut pour sexe. Mais où mettent-ils donc leur sexualité[7] ?

Activer le second principe du moi-percevant modifie la perception. Le désir (sexuel) se mue en désir d'écrire, par le travail intellectuel analytique. Le regard se dilate comme la pupille du chat, se fait distant et classificatoire Or, ce que ce second « je » voit, c'est ce qui est écrit, c'est-à-dire mis en scène, non pas enregistré et « rendu » : la fonction du Moi est de regarder sans s'identifier, de sentir sans se laisser envahir par la sensation. Bref, le nom d'un mode d'existence paradoxal pour lequel, précisément, l'intime et le voyage peuvent prendre des formes inattendues : c'est le Neutre. « Le Neutre n'est pas une moyenne d'actif et de passif, c'est plutôt un va-et-vient, une oscillation amorale, bref, si l'on peut dire, le contraire d'une antinomie [...] ». (*OC* IV, p. 706)

Et Barthes d'égrener quelques « figures » du neutre, qu'il caractérise ensuite : « tout ce qui esquive ou déjoue ou rend dérisoires la parade, la maîtrise, l'intimidation ». (*OC* IV, p. 707)

C'est pourquoi nous ne saurions parler des rapports entre le voyage et l'intimité dans le mode de la représentation, du défilé des images, ni sous le signe de la lecture herméneutique, pour expliquer ce que l'auteur signifie par le biais de la fiction. Barthes le sait d'emblée : « fatalité de

6 Roland Barthes *Carnets du voyage en Chine*, *op. cit.*, p. 78-79.

7 *Id.*, p. 22.

l'essai, face au roman : condamné à l'authenticité – à la forclusion des guillemets ». (*OC* IV, p. 667)

Mais le neutre reste, encore une fois de manière paradoxale, « issu de la région Passion » (*OC* IV, p. 707) : un nœud affectif, et non un idéal intellectuel. L'écriture n'est pas pour Barthes le point, pour reprendre ce terme psychanalytique, de la forclusion de l'affect et du triomphe du surmoi.

La seconde question que nous nous sommes posé au début de cette courte enquête sur les voies du croisement de l'intime et du voyage reste par conséquent légitime : comment réduire le plus possible l'aliénation de l'intime qu'engendre cet intermédiaire qu'est l'écriture ?

On pourrait considérer, avec Barthes, que la vie « privée » est là où « je » peut enfin dire des choses sans tomber tout de suite sous le coup du jugement porté depuis l'espace « public » : « La “vie privée” n'est rien d'autre que cette zone d'espace, de temps, où je ne suis pas une image, un objet. C'est mon droit politique d'être un sujet qu'il me faut défendre. » (*OC* V, p. 800)

UNE « RÉVOLUTION AFFECTIVE » : LE JAPON

Ce qui est intime, alors, ne traduit pas les objets de la honte d'un sujet qui se montre à découvert, surpris dans son intimité et comme dénoncé auprès du public pour devenir la victime de son jugement, mais des façons de *sentir.* Le scandale n'est pas dans le montrer, mais dans le sentir ; et ce sentir n'est pas scandaleux parce que honteux, mais parce que soustrait au jugement. Regretter de manquer la vue du sexe en Chine, donner son « assentiment » à la Chine en tant qu'espace affectif caractérisé par la « fadeur », par la platitude (au lieu d'être révulsé par le régime de Mao) mais non pas par la « dictature » ou par la terreur de la révolution culturelle, voir dans le Japon un « empire des signes » au lieu de décrire ce qu'on voit (« décrire ce qu'on voit », n'est-ce pas le principe de tout journal de voyage ?), laisser fuser des « incidents » marocains au lieu de s'étonner des « différences » qui opposent cet espace à celui occidental : tous ces choix d'écrire le réel sont autant de façons de se situer en tant que sujet[8].

Voici un exemple de l'exercice de ce droit au Maroc. Dans les *Incidents*, la présence du sexe est massive, nous allons en offrir un seul exemple, révélateur de la cohabitation des deux pulsions – ou des deux couches du moi, « phénoménologique » et « structural », dont aucune ne l'emporte sur l'autre (le fragment ci-dessous est, ainsi, une figure du « neutre » barthien) :

> Abdelatif – si voluptueux – justifie péremptoirement les pendaisons de Bagdad. La culpabilité des accusés est évidente puisque le procès a été très rapide : c'est donc que le cas était clair. Contradiction entre la brutalité de cette bêtise et la tiédeur fraîche de son corps, la disponibilité de ses mains, que je continue, assez hébété, à tenir et à caresser pendant qu'il débite son catéchisme vengeur. (*OC* V, p. 962, extrait d'*Incidents*)

Le désir de vérité peut chercher d'autres expressions que celle de l'oscillation entre le sexuel et l'intellectuel (vérité du rapport entre le désir que j'éprouve pour le corps et le rejet de ce que ce corps me fait entendre), comme l'atteste l'amour qu'il a pour le *bunraku* et pour le *haïku*, découverts au Japon et liés à une affectivité inconnue jusqu'alors qu'il y découvre.

Les meilleures incarnations de l'intimité, il les retrouve au Japon. C'est également au Japon qu'il a l'occasion d'*écrire* l'intimité, donc d'en ébranler le sens reçu, quitte à l'opposer à une doxa romantique peut-être trop simpliste par endroits. L'art du théâtre japonais – le *Bunraku* – et l'art de la poésie japonaise – le *haïku* – jouent le rôle de pourvoyeurs de ce que Barthes appelle, en ouverture de *L'Empire des signes*, « une révolution dans la propriété des systèmes symboliques ». (*OC* III,

---

8 Je voudrais rappeler ici, à travers la lecture d'un très beau texte de Kristin Ross, la dette de Barthes envers Sartre dans toutes ses prises de position inattendues, critiquées, par rapport à la Chine, au Japon et au Maroc. Après avoir remarqué l'emprise dans la France intellectuelle de l'après-guerre du concept sartrien de « situation », l'historienne américaine lance l'hypothèse, concernant les « Mythologies », qu'elles « peuvent être lus comme un effort de connaissance "située" ». (« La Critique de la vie quotidienne. Barthes, Lefebvre et la culture consumériste », *in* Céline Pessis, Sezin Topçu, Christophe Bonneuil, *Une autre histoire des « Trente Glorieuses »*, Paris, La Découverte, 2015, p. 275.) Nous croyons que c'est dans ce sens, du choix situationnel, qu'on devrait considérer toutes les positions de Barthes à l'égard des mythologies culturelles et politiques investissant les destinations de ses voyages.

p. 351). Ce livre, qui est et n'est pas tout à fait un récit de voyage et un traité d'ethnologie, remet en question le syntagme même d'« intimité et voyage ». Un tel titre pose deux notions censées détenir un sens incontestable. Certes, tout le monde sait ce que c'est qu'un voyage, du moins si on l'entend comme le simple déplacement d'un lieu vers un autre. Pour ce qui est de l'intimité, le sens qu'on croit acquis ne l'est que si nous l'identifions implicitement à un genre d'affectivité dont on connaît, ne serait-ce que par bribes, l'histoire occidentale. Or, justement, cet acquis est sujet à caution : Barthes nous le fait découvrir à travers son « rapport » des séjours japonais qu'il entreprend à la fin des années 1960. L'affectivité qu'il y découvre, l'*aisthesis* (Barthes emploie ce terme avec son sens premier, de sensation[9]) rejaillit sur la notion d'intimité pour l'extraire de la « compacité de notre narcissisme » (*OC* III, p. 351), de l'« intériorité », tout en l'assignant aux contrées comme indicibles du « zen », du « neutre », de la « délicatesse », du « silence », du « non-vouloir-saisir », du « Satori », qui sont toutes les approximations d'une affectivité ténue, insistante et délicate, quasi-impossible à éprouver par nous, Européens (post-)modernes.

Le Japon, où il arrive d'abord en 1966, l'attire non seulement par « l'idiome inconnu[10] », mais surtout par les instances du « neutre » qu'il retrouve là-bas, qu'il scrute de son regard « structural » (Barthes) ou, selon le mot de Tiphaine Samoyault, « ethnographique », « intéressé par les petites différences plus que par les éclats de grandeur passée ou les caractères saillants de la société présente[11] ». Son essai sur le Japon porte sur tous les détails qui font du Japon le lieu d'une affectivité différente. Dans l'art du théâtre *Bunraku* s'opposent, par rapport au théâtre occidental, la « vérité » viscérale du corps de l'acteur et la marionnette qui produit une « abstraction sensible ». Le corps idéal possède « la fragilité, la discrétion, la somptuosité, la nuance inouïe, l'abandon de toute trivialité, le phrasé mélodique des gestes », alors que celui de l'acteur européen est « le lien moteur qui va du personnage à l'acteur et qui est toujours conçu, chez nous, comme la voie expressive d'une intériorité ». (*OC* III, p. 397)

9 Pour un commentaire de la manière dont Barthes comprend l'esthétique, voir l'« Introduction » du livre de Lucy O'Meara, *Roland Barthes at the Collège de France*, Liverpool University Press, 2012, p. 19.

10 Tiphaine Samoyault, *Roland Barthes*, Paris, Seuil, 2015, p. 372.

11 *Id.*, p. 373.

Le *haïku* est justement le produit d'une intimité qui a du mal à garder son nom, puisqu'il s'agit d'une forme de langage traduisant un *pathos* atypique, tout en restant intimement liée au corps : « c'est que le temps du *haïku* est sans sujet : la lecture n'a pas d'autre *moi* que la totalité des *haïkus* dont ce *moi*, par réfraction infinie, n'est jamais que le lieu de lecture », alors que « en Occident, semble-t-il, le miroir est un objet essentiellement narcissique : l'homme ne pense le miroir que pour s'y regarder [...] ». (*OC* III, p. 412) Le *haïku* n'est qu'un condensé du Japon, dont la présence se décline par « incidents » :

> Ce que je dis ici du haïku, je pourrais le dire aussi de tout ce qui advient lorsque l'on voyage dans ce pays que l'on appelle ici le Japon. Car là-bas, dans la rue, dans un bar, dans un magasin, dans un train, il advient toujours quelque chose. Ce quelque chose – qui est étymologiquement une aventure – est d'ordre infinitésimal [...]. Recenser ces événements serait une entreprise sisyphéenne, car ils ne brillent qu'au moment où on les lit, dans l'écriture vive de la rue, et l'Occidental ne pourrait spontanément les dire qu'en les chargeant du sens même de sa distance : il faudrait précisément en faire des haïku, langage qui nous est refusé. (*OC* III, p. 412)

À passer, comme en suivant un itinéraire, par les voyages de Roland Barthes, il nous apparaît évident que le Japon demeure, de loin, la destination du seul voyage « d'initiation » qu'il ait jamais entrepris. Les États-Unis, les Pays-Bas et la Suisse restent des pays sans relief, tout comme – à quelques détails près – la Chine (mais la Chine est différente surtout parce que Barthes en attendait beaucoup, comme d'un second Japon, alors qu'il n'en fut rien). Quant à la Roumanie et à l'Égypte, ses destinations de jeunesse, ce sont des pays qui ne lui donnent pas envie d'écrire, de les écrire. Les « aventures » qu'il aime, lors d'un voyage, ce sont les « incidents », les menus détails qui changent d'un coup une perspective : il en retrouve au Maroc, mais il les découvre au Japon. Le Japon est pour Roland Barthes le lieu d'une épiphanie de l'intimité qui ne peut que nous laisser, nous les lecteurs de l'Occident, perplexes. Cette intimité, « incidentale », est une utopie affective que Barthes, dans un texte postérieur à l'*Empire des signes*, oppose à la subjectivité occidentale :

> Le sujet c'est pour nous (depuis le christianisme ?) celui qui souffre : là où il y a blessure, il y a sujet : *die Wunde! die Wunde*! dit Parsifal, en devenant par là « lui-même » ; et plus la blessure est béante, au centre du corps (au

> "cœur"), plus le sujet devient sujet : car le sujet c'est *l'intimité* ("La blessure [...] est d'une intimité épouvantable"). La béance de la blessure d'amour, c'est l'origine du sujet. (*OC* V, p. 234)

Toutes proportions gardées, nous pourrions reconnaître dans les signifiants affectifs que Barthes lit au Japon une « révolution affective » qui, faute de mieux, est une des formes de la « découverte de l'autre ».

Alexandru MATEI
Université de l'Europe du Sud-Est
de « Lumina », Bucarest
CEREFREA

TROISIÈME PARTIE

TOPOGRAPHIE DE L'INTIME

VOYAGE ET DÉCOUVERTE DU MONDE

FUIR L'INTIME

Le voyage selon Grillparzer

Franz Grillparzer (1791-1872) est surtout connu pour son œuvre de dramaturge mais cet écrivain autrichien est également l'auteur de quatre « journaux de voyage » (*Reisetagebücher*), rédigés à l'occasion de pérégrinations à travers l'Europe : l'Italie, où il séjourne en 1819, puis l'Allemagne (1826), la France et l'Angleterre (1836) et enfin la Grèce et Constantinople (1843). Ces journaux constituent un ensemble de textes cohérent dans l'œuvre de Grillparzer. Cependant, leur statut est problématique dans la mesure où leur publication n'a pas été envisagée par l'auteur, ce qui pose le problème de la littérarité des textes, problème qui se rencontre parfois dans le cas des journaux intimes. Grillparzer n'ignore pourtant pas la tradition du récit de voyage : comme l'observe Jacques Lajarrige, « ses journaux intimes [...] regorgent de notes de lecture mentionnant entre autres Cook, Sterne, Pückler-Muskau ou Alexander von Humboldt, mais également Lamartine et Chateaubriand, qui fournit avec son *Itinéraire de Paris à Jérusalem* (1811) le grand texte fondateur du récit de voyage romantique[1] ». Par ailleurs, en rédigeant un *Journal de voyage en France et en Angleterre*, l'auteur a parfaitement conscience qu'il suit les traces d'écrivains tels que Ludwig Börne, August von Lewalds et Heinrich Heine, qui tous ont séjourné à Paris et ont écrit une relation de leur voyage : les *Lettres de Paris* de Börne – présentes dans la bibliothèque de Grillparzer – et l'*Album de Paris* de Lewalds paraissent en 1832 ; et les *Französische Zustände* (*Particularités françaises*) de Heine paraissent un an plus tard. Enfin, l'écrivain autrichien se montre sensible à la construction de ses journaux : d'un journal à l'autre, on peut observer des effets d'échos, manifestement pensés comme tels. En outre, le *Journal du voyage en France* s'ouvre sur une « Nouvelle » qui

1 Jacques Lajarrige, « Grillparzer, voyageur malgré lui », p. 85-111, *in* Jeanne Benay, Jacques Lajarrige (dir.), *Littérature de voyage. Regards autrichiens sur le monde*, *Austriaca*, n° 62, 2007, p. 87.

raconte de manière amusante le trajet de l'auteur de Vienne à Paris. Ainsi, même si cette relation de voyage n'est pas destinée à un autre lecteur que lui-même, Grillparzer sait qu'il s'inscrit dans une tradition littéraire et il joue avec ce cadre, en tirant parti de la liberté formelle qu'autorise la forme du journal.

Par ailleurs, l'identité générique de cet ensemble de textes est difficile à cerner. Comme l'indique leur titre, le *Journal de voyage* tient à la fois du journal intime et de la relation de voyage. Du journal intime, il conserve certains traits, tels que la discontinuité, marquée par l'insertion des dates, un style d'écriture immédiat, spontané, parfois sans élaboration syntaxique (bien souvent, le sujet des phrases est élidé). De la relation de voyage, il se rapproche par l'attention aux lieux visités et l'organisation chronologique, qui permet au lecteur de suivre l'itinéraire du marcheur arpentant les villes que sont Paris et Londres.

Or, ces deux modèles apparaissent comme deux directions concurrentes et, *a priori*, difficilement conciliables car, si le journal est avant tout le lieu de l'écriture de soi, la relation de voyage doit, quant à elle, rendre compte des objets extérieurs (lieux visités, personnes rencontrées, etc.). Grillparzer conçoit lui-même son carnet de route comme un « aide-mémoire[2] » (« *Erinnerungsbehelfe* »), un témoignage fixé dans l'instant. Il y a ainsi une tension, contenue dans le titre même de ces « journaux de voyage » écrits par Grillparzer. Comment l'auteur conjugue-t-il donc écriture de soi et écriture du voyage ? La relation de voyage vient-elle faire écran à l'expression de l'intime ? Peut-on observer des modalités singulières de l'expression de soi dans la relation de voyage ? Que dit-on de soi et comment ?

Pour répondre à ces questions, nous avons choisi de nous concentrer sur le voyage en France et en Angleterre. Ce dernier dure environ trois mois. Du 30 mars au 5 avril 1836, Grillparzer effectue le trajet de Vienne à Paris, où il séjourne un peu plus d'un mois. Il part ensuite à Londres le 15 mai et rentre en Autriche à la fin du mois de juin (le journal s'arrête à la date du 27 juin 1836). Les expériences qu'il effectue dans les deux capitales présentent un certain nombre de traits communs

2 « Gehe nach Hause und fange an, diese Erinnerungsbehelfe niederzuschreiben », *in* Franz Grillparzer, *Tagebuch auf der Reise nach Frankreich une England (1836)*, dans *Reisetagebücher*, Paderborn, Outlook, 2012, p. 28. Les références à cet ouvrage figureront désormais dans le corps du texte ou dans les notes précédées de l'abréviation *TRFE*.

mais, comme l'a observé Jacques Lajarrige, elles diffèrent à deux points de vue : « [...] d'une part, dans le décalage entre le vécu et le geste de l'écriture, de l'autre dans la pratique de la sociabilité[3] ». Le voyage à Paris est globalement plus déceptif que le séjour à Londres, où l'écriture passe au second plan. Grillparzer use alors de subterfuges pour « maintenir la fiction d'une immédiateté de la retranscription et [...] maquiller ses propres erreurs de notation[4] ».

Le *Journal de voyage en France et en Angleterre* se présente sous un jour paradoxal car Grillparzer semble chercher avant tout à fuir l'intime et à mettre à distance ses émotions et ses préoccupations. Nous analyserons dans un premier temps quelle forme prend dans ce texte « la distraction », que Grillparzer présente comme le principal objectif de son voyage. Nous nous intéresserons ensuite à la place que tient le corps du voyageur dans ce journal, et à l'aperçu que ce dernier offre, malgré tout, de l'intimité physique et émotionnelle du voyageur. Enfin, nous examinerons la façon dont la confrontation à l'Autre contraint l'écrivain à faire malgré lui un retour sur lui-même.

LA DISTRACTION COMME MOTIF DU VOYAGE

Dans une note du 30 avril, Grillparzer dit avoir voulu chercher de la « distraction » (« *Zerstreuung* ») en entreprenant son voyage. La distraction qu'il recherche est double : il s'agit à la fois de prendre ses distances avec l'atmosphère politique étouffante qui règne en Autriche et de se distraire de soi.

Grillparzer part pour Paris et Londres après avoir mis un terme à sa relation avec la jeune Héloïse Hoechner[5]. L'écrivain est de nature

3 Jacques Lajarrige, « Grillparzer, voyageur malgré lui », *op. cit.*, p. 100.

4 *Ibid.*

5 Grillparzer a renoncé à sa relation avec Héloïse Hoechner à partir du moment où celle-ci lui a proposé de s'installer avec sa famille, comme nous l'indique sa correspondance. Voir notamment la lettre d'Héloïse Hoechner en date du 11 mai 1835, dans Franz Grillparzer, *Sämmtliche Werke*, Peter Frank et Karl Pörnbacher (éd.), München, Carl Hanser, 1960-1965, 4 vol., vol. IV, p. 809-810. Les références à cet ouvrage figureront désormais dans le corps du texte ou dans les notes précédées de l'abréviation *SW*.

solitaire et il est d'autant plus soucieux de préserver son indépendance qu'il considère que c'est la seule façon pour lui de parvenir à la concentration et à l'inspiration qu'exige l'activité créatrice. C'est pour cette raison qu'il fuit – à plusieurs reprises – l'engagement amoureux. Il en éprouve un sentiment de malaise et de culpabilité, auquel il tente d'échapper en quittant la ville de Vienne. Le 5 juin, il dit ainsi vouloir « retrouver sa propre activité et la possibilité de vivre avec les hommes[6] ». Il ne s'agit donc pas tant, à ses yeux, d'un retour sur soi que d'une ouverture aux autres, une démarche que Grillparzer assimile à « une sorte de pénitence[7] », comme s'il éprouvait le besoin de se racheter après avoir tourné le dos à Héloïse Hoechner. Mais il s'agit aussi, comme l'indique cette phrase, de conjurer la menace de la stérilité artistique, ce qui suppose de s'éloigner de Vienne, qu'il décrit comme la « Capoue des esprits[8] ».

Dans son *Autobiographie*, Grillparzer revient sur les raisons qui l'ont poussé à visiter Paris et Londres : « Outre le but habituel de mes voyages, c'est-à-dire respirer un peu librement, je désirais me faire une exacte représentation de ces villes mondiales dont on parle tant[9]. » Grillparzer se sent à l'étroit dans l'Autriche du Vormärz. Bien qu'il soit très fidèle à l'Empereur, il est extrêmement critique envers le régime absolutiste mis en place par Metternich. De fait, à Vienne, il est la cible d'intrigues politiques depuis 1819. Cette année-là, il publie un poème écrit au cours de son voyage en Italie, intitulé *Campo Vaccino*. Il y célèbre la grandeur de l'Antiquité, dont il contemple les ruines à Rome, par opposition à la médiocrité des temps présents, dans la ville devenue le centre du Christianisme. Évidemment perçu comme une grave offense contre l'Église, le texte est condamné par la censure. À la demande de l'Empereur, Grillparzer est contraint de se présenter au chef de la

6 Nous traduisons. « *Doch hoffe ich, dem Zweck meiner Reise, Wiedergewinnung der eigenen Selbsttätigkeit und der Möglichkeit, mit Menschen beisammen zu sein, durch alle diese Drangsale hier näher gerückt zu sein, als in Paris [...]* » (*TRFE*, p. 97-98).

7 Nous traduisons. « *Ich hatte mir die Reise einmal als eine Art Buße [une sorte de pénitence], als einen Versuch auferlegt, mich an Menschen und äußere Thätigkeit wieder zu gewöhnen* » (*TRFE*, p. 73).

8 Voir le poème « Abschied von Wien » : « *Schön bist du, doch gefährlich auch, / Dem Schüler wie dem Meister, / Entnervend weht dein Sommerhauch, / Du Kapua der Geister.* » (*SW*, I, p. 288)

9 Nous traduisons. « *Außer meinem gewöhnlichen Reisezwecke, einmal freie Atem zu holen, war es diesmal auch der Wunsch mir von diesen oft erwähnten Weltstädten eine deutliche Vorstellung zu verschaffen.* » (*SW*, IV, p. 164)

police d'État, qui lui adresse des remontrances. À partir de ce moment, et jusqu'en 1848, Grillparzer est étroitement surveillé par la censure. Dans ces conditions, traiter des sujets politiques au théâtre lui paraît impossible et c'est cette situation d'oppression qui le pousse à partir en Allemagne, à la rencontre de Goethe, en 1826 :

> Que dans ces conditions il n'y avait pas de place dans l'Autriche de l'époque pour un poète, je m'en apercevais de plus en plus. Je tombais dans une humeur hypochondriaque, dans laquelle aucun sujet déjà préparé ne m'incitait à tenter une représentation, mais aussi où aucun nouveau sujet ne se présentait. [...] Un voyage est un excellent remède aux états embrouillés[10].

Il ajoute qu'il a voulu voir s'il n'existait pas « un endroit où l'on était moins molesté en s'adonnant à la poésie que dans la Vienne de l'époque[11] ».

Grillparzer n'est pas le premier à fuir cette atmosphère politique étouffante : lorsqu'il arrive à Paris, il retrouve d'autres réfugiés politiques, comme Ludwig Börne et Heinrich Heine. Le plus souvent, l'écrivain n'aborde pas directement les questions politiques dans son *Journal*, mais il se montre particulièrement intéressé par le fonctionnement des parlements et de la justice en France et en Angleterre. À Paris, il se rend à deux reprises à la Chambre des députés et à Londres, à la chambre des Lords. C'est d'abord en dramaturge qu'il analyse la vie politique : il observe les costumes, les postures, l'intonation, les talents oratoires de tel ou tel homme politique. Très vite, cependant, on comprend que l'attention portée au fonctionnement des institutions est très profondément liée aux enjeux privés du voyage et que Grillparzer veut surtout comparer les institutions françaises et anglaises aux institutions autrichiennes.

Dans son *Journal*, l'écrivain déplore à plusieurs reprises la situation politique de son pays. Fatigué de ses journées passées dans les cercles parisiens, il écrit le 24 avril :

> Vienne aura pour moi un charme nouveau ; au moins je pourrai y être seul. Si seulement il n'y avait pas là-bas la honteuse oppression des esprits et

10 *Selbstbiographie*. Cité et traduit par Anne Wagniart, « Franz Grillparzer – un second Schiller ? : la visite du classique autrichien à Weimar (1826) et sa contribution au centenaire de la naissance de Schiller (1859) », *Revue germanique internationale* [En ligne], 22 | 2004, mis en ligne le 01/09/2011, <http://rgi.revues.org/1037> [consulté le 23/09/2015].

11 *Ibid.*

> l'abaissement de mes semblables ! Ce qui pourrait m'arriver, je m'en moque pas mal. Moi, ils n'arriveront pas à m'abaisser, même au bout de mille années[12].

Même à Paris, il se sent surveillé par les autorités autrichiennes. Lors d'un déjeuner chez l'ambassadeur d'Autriche, il dit qu'« on a cherché à [lui] tirer les vers du nez, pour savoir s'[il avait] déjà vu Boerne et Heine[13] » (*JVF*, p. 55). Il fait alors cette observation :

> Sauf la famille Neuwall, il me semble flairer chez mes compatriotes d'ici quelque chose de perfide, comme s'ils allaient porter à Urie le funeste message. Bien, fort bien ! Cela sera peut-être éclairci, ou pas. Mais ils ne peuvent pas me prendre les rues de Paris et les théâtres non plus[14]. (*JVF*, p. 56)

La marche ou la flânerie apparaissent ainsi comme le bien le plus précieux, la façon, pour le sujet, d'éprouver sa liberté. C'est là tout le paradoxe de la démarche de Grillparzer, qui vise à fuir l'intime – ce qui est trop douloureux pour lui – mais, dans le même temps, cherche à reconquérir un espace d'intimité. Or cet espace n'est pas celui des cercles parisiens qu'il fréquente, ni même celui de sa chambre d'hôtel, qu'il qualifie d'« inhospitalière » (« *unbehaglich* »), mais celui des rues qu'il arpente librement et des loges de théâtre où il jouit librement du spectacle qui se déploie sous ses yeux.

L'atmosphère de liberté est précisément ce qui frappe Grillparzer lorsqu'il arrive à Londres. Il observe la courtoisie avec laquelle les

12 Franz Grillparzer, *Journal de mon voyage en France : 1836. Suivi du journal de Hebbel, Mes voyages en France, 1843-1844, 1860, 1862*, Paul Bastier [trad.], Paris, Aubier, 1942, p. 75. Les références à cet ouvrage figureront désormais dans le corps du texte ou dans les notes précédées de l'abréviation *FL*. « *Werde Wien wieder angenehm finden, wo ich wenigstens allein sein kann. Wenn nur dort der schändliche Geistesdruck nicht wäre und die Erniedrigung der Nebenmenschen. Was mit mir selbst geschähe, sollte mich wenig anfechten. Mich erniedrigen sie nicht, und wenn sie tausend Jahre dran versuchten.* » (*TRFE*, p. 44)

13 « *Doch einige Aufhorchereien, ob man mit Börne und Heine schon gesprochen.* » (*TRFE*, p. 36) Grillparzer se montre d'ailleurs assez réservé dans ses relations avec Boerne, par crainte des représailles de la part des autorités autrichiennes : « Il me demande si j'étais déjà invité à déjeuner ; je lui répondis que oui ; car j'ai assez de peines secrètes sur le cœur et ne me sentais nulle envie de les confier à ces exaltés, dans la chaleur expansive des bons vins, et aussi parce qu'une visite fournit déjà matière à un rapport de l'ambassade. Alors un repas, et en pareille compagnie ! Cela ferait un huitième péché mortel à ajouter au sept autres. » (*JVF*, p. 58)

14 « *Mir ist, als witterte ich etwas Uriasartiges bei meinen hiesigen Landsleuten, mit Ausnahme der Familie Neuwall. Gut, gut ! Wird sich ja aufklären. Oder auch nicht. Die Straßen von Paris können sie mir doch nicht wegnehmen und die Theater auch nicht.* » (*TRFE*, p. 36)

officiers britanniques prolongent son droit de séjour[15] et fait à plusieurs reprises l'éloge de l'Angleterre qui « ne traite pas les étrangers comme de simples valets[16] ». Sur le trajet du retour, il est également surpris par la liberté de circulation en Belgique. Il fait le trajet de Londres à Anvers par bateau et remarque qu'aucun officier des douanes ne lui a demandé son passeport à l'arrivée. De même, lorsqu'il arrive à Bruxelles par le train, il écrit : « Ce pays est un jardin. Personne ne nous a demandé nos passeports[17]. » Le *Journal* a ainsi une valeur documentaire, à laquelle il faut ajouter une double fonction testimoniale et expérimentale. Mais surtout, la description de la vie politique est indissociable de la scène intime : le journal de voyage montre que la ressaisie de soi ne saurait être appréhendée en dehors d'une réflexion politique et d'un fort ancrage historique.

La volonté de Grillparzer de se distraire se traduit aussi par la fréquentation assidue des théâtres parisiens et londoniens. Alors qu'il prétend ne jamais aller au théâtre à Vienne, il passe la plupart de ses soirées au théâtre ou à l'opéra. La liste des salles qu'il fréquente est impressionnante : à Paris, il se rend à l'Opéra, au Théâtre français, au Théâtre du Gymnase, au Théâtre de la Porte Saint-Martin, au Théâtre du Palais Royal, à l'Odéon, ainsi qu'au Théâtre du Vaudeville, aux Variétés et au Cirque Olympique où il découvre la comédie vaudevillesque[18]. À Londres, il se rend à Drury Lane, Covent Garden, Haymarket et à l'English Opera House.

Chaque soirée passée au théâtre fait l'objet d'un compte-rendu, l'auteur endossant momentanément la fonction de critique dramatique ou de critique musical. Le théâtre peut apparaître dans ce journal comme le lieu par excellence de l'extériorité : le compte-rendu des représentations est généralement très sobre, à caractère technique, quand l'auteur ne s'attache pas à décrire le comportement du public. Il est très rare que Grillparzer nous donne accès à ses émotions, ce qui peut paraître surprenant chez ce dramaturge passionné de théâtre et particulièrement

---

15 « *O freies England ! Erhielt die Verlängerung bis 1. Juli mit großer Höflichkeit [...]* » (*TRFE*, p. 82). Nous traduisons : « Ô libre Angleterre ! On a prolongé [mon permis de séjour] jusqu'au 1er juillet avec une grande courtoisie ».

16 Nous traduisons. « *Sehr würdig dieses freien Landes, nicht mehr die Fremden allein als Knechte zu Behandeln.* » (*Id.*, p. 98)

17 Nous traduisons. « *Das Land ein Garten. Niemand fragte nach unseren Passen.* » (*Id.*, p. 111)

18 Jacques Lajarrige, « Grillparzer, voyageur malgré lui », *op. cit.*, p. 97.

sensible à la musique. Les comptes rendus de ces soirées semblent délibérément barrer l'accès à l'intimité émotionnelle de l'auteur, peut-être parce que l'objectivité du critique suppose, pour lui, de mettre à distance les émotions qu'il a ressenties au spectacle (il s'oppose en cela à tout un pan de la critique musicale au XIXe siècle, éminemment subjective).

Cependant, la multiplication de ces comptes rendus est la traduction des préoccupations du dramaturge, qui traverse une période de crise artistique et se demande dans quelles conditions il peut exercer son métier à Vienne. Il avoue lui-même dans son *Journal*, en date du 30 avril, envisager cette fréquentation des théâtres comme une thérapeutique :

> Brant voulait que j'aille le soir prendre le thé chez lui. Mais je résolus d'aller au théâtre car c'est mon but essentiel. Peut-être arriverai-je ainsi à surmonter ma répugnance et, de retour à Vienne, à y remettre les pieds. (*JVF*, p. 100)

Subitement se fait entendre la voix de l'écrivain, soucieux de réfléchir sur sa propre activité de dramaturge et de renouveler son inspiration au contact des littératures étrangères.

La façon dont Grillparzer exploite la forme du journal témoigne d'ailleurs de ces aspirations : pour lui, le journal n'est pas le lieu d'un dialogue avec soi-même ; il apparaît plutôt comme un laboratoire d'écriture, d'où peut-être ces comptes rendus qui le jalonnent. L'activité diaristique apparaît comme un moyen pour l'écrivain d'expérimenter de nouvelles formes d'écriture et de surmonter, ce faisant, le découragement qui résulte de sa situation à Vienne. Le voyage répond ainsi à une « nécessité physique et psychique », pour reprendre la formule de Jacques Lajarrige[19]. C'est d'ailleurs en termes médicaux que Grillparzer présente son voyage en France au seuil de son *Journal* : « Il s'agit pour moi d'une cure homéopathique. Quand les contrariétés habituelles vous pèsent trop, on cherche à s'en guérir par des contrariétés inhabituelles[20]. » (*JVF*, p. 21)

La volonté de se distraire se traduit ainsi très concrètement par l'observation de la vie politique et par la fréquentation assidue des théâtres. Dans un cas comme dans l'autre, le regard de Grillparzer est celui d'un dramaturge, attentif aux postures et aux qualités des acteurs, des chanteurs ou des orateurs. La recherche de distraction se manifeste

19 *Id.*, p. 86.

20 « *Es gilt eine Homöopathische Kur. Wem die gewöhnlichen Widerwärtigkeiten zu schwer Fallen, der kann nur durch ungewöhnliche kuriert werden.* » (*TRFE*, p. 18)

aussi dans l'écriture par la mise en place de stratégies de contournement ; le journal n'engage pas de retour sur soi et les émotions sont le plus souvent mises à distance. Pourtant, on comprend que les observations de Grillparzer sont liées aux enjeux intimes du voyage. La notion de « thérapeutique », de ce point de vue, est centrale. Cette idée, qui revient régulièrement sous la plume de l'écrivain, se traduit notamment par une attention portée au corps.

LE CORPS DU VOYAGEUR

Un des phénomènes les plus frappants à la lecture de ce journal est l'omniprésence de l'intimité physique et physiologique du voyageur. Le corps du voyageur apparaît comme un corps malmené, les conditions dans lesquelles s'effectue le voyage étant le plus souvent très inconfortables. Grillparzer évoque assez longuement les journées et les nuits passées en calèche entre Vienne et Paris ; puis, lors de la traversée entre Calais et Londres, il compare l'espace exigu de sa cabine à une niche. Le retentissement de ces voyages sur le corps est évoqué de façon systématique par Grillparzer – ce qui n'est pas très surprenant quand on sait que, par ailleurs, l'auteur se décrit comme « hypocondriaque[21] ». Insomnies, mal de mer sont le lot du voyageur qui, fort de son expérience, choisit d'avaler un grand verre de whisky à titre préventif avant d'embarquer sur le bateau qui doit ensuite le conduire jusqu'à Anvers.

À cela s'ajoutent les perturbations de son régime alimentaire qui – à Paris comme à Londres – préoccupent l'auteur :

> Mardi 19 avril. J'ai passé une très mauvaise nuit. Ma santé se ressent visiblement de tout cet afflux de tant d'impressions nouvelles. Il serait bien désagréable de tomber malade à Paris. Mais étant donné mon tempérament !... C'est surtout la digestion qui est mauvaise, et pourtant je mange peu. Une seule fois par

21 Voir par exemple la note du 16 avril : « *Meine Hypochondrie kommt wieder* » (« Mon hypochondrie est de retour »), (*TRFE*, p. 29). Sur ce point, nous renvoyons à l'article de Helmut Bachmaier, « Muse Hypocondria. Strategien der Körperlectüre bei Grillparzer », *Jahrbuch der Grillparzer Gesellschaft*, III, 18 (1991-1992), p. 295-306.

> jour, et en dehors de la soupe, un petit morceau de bœuf, une côtelette, de la compote et un rien comme dessert[22]... (*JVF*, p. 54)

Enfin, le corps du voyageur est aussi soumis aux vicissitudes du climat :

> Mardi 3 mai. Je sens encore les suites de mon malaise d'hier. Froid odieux. Pour la première fois depuis mon arrivée ici je suis forcé de me faire allumer du feu, et je jouis du plaisir, si fameux en France, qui consiste à attraper mal à la tête, à être dérangé par des allées et venues, par le combustible qu'on enlève ou remet dans la cheminée récalcitrante[23]. (*JVF*, p. 115)

Ces maux sont certes le lot de beaucoup de voyageurs mais Grillparzer semble leur donner un relief particulier. Non seulement il multiplie les bulletins de santé mais c'est souvent le premier sujet qu'il aborde lorsqu'il prend la plume. Grillparzer n'applique pas « le baromètre à son âme[24] », contrairement à Rousseau, mais semble attentif aux moindres variations de son état de santé physique, qu'il évoque de façon très directe. De sorte que l'on pourrait peut-être parler ici d'un style hypocondre, reflétant l'état psychique de l'écrivain.

Le mouvement qu'implique le voyage est ainsi synonyme de perturbations ou de « contrariétés », pour reprendre le terme employé par Grillparzer. Mais le corps participe aussi pleinement à l'appréhension de l'univers nouveau qui s'offre au voyageur. Ce dernier apparaît comparable au flâneur que décrit Baudelaire dans *Le Peintre de la vie moderne* : « Pour le parfait flâneur, pour l'observateur passionné, c'est une immense jouissance que d'élire domicile dans le nombre, dans l'ondoyant, dans le mouvement, dans le fugitif et l'infini. Être hors de chez soi, et pourtant

22 « Dienstag, *19. April. Sehr schlechte Nacht zugebracht. Meine Gesundheit leidet sichtlich unter dem Andrange so vieler Gegenstände und Neuigkeiten. Wäre doch höchst unangenehm, hier krank zu werden. Doch ich kann meiner Natur schon etwas zutrauen. Besonders die Verdauung schlecht, obschon ich wenig esse. Nur einmal des Tags und da, außer Suppe, ein Stückchen Rindfleisch, eine Kotelette, eine Obstspeise und irgend ein Nichts als Dessert …* » (*TRFE*, p. 34).

23 « Dienstag, *den 3. Mai. Fühle noch immer die Folgen des gestrigen Uebelseins. Unerträgliche Kälte. Muß zum erstenmale während meines Hierseins Feuer im Kamin anmachen lassen und genieße nun das in Frankreich so gerühmte Vergnügen, mir Kopfweh zu holen durch Herumstören, Ab- und Zulegen an dem widerwillig brennenden Feuerherde. Gott möge das alles zum besten lenken. Wäre meine Heimat nicht gar so entwürdigt, ich würde mich dahin zurücksehnen.* » (*Id.*, p. 61)

24 « Je ferai sur moi-même à quelque égard les opérations que font les physiciens sur l'air pour en connaître l'état journalier. J'appliquerai le baromètre à mon âme, et ces opérations bien dirigées et longtemps répétées me pourraient fournir des résultats aussi sûrs que les leurs » *in* Jean-Jacques Rousseau, *Les Rêveries du promeneur solitaire*, Érik Leborgne (éd.), Paris, Flammarion, 1997, p. 62.

se sentir partout chez soi ; voir le monde, être au centre du monde et rester caché au monde[25] [...] ». Telle semble être l'aspiration profonde de l'écrivain autrichien. La manière dont Grillparzer découvre Paris est en effet singulière. Étrangement, ce n'est pas le patrimoine muséographique parisien qui retient son attention. La visite du Louvre ne lui inspire qu'un commentaire bref et distant. C'est en arpentant les rues que Grillparzer s'approprie la ville : « Et je poursuivais ma marche, aspirant pour ainsi dire la ville immense[26]. » (*JVF*, p. 25) Le texte est saturé de références à la flânerie :

> 13 avril : Mercredi, je me suis promené (*durchstrichen*) dans la ville avec Brant.
> 19 juin : Après le déjeuner, je me suis un peu promené (*durchstrichen*) dans la ville.
> 16 avril : Aujourd'hui, j'ai flâné (*herumgeschlendert*) avec lui dans la ville. [...] J'ai parcouru (*durchwandert*) la ville[27] [...].

Les particules utilisées dans ces différents verbes (« *durch* », « *herum* ») suggèrent l'idée d'un parcours aléatoire, d'une errance dans l'espace urbain. Comme l'observe Jacques Lajarrige, « l'univers composite et discontinu de la ville, médiatisé par le regard et l'ouïe, apparaît dans le mouvement même du flâneur qui superpose le réseau onomastique de la surface urbaine et les expériences esthétiques[28] ».

L'évocation de la flânerie donne en effet accès à l'intimité émotionnelle de l'écrivain et révèle que le *Journal de voyage* est irréductible à un carnet de route dans lequel seraient recensés les lieux visités. Certes, Grillparzer multiplie les repères spatio-temporels, les détails descriptifs, et rapporte avec précision les données architecturales des églises et des monuments qu'il visite. Mais la description objective des lieux laisse parfois la place aux impressions personnelles du voyageur, aux émotions et aux sensations ressenties à la vue des monuments ou des paysages contemplés. Ainsi

---

25 Charles Baudelaire, « Le peintre de la vie moderne », *in Œuvres complètes*, Yves-Gérard Le Dantec et Claude Pichois (éd.), Paris, Gallimard, « Bibliothèque de la Pléiade », 1961, p. 1160.

26 « *So ging ich denn fort und fort und ich sog den Eindruck der ungeheuern Stadt in mich ein* ». (*TRFE*, p. 22)

27 Nous traduisons. « *Mittwoch mit Brant die Stadt durchstrichen.* » (*TRFE*, p. 27) « *Nach Tisch ein wenig die Stadt durchstrichen.* » (*TFRE*, p. 112) « *Bin heute mit ihm in der Stadt herumgeschlendert.* » (*TRFE*, p. 30) « *Die Stadt durchwandert, die sich bei Nachtbeleuchtung feenhaft ausnimmt* » (*TRFE*, p. 30).

28 Jacques Lajarrige, « Grillparzer, voyageur malgré lui », *op. cit.*, p. 98.

écrit-il à propos du passage de la rue Vivienne : « Nous parcourons la ville qui, avec son éclairage, prend un aspect féerique. Surtout les passages avec leur toit de verre, par exemple rue Vivienne. On dirait une seule et énorme lampe, ou un palais de cristal que hantent les esprits du feu[29]. » (*JVF*, p. 45) L'allusion aux émotions ressenties aboutit ici à une forme de théâtralisation du réel. La marche à pied permet à Grillparzer d'apprivoiser la ville, dans une participation du corps tout entier qui établit une forme de compénétration de la ville et de l'imagination, de la topographie parisienne et de la topographie psychique.

Ce phénomène est particulièrement sensible à l'occasion de sa promenade au cimetière du Père-Lachaise du 19 avril. Grillparzer s'arrête devant le tombeau du couple mythique formé par Héloïse et Abélard.

> La sépulture d'Héloïse et d'Abélard, avec leurs corps couchés sous un baldaquin gothique. Héloïse a de beaux traits. Héloïse ! [...]
>
> Je ne sais pourquoi je me figure qu'*une* personne doit se trouver en ce moment à Paris. Dans toutes les rues je regarde et parfois je m'effraie. Et pourtant c'est une folie... un manque de cœur et trois cents lieues nous séparent[30]. (*JVF*, p. 55)

Le monument suggère une réflexion, donne naissance à la rêverie. L'aposiopèse est significative : s'il s'arrête sur le prénom Héloïse, c'est parce que ce nom le renvoie à la jeune femme qu'il a laissée derrière lui à Vienne, Héloïse Hoechner. Suivent quelques vers composés sur le vif, semble-t-il, par Grillparzer. Dans ce poème, *Entsagung*, qui clôt le récit de cet épisode, l'auteur exprime le besoin de se recentrer sur lui-même. Tout se passe ainsi comme si le trop plein émotionnel laissait place à l'énoncé lyrique.

La distinction proposée par Serge Tisseron entre l'intime et l'intimité semble ici particulièrement pertinente : ce qui est « trop intime » est le plus souvent tu, ou n'est évoqué que par allusions, car trop obscur

29 « *Die Stadt durchwandert, die sich bei Nachtbeleuchtung feenhaft ausnimmt. Vor allem die mit Glas bedeckten Passagen,* Rue Vivienne, *die einer einzigen ungeheuren Lampe gleicht oder einem Krystallpalaste, von Feuergeistern bewohnt.* » (*TRFE*, p. 30)

30 « *Grabmal Abailards und Heloisens mit den ganzen Figuren beider, liegend unter einem gotischen Baldachingewölbe. Heloise, schöne Züge. Heloise! – [...]. Ich weiß nicht, warum ich mir einbilde, eine Person müsse sich eben jetzt in Paris befinden. Ich sehe mich auf allen Straßen um, und erschrecke manchmal. Und doch ist es ein Unsinn – Herzlosigkeit und ein Raum von 800 Meilen liegt dazwischen.* » (*TRFE*, p. 35)

ou trop douloureux, et donc non communicable[31]. En revanche, la relation de voyage fait une place à l'intimité du voyageur : intimité physiologique, mais aussi émotionnelle. L'anecdote de la visite au Père Lachaise révèle en même temps que le sujet est pour ainsi dire rattrapé par ses chagrins les plus secrets et que le but du voyage, qui était de fuir l'intime, montre ses limites.

UN VOYAGE AU FOND DE SOI

Une épigramme de Grillparzer, datant du 14 mai 1836, donne une idée de ce dont il a pris conscience en quittant Vienne :

> On doit soi-disant partir en voyage
> pour apprendre à connaître les hommes ?
> C'est chez soi que l'on apprend le mieux à connaître les autres,
> mais c'est à l'étranger qu'on se connaît soi-même[32].

Le ton est désabusé, ce qui peut s'expliquer de plusieurs manières. D'une part, Grillparzer n'est pas quelqu'un qui voyage pour le plaisir de voyager, ce qu'a montré Jacques Lajarrige dans l'article qu'il consacre aux journaux de l'écrivain autrichien, dont le titre est significatif : « Grillparzer, le voyageur malgré lui ». D'autre part, cet épigramme renvoie aussi à la situation qui est celle de l'auteur à Paris : Grillparzer a quitté Vienne en partie pour se distraire de lui-même. Or, l'expérience du voyage le renvoie brutalement à ce qu'il est.

Il fait tout d'abord l'expérience douloureuse de la difficulté qu'il éprouve à se lier aux autres. C'est un des traits de caractère dominants

31 « Je propose d'appeler "extimité" le mouvement qui pousse chacun à mettre en avant une partie de sa vie intime, autant physique que psychique. [...] elle oblige à distinguer dans l'intimité deux aspects qui étaient traditionnellement confondus : l'intime, qui est ce qui est non partageable parce que trop peu clair à soi-même (c'est ce qu'on appelle aussi "l'intériorité") ; et l'intimité, qui a suffisamment pris forme pour chacun d'entre nous pour qu'il soit possible de le proposer à autrui dans une démarche d'extimité », *in* Serge Tisseron, *L'Intimité surexposée*, Paris, Hachette, « Littératures », 2002, p. 52.

32 Nous traduisons. « *Man soll auf Reisen gehen, / um die Menschen kennen zu lernen ? / Die andern lernt man zu Hause besser kennen, / aber in der Fremde sich selbst.* » (*SW*, I, p. 417)

de l'auteur, qui se décrit lui-même comme solitaire. Dans son *Journal de voyage*, il fait une auto-analyse sans concession de son tempérament :

> Je ne suis pas fait pour la société. Je ne peux causer avec quelqu'un pour qui je n'éprouve pas un sentiment cordial. J'aime mieux rester muet en face d'un honnête homme que de converser, si spirituellement que ce soit, avec un homme douteux[33]. (*JVF*, p. 42)

Certes, il rencontre de nombreuses figures du milieu littéraire et artistique de l'époque (Dumas, Heine – alors à Paris, Meyerbeer, Rossini), mais à plusieurs reprises, il dit décliner les invitations qui lui sont faites ou raconte les soirées passées dans des cercles où il ne parvient pas à dire un mot. La flânerie, de ce point de vue, constitue aussi un refuge, ce que déplore l'écrivain :

> Je me suis réveillé de bien méchante humeur. À la longue ces vaines flâneries ont quelque chose de lamentable. Je devrais me mêler un peu à la société mais je ne peux m'y résoudre. Sans doute il m'est commode de fréquenter tout le temps des personnes parlant l'allemand, mais cela m'empêche de pénétrer l'esprit de la langue française, car je me dérobe à la conversation dans cette langue. Ajoutez à cela mon aversion contre toute société et ma répugnance à parler. Je rentrerai à Vienne, tel que j'en suis parti, quand le but de mon voyage devrait être le contraire[34]. (*JVF*, p. 45-46)

Grillparzer apparaît ainsi prisonnier de sa nature profonde, incapable de s'ouvrir à l'autre et ce faisant, de se réconcilier avec lui-même. C'est ce constat qui le conduit à dresser un bilan provisoire de son voyage particulièrement sombre, le 30 avril 1836 :

> Il y a un mois que j'ai entrepris ce singulier voyage. Singulier, vraiment ; car, quel était le but de ce voyage ? Voir ? Je cherche de la distraction. J'en ai eu suffisamment. Mais si le but était de me recueillir, de me ressaisir, de

33 « *Ich bin für die Gesellschaft verdorben. Ich kann mit niemand sprechen, an dem ich keinen Herzensanteil nehme. Es unterhält mich mehr, einem Redlichen stumm gegenüber zu sitzen, als mit einem Zweifelhaften noch so geistreich zu konversieren.* » (*TRFE*, p. 30)

34 « *Gewaltig verstimmt aufgewacht. Dieses leere Herumschlendern ist am Ende doch gar zu armselig. Sollte mich ein wenig mit der Gesellschaft bekannt machen, kann mich dazu aber nicht entschließen. So angenehm es mir einerseits ist, hier immer mit Deutschsprechenden umzugehen, so hindert es mich anderseits, mich ins Französische hineinzudenken, und ich weiche der Unterhaltung in dieser Sprache aus. Ueberdies mein Widerwille gegen jede Gesellschaft und Unlust, zu sprechen. Ich werde nach Wien zurückkommen, wie ich es verlassen, der Zweck der Reise läge im Gegenteil.* » (*Id.*, p. 31)

> me rendre courage, j'en suis aussi éloigné qu'en partant de chez moi. Enfin, l'effet se fera peut-être sentir après coup, comme après une saison de ville d'eaux[35]. (*JVF*, p. 98)

L'objectif initial – la distraction – et la pratique même du voyage se trouvent alors remis en question. Certes, le voyage à Londres s'avère ensuite plus satisfaisant que le séjour à Paris, dans la mesure où Grillparzer se lie d'amitié avec Figdor, un viennois installé à Londres, mais l'effet bénéfique de ce passage en Angleterre semble brutalement annulé lorsqu'il rentre à Vienne. Le *Journal de voyage* s'achève en effet sur ces mots :

> Arrivé à Munich, j'ai trouvé des lettres m'annonçant que mon frère Karl a quitté sa femme et ses enfants et abandonné ses fonctions ; la caisse a été retrouvée vide. Lorsque je suis arrivé à Vienne, il s'accusait de meurtre et présentait tous les signes de la folie. Ainsi s'achève mon journal[36].

La conclusion est abrupte et l'absence de notations émotionnelles frappante. Or la situation de Karl est le miroir des angoisses les plus profondes de Grillparzer, qui craint d'avoir hérité de la fragilité psychique de sa mère. Cette dernière était en effet d'une sensibilité maladive, sujette à des hallucinations, et s'est tuée dans un accès de délire mystique. Le jeune frère de Grillparzer s'est également suicidé à l'âge de dix-sept ans. L'écrivain lui-même a été plusieurs fois tenté par le suicide et, toute sa vie, il est resté hanté par la terreur des influences héréditaires. Ce sont donc ici les silences, les lacunes du texte qui sont révélatrices.

Le *Journal de voyage* de Grillparzer est ainsi marqué par l'existence de modalités singulières d'évocation de l'intimité : l'accent est mis sur l'intimité physique, voire physiologique, et sur une forme d'intimité paradoxale liée à la flânerie. L'évocation des spectacles offerts par les

---

35 « *Heute gerade ein Monat, daß ich diese wunderliche Reise antrat. Ich nenne sie wunderlich, denn was war ihr Zweck ? Zu sehen ? Ich suche Zerstreuung ? Zerstreut wäre ich wohl genug. Wenn ihr Zweck aber Sammlung, Fassung, Ermutigung gewesen wäre, so bin ich davon so weit entfernt, als da ich von Hause abging. Indes, vielleicht kommt die Wirkung, wie bei den Bädern, hintennach.* » (*Id.*, p. 53)

36 Nous traduisons. « *In München angekommen, fand ich Briefe mit der Nachricht, daß mein Bruder Karl Weib, Kinder und Amt verlassen, und die Amtskasse sich leer befunden habe. In Wien angekommen, klagte er sich eines Mordes an und gab alle Zeichen des Wahnsinnes. Es schließt sich somit mein Tagebuch.* » (*Id.*, p. 116)

théâtres ou les séances parlementaires apparaît en outre comme une projection oblique de l'intimité de l'écrivain, dans la mesure où les conditions d'exercice du métier de dramaturge – dans le contexte politique autrichien – sont au cœur des préoccupations de Grillparzer.

La spécificité de Grillparzer est qu'il ne met pas en avant sa subjectivité dans ce *Journal*. Au contraire, l'intime se dérobe, comme si l'auteur, en rendant compte de ses nombreuses soirées passées au théâtre, à l'opéra ou dans la société parisienne, cherchait avant tout à fuir les « pensées secrètes » qui le hantent et qu'il n'évoque que par allusions. Cette stratégie ne fonctionne cependant que partiellement : l'écrivain se trouve plus que jamais confronté à lui-même et à sa difficulté à se lier aux autres. L'écriture du *Journal de voyage* est peut-être, finalement, le plus grand apport de ce séjour à l'étranger. Grillparzer dit en effet « avoir eu du plaisir à tenir un journal assez détaillé, contrairement à [son] habitude[37] ». Le genre autorise une écriture protéiforme, accueillant des fragments de critique dramatique, de critique musicale, de la poésie et des « choses vues ». Il apparaît ainsi comme un espace de liberté conquis par l'écrivain.

Gaëlle Loisel
Université Clermont Auvergne,
CELIS

37 Nous traduisons. « *Auch habe ich, gegen meine Gewohnheit, mich damit amüsiert ein ziemlich ausführliches Tagebuch zu halten [...]* » (Lettre à Theodor Georg von Karajan, 13 mai 1836, *SW*, IV, p. 813).

PARADOXES DE L'INTIME ET SINGULARITÉ DE L'INTIMITÉ

dans *Mes Vacances en Espagne* d'Edgar Quinet

Quinet est professeur au Collège de France au moment du voyage en Espagne. Ses cours sur les Jésuites viennent de soulever une telle polémique que l'historien doit suspendre son enseignement. Profitant de ce congé forcé, le disciple et traducteur de Herder, passe la frontière le 8 novembre 1843 en quête du génie espagnol. Il demeure dans la Péninsule ibérique jusqu'au 22 février 1844. Confronté à une autre culture dont il tente de cerner les spécificités nationales, Quinet énonce ses propres convictions en matière de politique et fustige un gouvernement qu'il juge hostile à l'émancipation des peuples. Dans le même temps, il accorde de l'importance à la peinture de ses propres émotions, de ses enthousiasmes, même s'il s'efforce d'occulter ses sentiments les plus intimes. Or si son aventure péninsulaire nous est connue grâce à *Mes Vacances en Espagne*[1], publié en 1846, sa correspondance et ses carnets de notes confèrent un autre éclairage au périple et à la déclinaison de l'intimité dans le texte viatique. L'avant-texte permet de comprendre que le parcours spatial ouvert sur la représentation d'une culture autre est aussi tributaire de la représentation de soi, de l'image que le voyageur souhaite donner de lui-même. Inscrivant le récit dans une topographie conventionnelle qui a maille à partir avec la figure du refuge, l'écrivain pose également le problème de l'ouverture à l'autre. Coïncidence, métamorphose ? Jusqu'où peut-on accueillir l'autre en soi ? En marge de la ferveur témoignée aux insulaires, en marge des quelques rares réticences exprimées, subsistent aussi dans le récit de Quinet des zones d'opacité informées par une parole cryptée. L'intime se *dit-simule* dans ces pages donnant de la sorte une épaisseur particulière au texte viatique ainsi qu'au personnage du voyageur.

1 Edgar Quinet, *Mes Vacances en Espagne*, Paris, Comptoir des Imprimeurs-Unis, 1846. Les références à cet ouvrage figureront désormais dans le corps du texte, précédées de l'abréviation *MVE.*

FIGURES DU REFUGE

Dans la première partie du voyage, avant Madrid, le voyageur conjugue intimité et tendance au repli. Une topographie fondée sur la symbolique du refuge met en scène des espaces délimités, des lieux qui s'apparentent à une cellule protectrice dans laquelle le voyageur possède des repères rassurants. Un tel type de refuge s'impose d'abord comme un lieu de sociabilité. Les espaces refuges permettent alors de découvrir, d'apprivoiser l'autre, de le côtoyer dans une relation d'intimité rassurante sur le mode d'une sociabilité joyeuse et complice. Les cafés, les auberges et les voitures autorisent ainsi une intimité que l'écrivain valorise, que jamais, il ne décline de manière négative, en termes de promiscuité, par exemple.

Toutefois, si la correspondance et le récit de voyage mettent en évidence l'importance que l'auteur accorde à ce type d'espaces, la confrontation de ces textes suggère également que l'écrivain a voulu présenter sa relation d'intimité avec les Espagnols comme le fruit d'un processus. De fait, le voyageur se représente dans un premier temps comme le spectateur d'une telle intimité, il se tient un peu à distance, il fait partie de la cellule d'intimité mais il demeure sur les marges de cette dernière. À Irun, sur la route de Madrid, le texte viatique insiste systématiquement sur la solitude du voyageur, solitude que soulignent *a contrario* la joie et la cohésion de ses compagnons de route. Ainsi dans la diligence qui le conduit à Madrid, il côtoie des jeunes gens dont il signale l'euphorie manifeste, mais se tient, pour sa part, en retrait. Avides de révolution, ses compagnons « mordent au même pain, boivent au même verre, se chauffent au même manteau, et jettent ensemble le défi aux bandits. Leur franche gaieté éclate, comme le chant de l'alouette, au dessus des coupe-gorges » (*MVE*, p. 21). Or, à l'inverse du récit de voyage, la correspondance indiquait une cellule d'intimité dépourvue de marges, une cohésion déjà établie entre le voyageur et ses compagnons de route : « *On* était fort gai dans l'intérieur de la voiture et *nous* traversâmes en riant aux éclats les illustres coupe-gorges[2]. »

2 Edgar Quinet, *Lettres à sa mère*, tome IV, Textes réunis, classés et annotés par Simone Bernard-Griffiths et Gérard Peylet, Paris, Champion, 2008, p. 186. Nous soulignons.

Cette modification rend compte d'une stratégie narrative particulière. Un processus d'intimisation au sens de mise en scène d'une appropriation de l'intimité sous-tend le texte viatique. De fait, le récit souligne qu'à Madrid la relation d'intimité avec autrui a clairement évolué. Quinet fait allusion au lien qui s'est tissé avec ses compagnons de voyage, un lien qui lui permet désormais de s'ancrer dans un espace amical, défini et donc rassurant. Le café, noyau d'intimité urbaine, dans lequel il se rend lui permet de décrire une sociabilité à la fois rituelle et ascétique uniquement fondée sur des valeurs d'échange. Le pronom personnel « nous » signale la constitution d'une cellule collective qui, intégrant le voyageur, rend compte des progrès effectués en termes d'intimité avec autrui : « Nous étions assis, le soir, selon l'habitude, de longues heures, chacun en face d'un verre d'eau. » (*MVE*, p. 163)

Cependant, l'espace clos, propice à la constitution d'une intimité joyeuse est aussi un cocon qui pourrait se révéler fragile, dans la mesure où il n'est perçu en tant que tel que parce qu'il est exposé aux dangers. Ainsi que Gaston Bachelard l'a mis en évidence, tout refuge repose sur une dialectique d'écartèlement qui fonde sa légitimité. Or les voitures traversant l'Espagne sont, en matière de risques, des lieux surdéterminés. Dans ce cas, l'espace refuge se trouve investi par la culture du voyageur. La traversée en voiture ne peut donc manquer d'être interrompue par le surgissement d'un bandit espagnol. Une telle perspective confère à la voiture un caractère romanesque qui donne davantage de sel au récit et un supplément d'âme au voyageur. Quinet joue alors avec les codes génériques et décline le motif de l'intrusion du bandit au sein de l'espace d'intimité en plusieurs temps. Tout d'abord, l'écrivain évoque l'irruption de personnages inquiétants et se représente en offrant une image de lui-même qui tend à le discréditer. L'étude de l'avant-texte montre à partir de quels éléments l'anecdote s'est édifiée et permet de comprendre l'importance que l'écrivain a voulu attacher à une telle scène. Dans ses carnets, en effet, le voyageur mentionne la présence d'une escorte depuis Salinas, il observe les ravins et associe la disposition topographique à un « excellent coupe-gorge[3] ». Rien de plus. Dans une lettre écrite à sa femme, il précise : « les jours précédents, la voiture avait été attaquée ; pour moi, j'ai passé fort heureusement sans voir l'ombre d'un brigand[4] ».

3 Edgar Quinet, Manuscrit autographe, Bibliothèque Nationale de France, NAF 20703, f. 3v°.

4 Edgar Quinet, Manuscrit autographe, Bibliothèque Nationale de France, NAF 20800, Lettre du 19 nov. 1843.

Le substrat référentiel est, on le constate, fort ténu. Or l'écrivain développe ces éléments et bâtit une scène de genre. Ainsi, aux environs de Salinas, le voyageur entend un coup de feu et explique dans un passage fortement modalisé :

> [J]'aperçois, dans l'obscurité, deux hommes avec un long fusil sur l'épaule [...]. Sans doute, pensai-je, ils me conduisent dans le hallier pour me dévaliser, conformément à toutes les descriptions que j'ai lues. C'est le moment de montrer ce sang-froid dont aucun voyageur, que je sache, ne s'est départi, en pareil cas, dans ses récits. Cette résolution prise, et la résistance semblant impossible, je me renfonce fièrement dans l'obscurité de la voiture, et j'attends. À un coup de sifflet, les chevaux s'arrêtent ; il se fait un silence tragique, les hommes armés s'approchent, le chapeau bas. Je reconnais cette politesse perfide que les écrivains ont toujours remarquée chez cette sorte de gens. Ils me tendent, pour recevoir ma bourse, une main noire de poudre : *Caballero*, me disent-ils d'une voix effroyable, que votre merci donne quelque chose pour l'escorte ; l'endroit est dangereux, hier, la voiture a été arrêtée ici, par la *mala gente*. (*MVE*, p. 13-14)

Si on mesure tout le travail de recomposition qui a permis de théâtraliser une anecdote fondée sur une trame minimale, on apprécie également toute l'ironie, voire l'autodérision qui caractérise la mise en scène de soi dans cette confrontation avec une altérité redoutée. En conférant un caractère romanesque à la scène, l'écrivain s'inscrit ici dans un réseau intertextuel saturé et rivalise avec ses prédécesseurs. Quoi qu'il en soit, à ce stade du texte viatique, le voyageur se présente comme étant encore tributaire de valeurs attachées à une intimité salvatrice, tributaire d'une culture qui redouble la cellule protectrice. Cependant, on peut se demander pourquoi il offre une telle image de lui-même. L'autodérision favorise la connivence avec le lecteur, certes. Mais si l'on prend en compte la globalité du texte viatique, on s'aperçoit que le voyageur finit par rompre avec l'intimité protectrice de la voiture, par braver le danger. L'image pitoyable de soi qui apparaît en début de voyage est par conséquent destinée à évoluer. En ce sens, la stratégie narrative vise clairement à associer texte viatique et évolution de la personnalité. En l'occurrence, elle met en scène la lente métamorphose du voyageur en héros (susceptible de briser le cocon protecteur de l'intimité inaugurale). Dans une telle perspective, il est donc important de donner une épaisseur à une anecdote minimale afin de mieux l'opposer à la mise en scène héroïque de soi-même qui suivra.

Espaces refuges, les auberges espagnoles font plus encore que les voitures partie des lieux balisés par le récit de voyage en Espagne. Loin d'incarner des refuges fiables, elles se définissent par un dysfonctionnement de l'intimité : s'énonçant sur le mode de la promiscuité et du manque, elles s'inscrivent dans la cartographie du récit de voyage en Espagne comme des étapes vectrices d'anecdotes amusantes s'exerçant souvent au détriment du voyageur. Une telle image fait que Quinet est surpris par la bonne tenue des auberges dans lesquelles il s'arrête ; il salue leur dimension conviviale dans sa correspondance et offre à ses proches des descriptions circonstanciées de ces lieux d'intimité. Il s'appesantit alors sur ce qui individualise, délimite l'espace hospitalier. Sur le mode de la claustrophilie, il insiste sur ce qui permet de calfeutrer l'espace personnel et ajoute à cela des remarques d'ordre physiologique, des remarques liées au coût de l'hébergement qui signalent l'immersion dans la sphère de l'intimité qu'une correspondance familiale justifie, autant d'aspects que l'on ne retrouve jamais dans le texte viatique. Ainsi à Madrid, il évoque, dans une lettre adressée à sa mère, son hôtel, la *Fonda de Europa* et insiste sur le confort ouaté du lieu d'intimité. L'auberge est espace matriciel qui associe clôture et nourriture : « ma chambre est fort bien, avec un tapis en natte de paille, deux alcôves avec portes vitrées ; à vingt cinq sous par jour. On a dans l'hôtel un restaurant, et à chaque étage un domestique, *muchacho*, attaché particulièrement à votre service[5]. » Or rien n'est dit de cet hôtel dans *Mes Vacances en Espagne*. Cette occultation de l'intimité se traduit parfois différemment : dans la même lettre, Quinet mentionne une autre auberge qui, elle, sera évoquée dans le récit de voyage. L'écrivain insiste dans la lettre sur le caractère défensif du refuge. La nourriture, la chaleur, la quiétude du lit clos déclinent les modalités d'une insularité tranquille. Il explique ainsi à sa mère :

> Le soir, on s'arrête au pied des hautes montagnes, des sierras, dans une *hôtellerie*, ou Posada à la Don quichotte. J'avais pour compagnons, deux dames de Madrid et trois jeunes gens étudiants ou *avocats*, nous trouvant très bien à souper dans cette posada crénelée comme une forteresse. Seulement pour se chauffer on apporte sous la table une chaudière pleine de charbon. Je croyais que cela me ferait au moins mal à la tête. Point du tout. La chambre à coucher était une espèce de dortoir où chacun a son alcôve avec des rideaux[6].

5 Edgar Quinet, *Lettres à sa mère*, *op. cit.*, p. 187.
6 *Ibid.*

Les valeurs du refuge se joignent à la dimension conviviale et matricielle d'un espace qui respecte l'intimité de chacun. Dans *Mes Vacances en Espagne*, Quinet reconfigure le lieu en accentuant la tonalité littéraire de l'espace d'intimité. Il développe l'allusion à Don Quichotte et confère une dimension romanesque à ce qui faisait allusion à son intimité :

> À minuit, je me réchauffe à l'immense foyer de ma *posada*. Les mules, empanachées de plumes de coq, entr'ouvrent les portes de la salle d'honneur, et regardent, effarées, le festin. Outre que je n'y meurs nullement de faim et que j'ai trouvé même un matelas à travers la chambrée, je ne sais comment on ose médire de ces *ventas* espagnoles, toutes remplies de l'âme de Don Quichotte. Honni soit qui peut se plaindre d'un plat de *garbanzos* noyé dans l'huile d'Andalousie, quand il entend retentir mystérieusement autour de lui les éperons du chevalier de la Manche [...] J'ai reconnu son grand lit entouré de rideaux de serge ; et même, dans l'obscurité, je l'ai vu endormi, près de moi, d'un sommeil séculaire. (*MVE*, p. 18-19)

L'expression de l'intimité est donc une fois encore régie par une forme d'occultation pudique ou ludique, régie par une mise à distance. Ce qui est susceptible de toucher une mère n'intéresse pas forcément un lecteur. En fait, dans la première partie du texte viatique, la culture du voyageur supplante l'expérience personnelle, transmue lorsque cela est possible le lieu d'intimité en espace romanesque, privilégiant une relation de connivence avec le lecteur fondée sur des références culturelles. La mise en scène de l'intimité et celle de l'intime ne s'énoncent cependant pas toujours sur le mode du repli, de l'occultation, de la mise à distance... L'agencement textuel de *Mes Vacances en Espagne* témoigne au contraire d'une volonté d'ouverture à l'autre qui fait aussi du voyage un instrument de connaissance de soi. Paradoxalement, l'accès à l'intimité d'autrui confère une épaisseur au voyageur et permet de conjuguer parcours spatial et cheminement identitaire.

MÉTAMORPHOSES

En effet, lorsque la fin du récit de voyage met en scène des espaces hospitaliers, l'intimité ne s'énonce plus en termes de repli. Correspondance et littérature viatique convergent enfin. À Séville, par exemple, Quinet loge dans une maison particulière dont le propriétaire loue des chambres à des voyageurs. Il évoque dans une lettre à sa mère et dans le texte viatique un espace perméable qui l'inclut dans une communauté affranchie de toute forme de cloisonnement. Il insiste sur les liens qui se tissent au sein de cette maison, sur le caractère dynamique d'un espace qu'il associe à la mobilité des êtres et des idées : « Tout ce monde vivait pêle-mêle, dans une familiarité fort éloignée des idées que l'on se fait de la roideur espagnole. » (*MVE*, p. 342) Il évoque la jeune fille qui, « [a]u moindre bruit [...] s'élan[ce] à travers [s]a chambre et cour[t] se planter sur [s]on balcon » (*MVE*, p. 342). Il mentionne les chants de cette dernière auxquels répond en écho la musique d'une flûte, tandis qu'un étudiant dialogue avec lui sur la galerie. Force est de constater qu'à ce stade du voyage, il n'est plus d'alcôve, ni de rideaux. L'intérieur et l'extérieur fusionnent, au sein de la maison andalouse. Les barrières tombent entre les individus, comme entre la correspondance et le récit de voyage. L'intimité du voyageur est plus clairement mise en scène et, dans le même temps, la cellule d'intimité que constituait le lieu hospitalier tend à se fissurer dans une relation de plus en plus euphorique à l'autre.

La route des sierras empruntée par Quinet en Andalousie constitue la dernière hypostase d'une topographie fondée sur la dialectique du clos et de l'ouvert. C'est un espace ouvert, hostile, masculin, placé sous le signe du manque. Ce n'est donc pas sa configuration qui l'apparente à une cellule d'intimité. Ce qui nous intéresse ici est le rôle que cet espace joue dans le cheminement identitaire du voyageur. La sierra est, de fait, un lieu qui parachève son initiation. Si elle lui permet d'affronter une altérité fantasmée, liée à sa culture, à ses lectures, elle lui apprend qu'il est également apte à briser toute forme de clôture, apte à se fondre dans une identité qui, pour étrangère qu'elle puisse paraître au prime abord, le révèle en fait à lui-même. Ainsi Quinet rend compte avec enthousiasme dans la correspondance et dans le texte viatique de sa traversée des sierras andalouses. Ayant choisi de traverser trente lieues d'un espace « entièrement abandonn[é] aux troupes de brigands[7] », l'écrivain a placé ses pistolets en évidence et endossé un autre rôle, le rôle du dangereux bandit, protecteur à l'occasion des faibles et des opprimés. Même si le nombre de ses protégés augmente dans le récit de voyage, les textes globalement convergent : Quinet exulte d'avoir ainsi ouvertement bravé la mort. Il s'étonne d'avoir été capable d'accomplir un tel exploit. Il donne à sa mère des détails qui renvoient à la difficulté matérielle de l'expédition, au peu de nourriture qui est à sa disposition, à l'inconfort dans lequel il se trouve : « point de lit et point de vitres à la fenêtre, buvant à la source avec nos chevaux. Non seulement ce régime ne m'a pas fatigué, mais il m'a parfaitement convenu[8] ». L'écrivain reprend mot pour mot la phrase finale dans le chapitre qu'il consacre à sa traversée héroïque. Une coïncidence entre le texte privé et sa transcription littéraire s'opère une fois de plus. Espace d'intimité paradoxalement placé sous le signe de l'ouverture au monde, la sierra conduit à une renaissance, à une naissance de soi à soi sur laquelle l'écrivain revient à diverses reprises dans sa correspondance :

> La vérité est que je suis plus fier que d'aucune chose de cette expédition. [...] Je ne donnerais pas ces jours-là pour tous les autres. Ils sont pour moi, les plus précieux, les plus riches, ceux qui me laisseront le plus long, le plus religieux souvenir[9].

Jouer à être un autre, un bandit, un protecteur, un aventurier permet donc d'avoir accès à sa propre intériorité, permet d'avoir la révélation de son propre courage. Le voyage autorise la métamorphose de celui qui se recroquevillait au fond de la voiture en début de parcours. En tant qu'écriture de l'intime, le texte viatique s'articule donc bien de façon à mettre en évidence le cheminement personnel du voyageur, sa progression intime. Comme le disait Quinet dans son cours de littérature étrangère à Lyon : « Un peuple comme un individu n'achève de se connaître qu'en connaissant le monde[10]. »

---

7 Edgar Quinet, *Lettres à sa mère*, *op. cit.*, p. 200.
8 *Id.*, p. 202.
9 *Id.*, p. 203.
10 Edgar Quinet, « Cours de Littérature étrangère à Lyon », *Revue des deux mondes*, tome 18, 15 avril 1839, p. 282-291, p. 287.

Pour le disciple de Herder, cette connaissance se parachève dans la découverte de ce qui fait la spécificité d'un peuple : la langue, la littérature, les traditions. Connaître le monde, en cette période d'éveil des nationalités c'est bien sûr tout d'abord être attentif à la langue de l'autre. Or en Espagne, Quinet perçoit toute l'énergie du castillan. Cette révélation lui donne accès à l'âme espagnole. Mais accéder à l'intimité de l'autre par le biais de la langue équivaut, dans le même temps, à accepter d'accueillir l'autre en soi, accepter de s'inscrire dans une autre réalité, une autre intimité sociale, amicale et culturelle. De fait, Quinet accueille la parole de l'autre dans son texte viatique. Il traduit ainsi de larges extraits des débats aux Cortès, traduit et résume des œuvres de Larra ou d'Espronceda comme « Le Mendiant », « Le Bourreau », « L'Hymne au soleil ». Il faut souligner toutefois qu'une telle expérience peut mener à une forme de désindividualisation car « [ê]tre intime avec quelqu'un, c'est accepter de recevoir l'autre en soi, se sentir envahi ou des-individualisé[11] ». C'est ce qui semble se produire, lorsqu'évoquant les propos du ministre Joaquim Lopez, Quinet explique :

> [...] voilà qu'un homme que je ne connais pas, sur des sujets étrangers qui ne me regardent pas, dans une langue étrangère, me tient asservi pendant des jours entiers ; il me trouble, il me désespère, il me relève, il me donne un cœur espagnol et m'arrache des larmes d'Espagnol. (*MVE*, p. 102-103)

Cependant l'expérience ne débouche pas à proprement parler sur une perte d'identité, elle révèle une fois encore le voyageur à lui-même. La désindividualisation lui permet d'accéder à l'intime, de renouer avec les valeurs qui fondent son identité morale : « Sincérité ! patrie de toutes les âmes humaines, avais-je vécu exilé hors de toi, pour que tu m'aies paru, ce jour-là, si nouvelle et si belle ? » (*MVE*, p. 103) déclare-t-il à propos du discours entendu aux Cortès.

Mais jusqu'où peut-on accueillir l'autre en soi ? Ce n'est pas sans appréhension que le voyageur se rend à une corrida. Avide de découvrir certains aspects de sa personnalité, il redoute néanmoins que cette expérience ne le renvoie à une intériorité difficile à accepter :

> Si je suis en ce moment la foule, est-ce véritablement pour l'étudier ? O mensonge pédantesque !... L'étranger qui se vante intérieurement de la mansuétude

11 Lila Ibrahim Lamrous et Séveryne Muller, « Préface », p. 7-14, *in* Lila Ibrahim lamrous, Séveryne Muller (dir.), *L'Intimité*, Presses Universitaires Blaise Pascal, 2005, p. 10.

> de ses inclinations natives ne manque pas d'être toujours le premier à ces rendez-vous de meurtre. À cette nouvelle qu'à telle heure le sang du Minotaure va couler, l'homme païen se retrouve tout entier, en sursaut ; il recule en un moment de trois mille ans en arrière ; il éprouve au fond du cœur une joie sauvage de rentrer, pour une heure dans son antre de Centaure. (*MVE*, p. 43)

Pour Quinet, la corrida permet une régression qui renoue avec ce qu'il y a de plus archaïque en l'homme. Immergée dans une temporalité « anté-historiqu[e] » (*MVE*, p. 49), la foule accomplit un rite sacré qui scelle sa cohésion, endurcit les âmes, en lui permettant de se réconcilier un moment avec sa part animale. L'écrivain décrit cette osmose qui lamine les individualités : « un mugissement part de tout l'auditoire. L'âme du taureau a passé dans l'assemblée » (p. 49). La position du voyageur est intéressante : l'arène lui a donné accès à une altérité dans laquelle il a accepté de se reconnaître, mais celle-ci l'a déstabilisé : « la nuit est arrivée. Je reste seul cloué à mon banc ; tous mes membres sont brisés par la fièvre » (p. 55). La mention d'une réaction physiologique, fait singulier dans le texte viatique, témoigne de la violence de l'expérience identitaire, d'une expérience que le voyageur salue et à laquelle il refuse néanmoins d'adhérer. La correspondance suggère d'ailleurs que l'expérience n'a pas été fusionnelle, Quinet est resté en retrait, observant spectacle et spectateurs : « Pour qui n'a jamais vu ce spectacle, il est réellement trop fort ; il faut des nerfs d'acier. Il y avait là dix mille spectateurs ; j'ai bien observé les femmes ; elles n'ont pas donné une marque de sympathie aux morts, ni aux mourants[12]. »

Toutefois, dans bien des domaines, le parcours en terre étrangère autorise les métamorphoses. Expérience intime, le voyage est, dans *Mes Vacances en Espagne*, cheminement identitaire. La chrysalide se défait progressivement donnant naissance à un être nouveau qui étonne le voyageur lui-même. Prêt à braver le danger, prêt à accepter l'autre en soi lorsque celui-ci le révèle à lui-même ou lui permet de renouer avec ses convictions les plus profondes, le voyageur est cependant bien plus qu'un personnage dont le récit mettrait en évidence l'évolution et les postures diverses, il est celui qui place au centre du texte viatique des silences, une opacité témoignant de son irréductible singularité. Le récit de voyage adopte alors une tessiture particulière qui, laissant parfois affleurer l'intime, le dissimule néanmoins par le biais d'une parole cryptée.

12 Edgar Quinet, *Lettres à sa mère*, *op. cit.*, p. 194.

OPACITÉ

De manière paradoxale, c'est précisément au moment où Quinet assujettit la représentation à des présupposés d'ordre idéologique, que non-dits et silences se nichent au creux du texte. Ainsi, en Espagne, le professeur au Collège de France s'intéresse tout particulièrement aux églises et cathédrales. Ces dernières constituent des écrins dans lesquels le voyageur pénètre de manière transgressive. À Burgos, haut lieu du catholicisme, Quinet précise dans une lettre adressée à sa mère : « j'entrais dans la fameuse cathédrale ; il y avait un service solennel. Je pénétrai jusque dans le chœur. J'écoutai la messe au milieu de ces moines qui ne se doutaient guère de l'espèce de pèlerin qu'ils avaient près d'eux[13]. » On comprend d'autant plus sa réticence à afficher sa présence que *L'Univers* venait d'écrire à propos de ses cours : « À part les échafauds de 93, il est manifeste que rien d'aussi énorme n'a été tenté contre le catholicisme[14]. » Ce témoignage et l'extrait de la correspondance suggèrent que l'intimité du catholicisme sera plutôt présentée de manière menaçante dans *Mes Vacances en Espagne*. De fait, Quinet confère aux sanctuaires des tonalités infernales. Bien que la cathédrale de Burgos séduise le voyageur, ces séductions demeurent inavouables. Dans la correspondance, Quinet confie à sa mère : « on chantait une messe en musique, et l'effet était très beau et très tragique[15] ». À Séville, il s'extasie, par exemple, sur le San Felix de Cantalicio, une toile de Murillo : « une chose ravissante ; un saint (à terre), tient le christ dans ses bras ; la vierge sur un nuage descend et se penche pour recevoir le christ ; grâce, sourire de la vierge[16] ». Mais rien de tel n'est dit dans le récit de voyage. L'intime se dérobe dans le texte viatique au nom de la cohérence idéologique qui détermine l'ensemble de la représentation.

Il n'en est pas de même au sein de l'Escurial et ce, alors que la représentation du palais de Philippe II est également infléchie par des présupposés d'ordre idéologique. Le voyageur accède à un lieu minéral, emblème

13 *Id.*, p. 186.

14 A. L., « Encore M. Quinet », *L'Univers*, n° 446, 25 octobre 1843, p. 3-4, p. 4.

15 Edgar Quinet, *Lettres à sa mère*, *op. cit.*, p. 186.

16 Edgar Quinet, Manuscrit autographe, Bibliothèque Nationale de France, NAF 20702, f. 24 r.

d'une théocratie mortifère dont la configuration évoque une intimité oppressive : il s'agit d'un espace obscur, nettement situé à l'écart des hommes, enserré par des murailles, dans lequel le voyageur, tout comme Théophile Gautier, subit une épreuve à caractère initiatique. Cependant, au-delà de la dimension idéologique qui informe la représentation du palais de l'Escurial, au-delà de la dimension initiatique de cet espace dans lequel la présence du voyageur possède un indéniable caractère transgressif, le lieu est également un espace dans lequel l'écrivain laisse affleurer le désespoir qui est le sien au moment du voyage. En effet, il faut savoir que Quinet ne reçoit de lettres de sa femme, Mina, qu'à Cadix, à la fin du mois de janvier 1844. Avant Cadix, le silence de Mina lui est insupportable. Quinet traverse l'Espagne en désespéré. Or contre toute attente, il trouve un écho de sa souffrance intime dans la dimension minérale de l'édifice, dans la lente paralysie de Philippe II. Il conclut alors le chapitre en adoptant un registre élégiaque :

> À quoi bon le soleil, la vie, la jeunesse, le sang dans les veines ? [...] laisser là le combat, l'inquiétude, *l'amour, l'attente* cuisante, la *vaine espérance* ! Seul, dans ce palais immuable, goûter le sommeil de l'âme [...] nul ne sait ce qu'il arriverait d'une âme qui s'abandonnerait sans résistance à cette puissance qu'exerce ici le génie de *l'inertie.* [...] Comment un *cœur isolé* échapperait-il à ce souffle de *glace*[17] ? (*MVE*, p. 137-138)

Les mots choisis ne renvoient pas explicitement à la détresse sentimentale de Quinet, le voyageur semble énoncer des généralités et pourtant cette déploration n'a aucun caractère convenu ainsi qu'en témoigne cet extrait d'une lettre à Mina :

> Hélas, chère Mina, pourquoi ne m'écris-tu pas ? [...] Je suis resté ici *attendant chaque jour de toi* une lettre. Qui n'est pas venue. [...] Dire ce que je souffre est impossible. [...] Je prie le ciel de ranimer ton *cœur* qui semble *se glacer* pour moi. Cette lettre est triste, chère âme, mais comment ne le serait-elle pas ! voilà bien des nuits que je ne dors plus et que chaque jour *mon espérance est trompée*[18].

Dans un désir d'extimité contenu, l'écrivain laisse donc émerger l'intime en cet endroit du texte, mais la confession demeure cryptée. Cet affleurement de l'intime dans le passage consacré à l'Escurial est

17 Nous soulignons en italiques, ici, comme dans les extraits suivants.

18 Edgar Quinet, Manuscrit autographe, Bibliothèque Nationale de France, NAF 20800, Lettre du 29 nov. 1843.

cependant paradoxal, d'autant plus paradoxal que l'écrivain a reçu les lettres de sa femme au moment où il compose son récit. Faut-il y voir le témoignage d'une si vive douleur qu'elle ne peut être oubliée ? De cette douleur qu'il évoquait dans une lettre à sa mère, avant Cadix, en des termes qui rappellent là encore ceux qu'il utilise dans le récit de voyage :

> il me sera impossible d'oublier son *inertie* et son insensibilité pendant ce voyage d'Espagne. [...] Elle reste à mon égard, dans une *inertie* absolue, comme si j'avais cessé d'exister. Si mon voyage avait pu être empoisonné il l'aurait été par cette *attente* stupide dans laquelle elle m'a laissé[19].

Lié à une théocratie abhorrée, l'Escurial, lieu de repli, de claustration stérile renvoie donc à la souffrance du voyageur, le caractère dysphorique de l'édifice favorisant le parallèle établi. Incarnant à l'inverse les séductions de l'Orient, la représentation de l'Alhambra va néanmoins, elle aussi être infléchie par la mélancolie du voyageur. Cette dénaturation de l'espace nous éclaire sur le pouvoir de l'intime dans le texte viatique de Quinet. L'Alhambra, espace clos dont le voyageur souligne le caractère défensif, la fermeture hyperbolique, possède donc un caractère édénique qui conjugue tous les motifs paradisiaques : il concilie l'eau, les pierreries, les fleurs, les parfums, il possède une dimension féminine, sensuelle et matricielle à la fois. Intimité rime dans ce cas avec profusion et plénitude. Quinet est ici fidèle à une tradition littéraire qui fait du palais des rois maures une figure du paradis. Dans le récit et dans la correspondance, l'écrivain rend compte de ses émotions, il salue avec enthousiasme cet espace d'intimité et la puissance hallucinatoire du lieu. Malgré de tels attraits, l'Alhambra finit néanmoins par revêtir un visage dysphorique. Rien d'étonnant à cela lorsqu'on sait qu'à Grenade, le 1e janvier 1844, Quinet, éperdu, écrivait à la toujours silencieuse Mina : « il est impossible de t'aimer avec plus de ferveur, et je suis content de te le répéter, aux pieds de l'Alhambra[20] ». Le souvenir de l'attente amoureuse semble donc avoir une fois encore paradoxalement informé la représentation, car, redisons-le, Quinet a reçu les lettres de Mina au moment de la rédaction. Dès lors, lieu de délices, empoisonné, infléchi par une attente vaine, le palais se convertit en lieu inquiétant,

19 Edgar Quinet, *Lettres à sa mère*, *op. cit.*, p. 195.

20 Edgar Quinet, Manuscrit autographe, Bibliothèque Nationale de France, NAF 20800, f. 333, r.

en labyrinthe féminoïde. Le voyageur se perd en quête de la Félicité, il déambule « de chambre en chambre, de cour en cour, de palais en palais, de souterrain en souterrain » (*MVE*, p. 258). Sa trajectoire est présentée de manière dysphorique et absurde : « je me hâte, je monte, je descends, je cherche, je me perds, je me retrouve, j'écoute, j'appelle » (p. 259). Quinet s'emploie à complexifier la topographie. Le lieu se réfracte en termes d'impasses et d'enfermement, projection possible de son aliénation sentimentale à ce stade du voyage. Dans le saint des saints, la chambre du secret, affleure la souffrance intime, le souvenir crypté. De fait, le voyageur entrevoit une présence féminine fugace et fantomatique : « quelqu'un a soupiré dans la chambre du secret… un manteau de soie a effleuré les murs » (p. 259). Mais la quête labyrinthique n'aboutit pas, le voyageur s'exclame : « Après mille détours, je reviens accablé au même endroit sans issue. Alhambra ! demeure des délices, labyrinthe des stériles pensées ! bonheur ! volupté cruelle ! chimère ! il n'y a ici personne […] Félicité ! il est trop tard ! » (p. 259). Informé par le souvenir, le lieu d'intimité, décrit ici, renvoie à un moment précis de la vie du voyageur. En fait, c'est un lieu dans lequel l'intime a laissé sa marque, un lieu qui n'existe pas, ou plutôt qui n'existe que pour l'écrivain. Fragile et unique, soumis à la mémoire, il s'inscrit dans un espace-temps particulier, contemporain du voyage, il renvoie à ce qui jamais n'aurait dû être et s'affirme de la sorte comme un espace poétique. L'émotion, la tristesse éprouvées alors, nourriront longtemps encore l'œuvre de celui qui, bien après la mort de Mina, fera dire à son Merlin : « Aux Colonnes d'Hercule, pas un message de toi, Viviane, pas même ce simple mot que je t'avais demandé en suppliant ! […] En ce moment j'habite les tours vermeilles de l'Alhambra […] j'ai construit ici, de mes mains, le palais de ma félicité, en marbre et en granit ; déjà je te cherche dans ce labyrinthe d'amour[21]. »

Mes Vacances en Espagne met non seulement en scène un voyageur tributaire d'une culture particulière, mais également un personnage qui trouve sa cohérence intime dans la relation à l'autre. Séduisante, redoutée, absorbée, relayée ou refoulée, la présence de l'autre s'avère nécessaire car l'on ne devient, pour citer Ballanche, pleinement « homme

21 Edgar Quinet, *Merlin l'enchanteur*, Paris, Michel Lévy, 1860, p. 150-151.

que par [notre] coexistence sympathique avec les autres hommes[22] ». Cependant, si le voyageur est parfois un personnage en représentation, un être artificiel dont le cheminement identitaire possède aussi parfois un caractère conventionnel, la part d'opacité du texte nous a également montré que derrière cet être se profile un écrivain qui occulte l'intime, le laisse affleurer, le crypte, le remodèle afin de construire sa propre cartographie du monde.

Tatiana ANTOLINI-DUMAS
Université Clermont Auvergne,
CELIS

22 Pierre-Simon Ballanche, *Essais de palingénésie sociale*, Paris, Didot, 1827, p. 33.

ERRANCE(S) ET INTIMITÉ(S) CHEZ ISABELLE EBERHARDT

> [...] cela nous sera une mutuelle consolation que de pouvoir, dans la suite, épancher en un cœur ami le trop-plein amer de nos tristesses et aussi celui plus doux de nos espérances [...] Peu à peu, mieux qu'en vivant avec moi, vous apprendrez ainsi à me connaître entièrement, si faire se peut[1].

Voici ce qu'écrivait le 22 août 1897 à son ami musulman Ali Abdul Wahab celle qui, signant déjà Nicolas Podolinsky, avait commencé son parcours oriental à travers la terre d'Afrique musulmane. Celui-ci ne devait s'achever qu'avec sa mort, dans une crue de l'oued à Aïn Sefra, sept ans après, en 1904. Le fragment cité ci-dessus se retrouve dans le recueil intitulé de manière suggestive par les éditeurs *Écrits intimes : lettres aux trois hommes les plus aimés* et renferme une riche correspondance avec le frère Augustin, avec l'ami tunisien Ali Abdul Wahab ainsi qu'avec l'époux, Slimène Ehnni, Algérien musulman, sous-officier de spahis et l'un des rares « indigènes » à posséder la nationalité française. Suivant une progression chronologique, les lettres qui composent le recueil retracent à la fois un cheminement intérieur et extérieur, en rendant compte de l'alchimie qui fond ensemble l'expérience viatique et le vécu intime. Si le moi sensible se révèle ici sur le mode épistolaire, dans un recueil de notes de route comme *Sud Oranais*, se présentant comme une série de nouvelles brèves, le mode narratif n'empêche pas l'expression de la subjectivité. L'emploi de la première personne renvoie ainsi à l'expérience viatique des dernières années d'existence d'Isabelle Eberhardt (1903-1904), qui la voient parcourir le Sahara algérien en tant que reporter de guerre.

Les deux recueils trahissent ainsi, chacun à sa manière, une volonté de transmettre une expérience subjective, que ce soit à un destinataire bien

1 Isabelle Eberhardt, *Écrits intimes : lettres aux trois hommes les plus aimés* [1991], Paris, Payot & Rivages, « Petite Bibliothèque Payot/Voyageurs », 2003, p. 89. Les références à cet ouvrage figureront désormais dans le corps du texte, précédées de l'abréviation *EI*.

précis ou à des lecteurs potentiels. Ces différentes formes d'écriture de soi témoignent ainsi de ce que l'on peut appeler une démarche d'extimité, que Serge Tisseron conçoit comme « le mouvement qui pousse chacun à mettre en avant une partie de sa vie intime, autant physique que psychique[2] ». Ce mouvement d'extimité, bien manifeste à travers les écrits sélectionnés, et dont le fragment précédemment cité n'est qu'un échantillon, permettra d'approcher diverses formes d'intimité.

Mais lesquelles ? S'agira-t-il, pour reprendre les termes de Lila Ibrahim-Lamrous et Séveryne Muller, d'une intimité introvertie, introspective, solitaire ou plutôt d'une intimité extravertie, de « co-présence hospitalière et de sociabilité élective[3] » ? Car cette intimité émotionnelle, affective, suppose à la fois (ou parfois exclusivement) un vécu subjectif, un tête-à-tête avec soi-même, ainsi qu'un lien intersubjectif, un rapport intime à l'Autre. Nous aurons en fait l'occasion de constater que ces deux dimensions se retrouvent de diverses manières chez Isabelle Eberhardt, relevant également d'un rapport particulier au monde et d'une façon singulière d'être-au-monde de cette voyageuse infatigable, se traduisant parfois par des phrases de ce type :

> Je suis *seul*...seul comme je l'ai toujours été partout, comme je le serai toujours à travers le grand Univers charmeur et décevant [...] en grande partie à cause de ma prodigieuse insouciance de tout au monde, de tout ce qui n'est pas ce monde de pensées, de sensations et de rêves qui représente mon *moi* réel et qui est hermétiquement clos aux yeux curieux de *tous*, sans exception aucune[4].
>
> Un droit que bien peu d'intellectuels se soucient de revendiquer, c'est le droit à l'errance, au *vagabondage*.
>
> Et pourtant, le vagabondage, c'est l'affranchissement, et la vie le long des routes, c'est la liberté [...]
>
> Être seul, être *pauvre de besoins*, être ignoré, étranger et chez soi partout, et marcher, solitaire et grand à la conquête du monde[5].

À lire ces extraits, qui font de l'errance une condition de la liberté, avec son lot de solitude absolue, on pourrait croire qu'Isabelle Eberhardt se livre tout entière à cette existence libre et vagabonde ; mais aussi

---

2 Serge Tisseron, *L'Intimité surexposée*, Paris, Hachette, « Littératures », 2002, p. 52.

3 Lila Ibrahim-Lamrous et Séveryne Muller, « Préface », p. 7-14, in Lila Ibrahim-Lamrous et Séveryne Muller (dir.), *L'Intimité*, Presses Universitaires Blaise Pascal, 2005, p. 9.

4 Isabelle Eberhardt, *Écrits sur le sable : récits, notes et journaliers*, tome I, Paris, Grasset, 1988, p. 303.

5 *Id.*, p. 27.

solitaire, dénuée d'attaches, à jamais murée dans le secret de ce « moi réel » imprenable, selon une espèce d'« encellulement du moi[6] » – pour reprendre la formule de Nicoletta Dolce – propre à l'intimité introvertie et introspective.

Et pourtant, d'autres accents se font entendre ça et là, disséminés à travers ses écrits. Voici quelques lignes écrites en 1900 depuis El Oued, où elle se trouvait depuis quelques mois en compagnie de son futur époux, Slimène Ehnni :

> Je suis à Eloued depuis le 2 août dernier, soit depuis bientôt une demi-année… et je ne prévois nullement la fin de ce séjour. Au contraire, il a l'air de prendre des allures de plus en plus définitives. […] je songe même très sérieusement à attacher définitivement mon existence à cette oasis perdue qui m'est devenue familière et chère, et où, en somme, j'ai commencé à vivre. […] Je crois qu'il serait insensé de ma part de quitter une telle vie, pour aller… où ? *Au diable*, probablement, car c'est bien là qu'aboutit une vie errante, incohérente et sans but. (*EI*, p. 279-284)

Cette diabolisation de l'errance ne sera cependant que passagère, car Isabelle Eberhardt reprendra bientôt sa couse effrénée à travers « le pays des sables ». Elle laisse percer néanmoins un désir d'attachement dans un lieu d'intimité dont cette « oasis perdue » prend tous les traits : familiarité, affection, ancrage dans le définitif – ce qui, par ailleurs, fait pendant à un trait constitutif de son parcours oriental, à savoir un paradoxal ancrage dans le provisoire. Car les pulsions antagoniques qui habitent cet être tourmenté se traduisent par des élans fusionnels doublés du refus de l'enracinement, à l'attachement – aux pays, espaces, cultures, êtres – correspondant un désir irrépressible d'arrachement.

Il ne s'agit cependant pas d'étapes successives, bien définies et durables de son existence, mais d'un va-et-vient, d'une oscillation permanente entre ces deux attitudes, d'une tension constante entre désir d'intimité et désir d'errance. Au point de voir ses errances donner lieu, paradoxalement, à toute une série de formes d'intimité, parfois inattendues, constituées au gré de ses vagabondages. Et c'est dans le recueil *Sud Oranais* que l'on découvre l'image paradigmatique et oxymorique d'une fusion de ces deux impulsions contraires, notamment celle du *foyer errant* :

---

6 Nicoletta Dolce, « Parcours intimes : la conflagration du moi et du monde », p. 91-99, *in L'Intimité*, *op. cit.*, p. 95.

> Toute la vie nomade se résume bien dans cette question que le *caïd* Larbi pose à son collègue de Chellala, au départ :
> – Ne pourrais-tu pas me dire où est campée ma famille, actuellement ? [...] et il trouvera son foyer errant à plus de cent kilomètres de l'endroit où il l'avait laissé au commencement de l'automne[7]...

Que de « foyers errants » trouvés, abandonnés et retrouvés par Isabelle Eberhardt ! Spécifiques de l'existence nomade, comme elle le suggère dans sont texte, et donc propres à une nomade de profession, ces noyaux d'intimité décentrés, éparpillés, engendreront une forme d'intimité particulière, qui n'en est même pas une seule, mais une multiplicité, à l'image de ses arrivées et départs, que l'on pourrait désigner comme des *intimités intermittentes*.

Multiples donc en termes de succession chronologique, ces intimités intermittentes ont également une multiplicité de visages. Dans ce qui suit, nous nous proposons d'analyser les diverses formes qu'elles peuvent prendre, selon ce qui pourrait constituer une *typologie des formes d'intimité* chez Isabelle Eberhardt.

L'INTIMITÉ RÉGRESSIVE

Un premier type que nous avons identifié est *l'intimité régressive*. En voyant dans la mort de la mère d'Isabelle Eberhardt, survenue en 1897, lors de son premier séjour en Afrique du Nord, un véritable cataclysme existentiel, Denise Brahimi était déjà d'avis que cet événement representait une rupture radicale entre un « *Avant* stable, où l'on s'assied pour goûter la douceur des affections tendres et des soirs d'été » et un « *après* où l'on fuit[8] [...] ». À en croire l'auteure du *Requiem pour Isabelle*, celle qui, *après*, allait se vouer à l'errance, témoignait dans un premier temps d'« un étonnant attachement au noyau et au centre, sans que jamais l'envie de le briser ou de s'en éloigner en solitaire ait paru se manifester[9] ». La disparition de la mère

7 Isabelle Eberhardt, *Sud Oranais*, Paris, Joëlle Losfeld, 2003, p. 131. Les références à cet ouvrage figureront désormais dans le corps du texte, précédées de l'abréviation *SO*.

8 Denise Brahimi, *Requiem pour Isabelle*, Paris, Publisud et O.P.U., 1983, p. 28.

9 *Id.*, p. 18.

déclencherait ainsi, sous couvert d'une course effrénée vers l'Ailleurs, une tentative désespérée de sauvegarder le rapport fusionnel à la mère à travers un « attachement immobile au souvenir[10] » et une présence permanente de la mère morte « à tous les moments d'une vie et dans tous les aspects du monde[11] [...] ». À sa suite, Alain Buisine pense que « Sa perpétuelle fuite en avant dans les déserts d'Algérie [...] est fondamentalement régressive en ce sens que tout à la fois elle commémore et tente de contrebalancer l'inaugurale perte de la protection maternelle[12]. »

Malgré la radicalité de cette hypothèse supposant la négation d'un intérêt authentique pour l'altérité orientale, nous pouvons, en effet, identifier chez Isabelle Eberhardt certains penchants envers une intimité fusionnelle, voire régressive, pouvant être interprétés symboliquement comme des formes d'un *regressus ad uterum*. Cela se traduit d'abord dans la construction textuelle d'une géographie intime fondée sur les liens particuliers qui se tissent entre la voyageuse et la terre d'Islam. Cette topographie des lieux d'une intimité régressive serait principalement représentée par les figures du désert et de l'oasis.

Invoquant un « désir de désert » propre à Isabelle Eberhardt, Véronique Elfakir pense que celle-ci « a cru trouver dans le désert un lieu où se défaire de soi pour mieux se reconstruire sous une autre identité[13]. » En effet, le désert est loin d'apparaître dans ses écrits uniquement comme un espace neutre, immense, informe, simple lieu de passage, un « lieu inhabité [...] désolé, dénudé et sauvage[14] » ; il s'agit plutôt d'un espace accueillant et protecteur où l'on s'arrête de temps en temps pour y goûter la paix et le calme de l'introspection. Ces moments de solitude bienheureuse qui s'égrènent sous la plume d'Isabelle – et qui pourraient donner lieu à une véritable poétique du silence – ressemblent à ce soir-là où elle va s'isoler de ses compagnons de route :

> Là, plus de bruit, plus rien. Une petite vallée nue, une dune basse et, derrière, l'incendie du jour finissant. [...]

10 *Id.*, p. 33.

11 *Id.*, p. 24.

12 Alain Buisine, *L'Orient voilé*, Paris, Zulma/Calmann-Lévy, 1993, p. 204-205.

13 Véronique Elfakir, *Désir nomade. Littérature de voyage : regard psychanalytique*, Paris, L'Harmattan, 2005, p. 159.

14 Bruno Doucey, « Avant-propos », p. VII-XI, *in* Bruno Doucey (dir.), *Le Livre des déserts : itinéraires scientifiques, littéraires et spirituels*, Paris, Robert Laffont, « Bouquins », 2006, p. VII.

> On était bien là, pour s'étendre et rêver, en une dispersion délicieuse de l'être. (*SO*, p. 73)

Ce type d'intimité introvertie et solitaire reflète ici l'un des traits considérés comme caractéristiques de l'expérience intime, à savoir le retrait, obéissant ainsi au retranchement de l'univers social qui s'apparente à cet « univers du contre[15] » évoqué par Gaston Bachelard. En l'occurrence, le caractère régressif de cette immersion dans l'espace désertique est suggéré par cette dispersion euphorique de l'être, où les frontières du moi se brouillent dans une communion intime, presque en marge de la vie, avec cette « terre berceuse et mortelle » (*SO*, p. 85). Malgré l'ambiguïté de ce *locus amoenus*, qui renferme le danger d'une perte d'identité ou même de la vie – il s'agit d'un territoire en guerre – c'est, au niveau symbolique, en tant qu'image du ventre maternel protecteur que fonctionne cet espace, souvent associé au crépuscule :

> Ces soirs-là, pour chercher les aspects connus et aimés du vrai désert berceur, je m'enfuis vers Djenan ed dar, tout proche, petite poignée de poussière humaine, essai timide de vie perdu dans le vide et la stérilité de la plaine immense, libre, tranquille. (*SO*, p. 57)

Et c'est donc l'errance – « je m'enfuis » – qui amène ce *regressus ad uterum*, au sein du « vrai désert berceur », véritable régression fusionnelle avec cet espace des origines, dont l'autre hypostase, qui invite plutôt au repli sur soi qu'à la dispersion, est l'oasis. Elles sont nombreuses, ces « oasis délicieuses » (*SO*, p. 90), îles de verdure perdues au fin fond du désert, préservées miraculeusement des méfaits d'une colonisation n'ayant pas encore réussi à « détruire le charme encore intact de ce vieux repaire saharien » (p. 91) qu'est Figuig, « l'oasis reine » (p. 88).

Mais c'est surtout El Oued, cette « oasis perdue qui m'est devenue familière et chère » (*EI*, p. 279-280), précédemment évoquée, qui prendra les traits d'une coquille identitaire et protectrice, moins un lieu d'intimité solitaire que lieu d'intimité du couple fusionnel Isabelle-Slimène :

> En notre préoccupation à tous les deux de nous éloigner le plus possible des hommes, nous prendrons Slimène et moi la tâche la plus dure en apparence, mais aussi la plus belle et la plus attirante pour deux amoureux du Désert

15 Gaston Bachelard, *La Terre et les rêveries du repos : essai sur les images de l'intimité*, Paris, José Corti, 1984, p. 112.

> comme nous. Cette vie-là, solitaire et pleine d'enchantement, nous réservera la seule chose après laquelle nous soupirons depuis neuf mois *(sic)* : le tête-à-tête en face des horizons incomparables de notre Sahara. (*EI*, p. 288-289)

Si le *je* est ici remplacé par le *nous*, c'est parce qu'une solitude est remplacée par une autre, celle du couple, entraîné par un même mouvement d'éloignement de la société des humains. À lire ce fragment, nous avons l'impression qu'il s'agit d'une sorte d'intimité redoublée, intimité du couple fermé aux contacts humains, mais ouvert, à un autre niveau, au contact intime avec cette oasis devenue véritable « patrie d'élection[16] ». C'est donc toujours une « expérience d'insularisation fondamentale et d'encellulement nidificateur[17] » dont parlent Lila Ibrahim-Lamrous et Séveryne Muller qui est vécue grâce à ce retranchement régressif du couple fusionnel. Car la fusion, supposant une grande communion affective, renferme toujours le danger d'une perte de l'identité, d'une désindividualisation appelée à fondre deux êtres en une âme unique, cet effritement de la dualité de la relation ayant un caractère régressif. Car, malgré son éparpillement dans le multiple, le vœu de l'Un, de l'unité, ne cesse de hanter Isabelle Eberhardt. Elle invoque souvent cette « grande intimité d'âme » (*EI*, p. 424) qui l'unit à celui qui, loin d'être vu comme un époux quelconque, en vient à être considéré à la fois comme l'amant, le camarade, l'ami intime, son unique famille, l'époux, l'Unique.

Cette recherche d'une intimité régressive, car censée combler ce désir de fusion avec l'être aimé, est spécifique non seulement du couple qu'Isabelle forme avec Slimène, mais aussi de tous les autres couples qu'elle aura formés à travers le temps, qu'il s'agisse du couple fraternel avec Augustin, du couple amical avec Ali Abdul Wahab ou d'autres, des amours passagères mais tout aussi fusionnelles. Le point commun est, à chaque fois, ce que l'on pourrait appeler une volonté de « gémellisation », un désir de voir le sans-pareil qu'elle est, pour reprendre l'expression de Michel Tournier[18], se transformer en un Autre absolu pour le jumeau d'élection que deviennent, à chaque fois, le frère, l'ami, l'amant. En voici quelques exemples :

---

16 Isabelle Eberhardt, *Écrits sur le sable : récits, notes et journaliers*, *op. cit.*, p. 44.

17 Lila Ibrahim-Lamrous et Séveryne Muller, « Préface », p. 7-14, in *L'Intimité*, *op. cit.*, p. 9.

18 Voir Michel Tournier, *Les Météores*, Paris, Gallimard, 1975.

> Ah oui, certains livres… ceux qui éveillaient en nos deux âmes presque identiques les mêmes sentiments, les mêmes angoisses, les *mêmes appels*, douloureux, vers l'*Inconnu*, vers l'*Ailleurs* !
>
> Ah, la route, la route, la route ! (*EI*, Lettre à Augustin de Moerder, p. 37-38)

> […] je comprends encore mieux maintenant […] ce quelque chose d'indéfinissable qui nous a si extraordinairement vite rapprochés l'un de l'autre, nous deux qui, en face du monde, portons […] un masque impénétrable pour ceux qui, comme la grande, l'immense majorité des hommes, ne nous ressemblent point. […] L'un et l'autre, nous sommes malades – très malades. Nous souffrons parfois cruellement, mais nous ne voulons point de la compassion de nos pseudo-semblables, si dissemblables. (*EI*, Lettre à Ali Abdul Wahab, p. 81-82)

La structure gémellaire fondée sur une ressemblance allant vers une identification presque totale à l'Autre est ici manifeste. Cela fait d'Isabelle Eberhardt une véritable créatrice d'intimité. Ce qu'il y a d'intéressant, c'est que cette intimité intersubjective de type gémellaire est souvent nourrie d'un commun désir d'Ailleurs, de nomadisme – comme dans le cas d'Augustin – l'errance apparaissant ainsi comme parfaitement compatible avec l'intimité du couple fusionnel.

De plus, une autre dimension qui s'esquisse est celle d'une certaine aristocratie de ces unions entre des âmes non-semblables au commun des mortels, d'une intimité supérieure, idéale, à même de protéger de la vulgarité ou de la banalité d'une société qui, quelle qu'elle soit, risque toujours, à en croire Isabelle, d'éroder l'être.

L'INTIMITÉ TRANSGRESSIVE

Ces couples qu'elle forme ou les liens intermittents qu'elle tisse tout au long de ses errances s'apparentent toujours à cet « univers du contre » précédemment évoqué, à un retrait du monde et contre le monde, ce qui engendre, selon nous, un deuxième type d'intimité que nous appellerons *l'intimité transgressive*.

Il faut d'abord souligner le fait que, où qu'elle fasse son apparition, Isabelle Eberhardt est elle-même perçue, à quelques exceptions près, comme un personnage excentrique, la pratique du travestissement ainsi que son nomadisme n'étant que quelques-uns des traits ressentis comme transgressifs. Ses fréquentations « douteuses » ainsi que les couples qu'elle forme renforcent cette impression d'inconfortable étrangeté. Le caractère interculturel, atypique, du couple mixte qu'elle forme avec Slimène Ehnni n'est qu'un premier élément qui fera non seulement jaser, mais qui entraînera de véritables persécutions qui vont s'abattre sur le partenaire le plus inquiétant. Car comment se rapporter à cette « femme », que le « mari » présente dans ces termes : « Voici Isabelle Eberhardt, ma femme, et Mahmoud Saadi, mon compagnon… » (*EI*, p. 271) ?

Couple transgressif aux yeux des autres, mais aussi en raison d'une intimité transgressive qu'ils se plaisent à entretenir, qui prend souvent les traits d'une subversion ou même d'une inversion pure et simple des rôles traditionnels des époux :

> Pendant quelques mauvais jours, notre paisible association menaçait ruine : l'on s'était… *mis à boire*. […] Mais c'est passé. Le fumeur de kif a raccommodé la porte que j'avais enfoncée un soir de cuite […] (*EI*, p. 274).

> Oui, certes, je suis ta femme, devant Dieu et l'Islam. Mais je ne suis pas une vulgaire Fathma ou une Aïcha quelconque.
>
> Je suis aussi ton frère Mahmoud, le serviteur de Dieu et de Djilani avant d'être la servante qu'est une épouse arabe pour son mari. (*EI*, p. 369)

Le premier tableau est des plus parlants. Quant au deuxième exemple, on voit bien quelle est la place d'honneur qu'Isabelle/Mahmoud revendique au sein du couple, en refusant d'incarner l'épouse arabe idéale et l'épouse idéale tout court, quitte à en venir parfois aux mains et à administrer une ruée de coups au mari, un soir de cuite, s'entend.

Ce type d'intimité transgressive se met en place non seulement à l'intérieur du couple, mais peut s'étendre à toutes ces intimités intermittentes, surgies au hasard de ses errances à travers le désert, les villages ou même les villes où Isabelle séjourne pour un certain temps. Car, dès son adolescence, elle manifeste une attraction irrésistible envers les marginaux de toutes sortes, à commencer par les matelots qu'elle fréquentait lors de ses années suisses, habillée elle-même en marin, jusqu'aux prostituées arabes auprès desquelles elle réussit souvent à s'introduire en habits bédouins. C'est ainsi que, paradoxalement, si un certain type d'intimité féminine « ordinaire » lui est refusée en raison de son déguisement masculin, elle peut, en revanche, s'introduire, sur le mode de l'intimité transgressive, dans des lieux qui lui seraient autrement restés interdits.

Il en est de même de l'intimité fraternelle qui se forme entre ceux qu'Isabelle appelle poétiquement « les chercheurs d'oubli », et qui sont en réalité les fumeurs de kif[19] :

> J'ai découvert une fumerie de kif [...]
>
> Les *berrania* (étrangers), les errants, qui hantent ce repaire se joignent parfois aux fumeurs de kif encore que ceux-ci forment une petite association très fermée, où il est assez difficile d'entrer, car, voyageurs eux aussi, transportant à travers les pays de l'Islam leur rêverie, les dévots de la fumée hallucinante, qui se groupent à Kenadsa, appartiennent à la classe plus relevée des lettrés. [...]
>
> Ce sont des épicuriens, des voluptueux, peut-être des sages, qui savent, dans le noir repaire des vagabonds marocains, distinguer des horizons charmeurs, édifier des cités merveilleuses où est le bonheur. (*SO*, p. 230-232)

Les affinités entre Mahmoud Saadi et les fumeurs de kif sont de celles qui permettent la création d'un instant d'intimité enveloppé dans les rêveries de la drogue. Car, comme eux, elle voyage en tant que jeune *taleb*[20] en quête d'instruction, correspondant elle aussi au profil de l'errant, du vagabond épicurien pouvant être admis au sein de cette communauté éphémère de marginaux qui s'adonnent voluptueusement à une « ascèse à rebours ».

L'INTIMITÉ INITIATIQUE

Cette intimité transgressive, tissée l'espace d'un soir dans « un lieu étrange [...] avec un air d'antichambre du crime » (*SO*, p. 230) entre les nomades, renferme cependant une autre dimension, qui nous renvoie à un troisième type d'intimité que nous pourrions appeler *l'intimité initiatique*. Car, si les deux premiers types que nous avons analysés jusqu'à présent étaient sous-tendus par une certaine négativité du *contre* supposant le retrait de l'univers social, voire le défi lancé à celui-ci,

19 Drogue hallucinogène.

20 Étudiant, lettré musulman.

l'immersion progressive d'Isabelle dans l'univers oriental acquiert aussi une composante positive, à savoir l'ouverture à l'Autre.

L'initiation à la culture de l'Autre est fondée sur un contact prolongé, touchant en profondeur l'être intime de celui ou celle qui se livre à une telle expérience. Pour des raisons de clarté théorique nous pourrions y déceler d'ailleurs deux composantes, *l'intimité spirituelle* et *l'intimité ethnologique*, celles-ci étant le plus souvent associées.

L'un des mots-clé qui régit l'initiation spirituelle d'Isabelle Eberhardt à l'Islam est celui d'*adoption*, se retrouvant maintes fois sous sa plume, comme dans cet autoportrait en cavalier bédouin :

> D'ici quelques jours, mon cheikh, Si Mohammed Elhachmi, frère du Naïb, et l'esprit le plus prodigieux que j'aie jamais rencontré, sera à Touggourt. Nous irons l'y chercher, Slim et moi. La poudre parlera, au jour de l'arrivée du grand marabout, et les chevaux galoperont dans la plaine de Teksébet, sous Eloued ! Parmi les cavaliers, tu en verrais un, monté sur un fougueux petit alezan doré… Le cavalier, vêtu de gandouras et de burnous blancs, d'un haut turban blanc à voile, portant à son cou le chapelet noir des Kadriyas, la main droite bandée avec un mouchoir rouge pour mieux tenir les brides, – ce sera Mahmoud Saadi, fils adoptif du grand Cheïkh Blanc, fils de Sidi Brahim.
>
> J'ai, en effet, adopté le majestueux costume du désert, au lieu des frusques étriquées des Tunisiens. (*EI*, p. 275-276)

C'était à l'époque où Isabelle Eberhardt avait prononcé la formule rituelle l'initiant et la faisant admettre en tant que *khouan*[21] au sein de la confrérie religieuse des Qadriya, secte musulmane maraboutique suivant la doctrine soufie, ce qui constitue la preuve de sa conversion en bonne et due forme à l'Islam. Il s'agit d'ailleurs d'une adoption réciproque, à son adoption extérieure des vêtements bédouins correspondant une adoption rituelle par la confrérie des Qadriya signant l'appartenance intime de Mahmoud Saadi à la filiation maraboutique. C'était, d'ailleurs, l'aboutissement d'un long cheminement intérieur d'« islamisation » commencé très tôt, depuis ses années suisses et ses voyages successifs en Afrique du Nord passés dans l'intimité spirituelle de la sagesse islamique. Tout cela lui faisait déjà dire, en 1897, : « puisque j'ai déjà commencé à devenir musulmane… » (*EI*, p. 94).

Pour ce qui relève d'une topographie de l'intime, le lieu d'intimité le plus propre à permettre à Isabelle/Mahmoud de progresser dans sa

21 Frère.

quête spirituelle, en une étroite communion avec la religion islamique et ses représentants est la *zaouïa*[22]. Pendant ses dernières années passées à parcourir le Sud Oranais, elle traversera plusieurs *zaouïas*, comme celle d'Oujda, « immaculée et paisible » (*SO*, p. 143), mais surtout comme celle de Kenadsa, un havre de paix, un espace clos et protecteur, qui lui apparaît d'emblée comme un véritable lieu d'intimité :

> Cette succession de portes qui se renfermaient sur moi ajoutait à la distance que je venais de parcourir.
>
> Encore une petite porte basse, et nous entrons dans une grande pièce carrée qui ressemble à l'intérieur d'une mosquée. [...]
>
> On étend des tapis, je suis chez moi. C'est là que j'habiterai... Dieu sait combien de temps. [...]
>
> Sidi Brahim me souhaite la bienvenue, puis il me questionne sur un ton discret.
>
> Cela dure un instant, avec des silences et des reprises de politesses. Les marabouts se retirent bientôt comme des ombres blanches.
>
> Notre entrevue a été courte et me laisse une impression de sécurité. Je suis l'hôte de ces hommes. Je vivrai dans le silence de leur maison. (*SO*, p. 178-179)

L'entrée d'Isabelle, gracieusement accueillie à la *zaouïa* par les marabouts, apparaît comme une étape d'un rituel initiatique. Le passage à travers cette « succession des portes » relève du symbolisme du seuil, du franchissement d'une frontière vers un espace autre, empreint de sacralité, semblable à une mosquée. C'est aussi un espace tout de suite ressenti comme un lieu d'intimité, un « chez soi » paisible qui inspire un sentiment de sécurité. Ce noyau identitaire sera aussi la source de retrouvailles avec soi-même, d'une expérience d'intimité introspective – « Je m'approfondirai dans les secrets de ma conscience tumultueuse » (*SO*, p. 179) –, ainsi que d'une métamorphose intérieure, comme le titre d'une des nouvelles, *Vie nouvelle*, le suggère : « Je rêve d'un sommeil qui serait une mort, et d'où l'on sortirait armé, fort d'une personnalité régénérée par l'oubli, retrempée dans l'inconscience. » (*SO*, p. 180)

C'est le trajet classique d'un rite d'initiation durant lequel le néophyte doit traverser une mort symbolique, une dissolution, afin d'en ressortir régénéré. Quelque temps après, le vœu d'Isabelle semble avoir été exaucé :

> Je souffrais de ma faiblesse et de ma tiédeur. Maintenant, loin des foules et portant dans mon cœur d'inoubliables paroles de force, nulle ivresse ne me vaudra celle

22 Établissement religieux, école, siège d'une confrérie.

> qu'épanche en moi un ciel or et vert. Conduite par une force mystérieuse, j'ai trouvé ici ce que je cherchais, et je goûte ici le sentiment du repos bienheureux dans des conditions où d'autres frémiraient d'ennui… (*SO*, p. 223-224)

C'est donc en vivant dans cette intimité à la fois spatiale et spirituelle avec les sages musulmans que le jeune *taleb* Mahmoud Saadi arrive à goûter de l'intérieur le « repos bienheureux » dont peuvent jouir ceux qui possèdent la véritable sagesse islamique.

Il y a cependant d'autres voies pour aboutir à ce vécu intime de l'Islam, qu'Isabelle a également empruntées, à l'Islam religieux venant s'ajouter l'Islam culturel :

> En regardant ces hommes marcher dans la vallée, je compris plus intimement que jamais l'âme de l'Islam, et je la sentis vibrer en moi. Je goûtai, dans l'âpreté splendide du décor, la résignation, le rêve très vague, l'insouciance profonde des choses de la vie et de la mort. (*SO*, p. 91-92)

L'intimité initiatique tire ainsi sa sève non seulement d'une communion spirituelle avec des êtres d'exception et d'une profonde connaissance de la religion musulmane, mais aussi du contact quotidien, bien qu'éphémère, avec ces hommes simples qu'Isabelle affectionne particulièrement, les Arabes nomades. C'est donc aussi grâce à ce que nous pourrions appeler une *intimité ethnologique*, supposant l'immersion au sein de la culture bédouine, qu'elle peut sentir l'âme de l'Islam vibrer en elle-même, signe que, à force de vivre avec et parmi les autres, on finit par devenir soi-même comme l'Autre et, finalement, Autre.

Et c'est, paradoxalement, grâce à ses errances qu'Isabelle réussit à s'intégrer intimement dans diverses communautés d'Arabes nomades, provisoirement campées dans divers endroits du désert, tous ces « compagnons de mes promenades et de mes veillées » (*SO*, p. 116) en venant petit à petit à passer du *pôle de l'anonymat* vers le *pôle de l'intimité*, pour employer les termes de Zygmunt Bauman[23]. Ce n'est donc pas un hasard si, pour désigner cette complicité intersubjective et interculturelle, elle emploie elle-même le syntagme d'« intimité fraternelle » (*SO*, p. 111), signifiant, une fois de plus, sa parfaite intégration parmi les Bédouins qui l'adoptent comme l'un des leurs. En témoigne cette soirée d'avant la séparation, la veille de son retour à Alger, où ses compagnons lui parlent en ces termes :

23 Voir Zygmunt Bauman, *Postmodern Ethics*, Oxford, Blackwell Publishers, 1995.

– Si Mahmoud, disaient-ils, reste parmi nous. Nous nous sommes habitués à toi ; nous sommes tes frères à présent, et nous te regretterons si tu pars, parce que tu es un brave garçon, parce que tu as mangé le pain et le sel et que tu es monté à cheval avec nous. [...]

je sentais que je les aimais maintenant, et je les regrettais (*SO*, p. 116).

Cette intimité fraternelle toute « masculine », découlant d'un attachement réciproque est, en même temps, doublée de cette « belle discrétion arabe » qui fait que, même s'ils savent très bien que « Si Mahmoud était une femme [...] ils continuaient à me traiter comme aux premiers jours, en camarade lettré et un peu supérieur » (*SO*, p. 116). Excentrique et étrangère partout, ce n'est que dans ces campements de hasard, devenus autant de « foyers errants », qu'Isabelle se voit entièrement acceptée en tant que Mahmoud Saadi, moi idéal devenu, grâce à ses compagnons nomades, son moi réel.

Le regret réciproque de la séparation s'explique donc par son assimilation au sein de leur communauté engendrant une expérience de partage, de vie commune qui est aussi, pour Isabelle, l'une des nombreuses occasions de s'adonner à une enquête ethnologique. Grâce à cette immersion culturelle, elle pourra, à travers ses chroniques, faire voler en éclats toute une série de préjugés que le public européen entretient à leur égard. D'où la nécessité de se faire accepter auprès d'eux, comme l'un d'entre eux, cette *orientalisation* étant l'unique voie vers la compréhension : « Je vivais près d'eux, avec eux, et je les connaissais bien, simples et braves bédouins qui s'étaient donnés tout entiers à ce qu'ils appellent naïvement le "serbiss". » (*SO*, p. 86)

L'INTIMITÉ OPPRESSIVE

Mais le regret de la séparation, loin d'être pur, est empreint d'une étrange joie du départ :

Beaucoup de visages connus [...] Beaucoup de saluts à échanger amicalement.

Et, avec cela, la joie intime de penser que je vais partir demain, dès l'aube, et quitter toutes ces choses, qui pourtant me plaisent ce soir et me sont douces.

Mais qui, sauf un nomade, un vagabond, pourrait comprendre cette double jouissance ? (*SO*, p. 149)

En effet, comme nous l'indiquions au début, le désir d'intimité, qu'elle soit fusionnelle, transgressive ou initiatique, ne va jamais, chez Isabelle Eberhardt, sans un irrépressible désir d'errance, l'attachement étant en permanence guetté par la volonté d'arrachement. Cette « double jouissance » du nomade est de nature à nous dévoiler un nouveau visage de l'intimité, que nous pourrions qualifier d'*intimité oppressive*. Comme tous les autres types identifiés et analysés jusqu'à présent, ce dernier se décline aussi sous plusieurs aspects.

Parfois c'est le lien fraternel, amical ou conjugal qui risque de devenir étouffant et ce qui était perçu comme une fusion délicieuse commence à peser lourd à cette nature mouvante éprise de liberté. C'est alors qu'Isabelle prend le large, dans de longues chevauchées solitaires, pour échapper à toute emprise, ou qu'elle brise de manière abrupte des liens importuns, comme dans le cas de sa brouille définitive avec son ami tunisien Ali, résultat d'une intimité dégradée.

D'autres fois, ce sont les lieux d'intimité qui deviennent oppressants, la géographie affective changeant progressivement de couleur. C'est le cas de la ville d'Annaba[24] qui, après un séjour de quelques mois, lui arrache les paroles suivantes : « La ville m'étouffe et me torture. C'est une souffrance et un malaise pour moi, que ce bruit éternel et ce va-et-vient bête de la rue… » (*EI*, p. 101-102)

Nous avons affaire ici à un exemple de topographie de l'intimité dégradée, le séjour dans cette ville algérienne prenant la forme d'un malaise, voire d'une aliénation débouchant sur l'image de la ville-tombeau – « ce tombeau d'Annaba » (*EI*, p. 102). Ce qui n'était que l'expression d'une sorte de dégoût déceptif se retrouvera plus tard, sous une forme plus ambiguë, mais combien plus angoissante, dans la description de El Oued, l'oasis bien-aimée, qui, certains soirs, prend des allures presque cauchemardesques :

> Et il me semble alors que, à mesure que la grande nuit violette descend et ensevelit la cité silencieuse, les grandes dunes, en bêtes monstrueuses, se rapprochent, s'élèvent, et enserrent de plus près la ville et ma demeure qui est la dernière du quartier est des Ouled-Ahmed, pour nous garder plus jalousement, et à jamais. (*EI*, p. 298)

À l'image de la ville-tombeau fait donc pendant celle de la maison-tombeau, où la nomade un brin sédentarisée se sent comme prise à un piège qui se resserre, dans une étreinte d'une inquiétante intimité.

24 *Bône* durant la période de la colonisation française.

Mais cet ensevelissement au sein de ce pays « trop *prenant* » (*EI*, p. 297) a bien ses charmes. Et souvent, comme envoûtée, Isabelle se laisse aller à ce que Véronique Elfakir désignerait par le terme d'« enlisement[25] » : « mon corps s'anéantissait en un engourdissement presque voluptueux [...] » (*SO*, p. 244), ou encore : « Dangereux et délicieux engourdissement, conduisant insensiblement, mais sûrement, au seuil du néant. » (*SO*, p. 251). Dans l'apaisement de la pulsion d'errance, c'est la tentation de l'anéantissement dans un décor aimé qui semble finalement l'emporter.

Ce qui pourrait faire de nouveau penser à l'intimité régressive, promesse de vie nouvelle, s'avèrera cependant être une intimité mortifère. C'est ainsi que le désert aimé, « berceur », image du ventre maternel, sera voué à devenir, dans un pressentiment dont la valeur symbolique est patente, un ventre dévorateur : à la fusion régénératrice se substitue l'engloutissement, bien réel cette fois-ci, dans les eaux de cette crue de l'oued à Aïn Sefra. On retrouvera le corps d'Isabelle quelques jours après, sous les décombres de sa maison devenue véritablement son tombeau. De cette intimité définitive dans la mort avec le pays d'Islam, elle avait eu l'intuition : « J'ai voulu posséder ce pays, et ce pays m'a possédée. » (*SO*, p. 249)

Vanezia PÂRLEA
Université de Bucarest

25 Véronique Elfakir, *Désir nomade. Littérature de voyage : regard psychanalytique*, *op. cit.*, p. 170.

UN « ERRANT PAR LE MONDE » « ENTORTILLÉ DANS LE PAYSAGE »

De deux hypostases majeures de l'humain dans l'œuvre de Julien Gracq

UNE « INTIMITÉ » DIFFICULTEUSE

Si le thème du voyage, que Julien Gracq (1910-2007) range lui-même dans « Les Yeux bien ouverts » (1954) parmi ses grands thèmes imaginatifs, est certainement porteur pour son œuvre, quoique *terra incognita* pour la critique[1], il n'en va pas de même, bien au contraire, de l'« intimité ».

En effet, le motif du voyage se dissémine dans la quasi-totalité de l'œuvre : dans la fiction, où les personnages, des êtres sans attaches familiales, conformément à leur « Fiche signalétique[2] », sont toujours itinérants, comme dans les écrits d'inspiration autobiographique qui témoignent d'une passion du voyage chez l'écrivain lui-même et qui construisent, depuis les deux volumes de *Lettrines* (1967 et 1974) et jusqu'aux *Carnets du grand chemin* (1992), une véritable poétique de la

1 Voir Diana Samarineanu, « Le voyage comme départ : analytique du voyage dans *Les Yeux bien ouverts* de Julien Gracq », *Studies on Lucette Desvignes and Contemporary French Literature*, vol. 15 – 2005, The Ohio State University-Newark, Center for Studies on Lucette Desvignes, p. 163-184.

2 « *Époque* : quaternaire récent. / *Lieu de naissance* : non précisé. / *Date de naissance* : inconnue. / *Nationalité* : frontalière. / *Parents* : éloignés. / *État civil* : célibataires. / *Enfants à charge* : néant. / *Profession* : sans. / *Activités* : en vacances. / *Situation militaire* : marginale. / *Moyens d'existence* : hypothétiques. / *Domicile* : n'habitent jamais chez eux. / *Résidences secondaires* : mer et forêt. / *Voiture* : modèle à propulsion secrète. / *Yacht* : gondole, ou canonnière. / *Sports pratiqués* : rêve éveillé – noctambulisme. », *Lettrines* dans Julien Gracq, *Œuvres complètes*, t. II (éd. établie par Bernhild Boie avec la collaboration de Claude Dourguin), Paris, Gallimard, « Bibliothèque de la Pléiade », 1995 [Désormais abrégé *OC*, t. II], p. 153.

route. La formation de géographe de Julien Gracq[3] a certainement joué un rôle dans cette prédilection, l'ayant armé, à travers la pratique concrète du « terrain[4] », d'un « savoir voyager » et d'un « savoir regarder[5] » dont il avoue ne s'être jamais défait, enrichissant l'expérience concrète, aidant à la reconstitution de mémoire de la chose vue et présidant à l'échafaudage des géographies fictionnelles[6].

Par contre, pour ce qui est de l'« intimité », Gracq a souvent exprimé des réticences qui semblent affecter toute la sphère sémantique du mot. La plus radicale peut-être est formulée à l'égard du journal intime, dans *André Breton. Quelques aspects de l'écrivain* : « La seule véritable obscénité dont soit capable une œuvre littéraire consiste sans doute à appeler de la plume l'attention sur ces zones intestinales de la "vie intérieure" [...][7] ».

---

3 Louis Poirier, le vrai nom de l'écrivain, fait des études de géographie et d'histoire à l'École normale supérieure de 1930 à 1933. Son mémoire de géomorphologie est élaboré sous la direction d'Emmanuel de Martonne, « gendre et successeur » de Paul Vidal de La Blache (père fondateur de la géographie en France), comme le précise Julien Gracq dans *Carnets du grand chemin* (*OC*, t. II, p. 1021). Pour plus de détails relatifs à la période des études, voir la *Chronologie* dans Julien Gracq, *Œuvres complètes*, t. I (éd. établie par Bernhild Boie), Paris, Gallimard, coll. « Bibliothèque de la Pléiade », 1989 [Désormais abrégé *OC*, t. I], p. LXVI-LXVIII.

4 Se définissant, selon les épistémologues de la géographie, comme « ensemble complexe qui se présente dans l'expérience d'un géographe qui se déplace, qui voyage, quels que soient les véhicules de son voyage », le « terrain » serait envisagé comme « le grand livre à interpréter, à l'intérieur duquel toutes les manifestations de la vie en un lieu de la surface terrestre sont rassemblées » (voir le chap. « La Physionomie du paysage, d'Alexandre de Humboldt à Paul Vidal de La Blache » *in* Jean-Marc Besse, *Voir la Terre : six essais sur le paysage et la géographie*, Arles, Actes Sud / ENSP / Centre du paysage, 2000, p. 106). Le rôle du dispositif visuel mis en place au début du siècle passé dans la fréquentation directe des paysages est également souligné par eux : « [...] le terrain se substitue au livre, au texte, voire à l'archive de l'historien. Il acquiert une valeur heuristique fondamentale, puisqu'il constitue le substrat où se lit la relation hommes-milieu qui devient à partir du XXe siècle la problématique explicite de la géographie humaine française » (Marie-Claire Robic, « Interroger le paysage ? L'enquête de terrain, sa signification dans la géographie humaine » *in* Claude Blanckaert (dir.), *Le Terrain des sciences sociales. Instructions et enquêtes ?* Paris, L'Harmattan, 1996, p. 362, *apud* Jean-Marc Besse, *ibid.*).

5 Voilà ce que note à cet égard un des disciples de Vidal de la Blache : « Rien ne vaut la vue et l'étude directe des phénomènes sur le terrain. L'observateur exercé peut y saisir des rapports multiples entre les facteurs physiques et l'homme, qui échappent à la description par le livre ou à la représentation par la carte. Mais vous pensez bien que pour être capable de faire ces observations sur le vif, il est nécessaire de savoir voyager, et de savoir regarder. » (Édouard Muller Ardaillon, « Les principes de la géographie moderne » in *Bulletin de la Société de géographie de Lille*, t. 35, 1901, p. 19, *apud* Jean-Marc Besse, *id.*, p. 112)

6 Voir l'entretien de Julien Gracq avec le géographe Jean-Louis Tissier (1978), reproduit dans *OC*, t. II, p. 1200-1209.

7 *OC*, t. I, p. 450. L'essai est rédigé en 1946 et publié en 1948.

Le caractère péremptoire de cette notation pourrait être attribué à la relative jeunesse de son auteur. Néanmoins, approximativement trois décennies plus tard, les écrits participant d'une manière ou d'une autre du genre intime, s'engageant dans la zone des « relations sentimentales, mêlées ou non de sensualité, marquées par une communion profonde, des échanges sans réserve et parfois la cohabitation », que le *Trésor de la langue française informatisé* (*TLFI*) circonscrit à l'« intimité », font l'objet d'un jugement dont la sévérité est restée la même. Carnets, cahiers, journaux, mémoires, correspondances restent globalement synonymes de « tout ce que, de l'écrivain, babille et jase encore autour de lui en liberté », de ce que « les grands écrivains du passé [...] auraient regardé comme les miettes de leur table », des « laissés-pour-compte ». Le vingtième siècle finissant préfèrerait ce type de littérature, une « littérature qui bouge, et saisie dans le moment même où elle bouge encore », cependant qu'il perdrait le goût de « la littérature-monument », celle qui ressentait « le besoin de se mettre en règle avec les permis de construire de son époque », « tout comme – dit Gracq pour se faire comprendre – nous préférons une esquisse de Corot ou de Delacroix à leurs tableaux finis ». De là, un phénomène simultané : « le retour en force, dans la littérature, de la marginalité sous toutes ses formes » et le « délaissement du *chef-d'œuvre*[8] ».

Pour ce qui est de ses propres options en matière de littérature, elles prennent, de manière logique, le contre-pied de cette espèce d'« intime ». L'opposition de Julien Gracq reste coriace à une tradition du roman psychologique à la française, incarnée de façon paradigmatique par l'œuvre de Paul Bourget, mais reconduite, à ses yeux, dans l'immédiat après-guerre par la littérature existentialiste, surtout, sinon exclusivement dans l'interprétation qui est la sienne, sartrienne. Il s'érige contre cette tradition, qu'il appelle tradition de la « *fleur coupée* », autour de laquelle « [o]n ne sent pas assez [...] le terreau, l'air mouillé, le chien et le loup de six heures », son œuvre se constitue en un plaidoyer pour la « plante humaine », « un être constamment *replongé* [...], l'aigrette terminale, la plus fine et la plus sensitive, des filets nerveux de la planète[9] ».

8 Toutes les citations de ce paragraphe renvoient à *En lisant en écrivant* (notes rédigées de 1973 à 1980, publiées 1980) dans *OC*, t. II, p. 755-756.

9 Pour les citations, voir « Les Yeux bien ouverts », le premier texte non-fictionnel où Gracq formule son idée de la « plante humaine » (inclus dans le vol. *Préférences*, éd. de 1961,

Si bien que, redevable à la pensée géographique du début du siècle passé, l'œuvre de Julien Gracq, de son propre aveu, accueille généreusement le « milieu » de la « plante humaine », le « monde » qui la porte – « le monde extérieur[10] », ou bien « [l]e monde énorme [...] des paysages » « où l'histoire mord à peine[11] », comme il le dit à diverses occasions. À l'époque où Gracq considère avoir été le plus actif – la période 1938-1955[12], à l'intérieur de laquelle on voit bien quels peuvent être ses contemporains « significatifs[13] » – elle est porteuse d'enjeux polémiques sur le terrain d'une littérature trop occupée à « transformer » le monde pour conserver encore des ressources pour le célébrer ou au moins le contempler :

> [...] je souhaite au moins qu'on puisse se faire à travers ces livres une idée moins brutale, moins appauvrissante de la solution de continuité censée exister entre l'homme et le milieu qui le porte. C'est une des manières que j'ai de rester fidèle à l'attraction très puissante que ma discipline d'origine, la géographie, a toujours exercée sur moi. C'est une des manières aussi que j'ai de rompre avec une tradition classique dont l'humanisme étriqué, combiné à l'interdit jeté – ou à peu près – sur le monde extérieur, a toujours été exclusif[14].

Hypostase fondamentale de l'humain, la « plante humaine » est, de façon programmatique, dépourvue d'épaisseur psychologique ou d'abîmes du cœur. Elle semble également peu douée pour ressentir « la pression de l'histoire[15] » sartrienne ou bien pour assumer un quelconque

---

dans *OC*, t. I, p. 844), idée néanmoins déjà présente dans une prose poétique de 1951, « La Sieste en Flandre hollandaise » (*Liberté grande*, éd. de 1958, dans *OC*, t. I, p. 319). Les italiques appartiennent à Julien Gracq.

10 Entretien avec Jean Roudaut (1981) dans *OC*, t. II, p. 1225.

11 Ces deux expressions sont tirées d'une conférence donnée en 1960, « Pourquoi la littérature respire mal » dans *Préférences* (éd. de 1961), *OC*, t. I, p. 878.

12 « Entre 1939 et 1955, époque à laquelle j'ai publié le plus, la littérature était très marquée par une attitude négative, hostile même vis-à-vis du monde extérieur : attitude que Sartre a fixée, dès ses débuts, dans les pages bien connues de *La Nausée*. J'étais très étonné, à l'époque, par ces romans peuplés de conversations de café, à tendance métaphysique. » (Entretien avec Jean Roudaut, *OC*, t. II, p. 1225)

13 Cette période, nous la définissons, pour notre part, comme le « créneau temporel » de l'écrivain. Voir Diana Samarineanu, *Julien Gracq ou la littérature à rebours de la littérature*, Bucureşti, EUB, 2013, p. 13-18.

14 Entretien avec Jean Carrière (1986) dans *OC*, t. II, p. 1255.

15 L'idée de la contrainte est omniprésente dans la description de la génération des écrivains « situés », ceux qui commencent à publier dans les années 1930 (la génération des écrivains « situés » et le « créneau temporel » de Julien Gracq se recoupent) : « Brutalement

engagement dans l'Histoire. Mais ce qui est définitoire pour elle c'est le rapport au monde qui la porte et la nourrit, en tant que le monde est son unique, bien que fugitive, maison. C'est ce lien avec la Terre qui offre la possibilité d'une redéfinition de l'« intimité », à condition que le terrain de celle-ci ne soit pas la psychologie, mais plutôt celui d'une ontologie phénoménologique. De façon plus précise encore, l'« intimité » traduirait une espèce particulière de présence au monde que les divers avatars de la « plante humaine » viendraient exemplifier au fil de l'œuvre. C'est la spécificité gracquienne de la présence au monde que nous nous proposons de capter en ce qui suit.

« INTIMITÉ » ET « VOYAGE »

Une nouvelle difficulté semble toutefois surgir : si la « plante humaine » constitue apparemment la voie royale pour repenser le concept d'« intimité », elle semble peu compatible avec les possibilités d'analyse du concept de « voyage » – vu les suggestions de « sédentarité », d'« enracinement » dont elle se connote automatiquement, pour ne plus évoquer d'autres associations possibles, comme, par exemple, un « attachement à la terre », pouvant éventuellement puiser ou bien verser dans quelque idéologie nationaliste prônant la fidélité aux valeurs du terroir. La question qui se pose à ce point serait donc la suivante : comment deux hypostases de l'humain, à tel point contradictoires en apparence, la plante sédentaire et le voyageur inlassable, s'accommodent-elles sur le terrain d'une même œuvre ?

Dans la littérature de la « plante humaine », Gracq évoque lui-même une évolution des personnages vers une certaine « transparence » :

> À mesure que les années ont passé et que j'ai avancé dans mes livres, il me semble que ma vue a un peu changé – presque mécaniquement, comme on devient presbyte – et que les figures humaines qui se déplacent dans mes romans sont

---

réintégrés dans l'Histoire, nous étions acculés à faire une littérature d'historicité » ; « Contraints par les circonstances à découvrir la pression de l'histoire, comme Torricelli a fait de la pression atmosphérique […] », Jean-Paul Sartre, *Qu'est-ce que la littérature ?* (1948), Paris, Gallimard, « Folio Essais », 2009, p. 215 et p. 222.

> devenus graduellement des *transparents*, à l'indice de réfraction minime, dont l'œil enregistre le mouvement, mais à travers lesquels il ne cesse d'apercevoir le fond de feuillages, de verdure ou de mer contre lequel ils bougent sans vraiment se détacher. La promesse d'immortalité faite à l'homme, dans la très faible mesure où il m'est possible d'y ajouter foi, tient moins, en ce qui me concerne, à la croyance qu'il ne retournera pas tout entier à la terre qu'à la persuasion instinctive où je suis qu'il n'en est jamais tout à fait sorti[16].

Ce passage montre que l'œuvre peut être pensée par le truchement du tandem conceptuel « intimité » et « voyage ». Il permet également d'articuler l'image du voyageur à celle de la « plante humaine ».

Gracq laisse ici deviner l'idée qu'il se fait de l'« humaine condition », une condition itinérante dans un sens originaire, d'êtres « sur la route », et que les personnages itinérants des romans, se conformant, par ailleurs, au portrait-robot dressé par leur « Fiche signalétique », viendraient incarner[17], suggérant un sens existentiel pour leur voyage.

D'autre part, à travers ces graduels « transparents », il parle ici d'une espèce d'usure progressive de la trame humaine de ses personnages. La rétine en capte le manège spectral, mais ne fixe que le décor dans lequel ils se fondent de plus en plus pour se confondre avec lui au moment de l'éclipse finale. Ce serait une régression de l'humain vers le naturel, d'un côté, mais également un rappel de ce que l'homme est lui-même nature, une forme de vie parmi d'autres. Mourir n'est pas dramatique, suggère encore ce beau passage, puisque mourir c'est réintégrer, par dilution, le cycle naturel de la vie de la terre et l'unité avec un corps, le corps maternel d'une terre auquel l'homme reste attaché par un cordon ombilical qu'il n'a jamais réellement coupé[18].

Le « transparent » se déplaçant « sur le fond de feuillages, de verdure ou de mer », cet homme-paysage, s'il peut bien dire l'émerveillement

---

16 *Lettrines 2* dans *OC*, t. II, p. 293.

17 À titre d'illustration, voilà quelques bribes de la philosophie viatique de Grange, le héros d'*Un balcon en forêt*, la dernière grande fiction de Gracq (1958) : « Ce voyage à travers la forêt cloîtrée par la brume poussait Grange peu à peu sur la pente de sa rêverie préférée ; il y voyait l'image de sa vie : tout ce qu'il avait, il le portait avec lui [...] » (*OC*, t. II, p. 26). Ou bien : « Marcher lui suffisait : le monde s'entr'ouvrait doucement au fil de son chemin comme un gué. » (*OC*, t. II, p. 115)

18 L'anthropologie gracquienne est discrètement patronnée par la figure mythique d'Antée, fils de Gaïa, déesse de la Terre, héros qui puise sa force vitale dans le contact avec la Terre : « J'aime bien le mythe d'Antée, qui reprend des forces chaque fois qu'il retrouve le contact avec le sol » (Entretien avec Jean Roudaut dans *OC*, t. II, p. 1225).

devant la diversité terrestre, et le bonheur pur de simplement en participer – « Comment, au long de ces chemins, *voyait*-on la Terre, quand on marchait ? » (peut-on d'ailleurs lire dans *Carnets du grand chemin*[19]) –, dit en premier lieu le caractère essentiellement « terrestre » de cette condition. Cette intimité matérielle avec la terre dit son être-au-monde, au sens heideggérien du terme[20], un être « appelé à se réaliser dans sa condition terrestre », pour citer le géographe-philosophe Éric Dardel, interprète de Heidegger dans son *L'Homme et la Terre* de 1952[21].

Assumer le caractère « terrestre » de sa condition veut dire que l'homme, nous suivons encore une fois Dardel, « se sente et se sache lié à la Terre[22] », « en tant que la Terre est une possibilité de son destin[23] ». Autrement dit, un monde, au sens de Heidegger – non pas comme ensemble d'existants, mais comme totalité, comme horizon global de sens relatif au projet du *Dasein*, en tant donc que monde de l'existence – est possible, si et seulement si la Terre est assumée en tant que fondement, en tant que « base » :

> La Terre, en tant que base, est l'avènement même du sujet, fondement de toute conscience s'éveillant à elle-même ; antérieure à toute objectivation, elle se mêle à toute prise de conscience, elle est pour l'homme ce dont il surgit dans l'être, ce sur quoi il érige toutes ses œuvres, le sol de son habitat, les matériaux de sa maison, l'objet de sa peine, ce à quoi il adapte son souci de construire et d'ériger[24].

Ou bien, avec Heidegger :

> La terre est celle qui porte et qui sert, elle fleurit et fructifie, étendue comme roche et comme eau, s'ouvrant comme plante et comme animal[25].

Pour faire le point, ce détour conceptuel indique que c'est à l'intérieur d'une problématique d'ordre ontologique de l'« habiter » qu'« intimité »

19 *OC*, t. II, p. 1041.

20 « La façon dont tu es et dont je suis, la manière dont nous autres hommes sommes sur terre est le *buan*, l'habitation. Être homme veut dire : être sur terre comme mortel, c'est-à-dire : habiter. » (Martin Heidegger, *Bâtir Habiter Penser* in *Essais et conférences*, trad. de l'allemand par André Préau, Paris, Gallimard, « *Tel* », 2003, p. 173)

21 Éric Dardel (1899-1967), *L'Homme et la Terre : nature de la réalité géographique* (nouvelle éd. présentée par Philippe Pinchemel et Jean-Marc Besse), Paris, Le CTHS, 1990, p. 46.

22 *Ibid.*

23 *Id.*, p. 124.

24 *Id.*, p. 57.

25 Martin Heidegger, *Bâtir Habiter Penser*, *op. cit.*, p. 176.

et « voyage » prennent leur sens, et que les hypostases gracquiennes de l'humain – auxquelles nous pourrions en ajouter encore une, le « bétail » pacifique[26], dont nous n'allons pas nous occuper toutefois ici – s'enchevêtrent et se corrigent mutuellement de manière que certaines de leurs plages sémantiques sont mises en sourdine pour donner finalement corps à une anthropologie harmonieuse.

Dans le cadre limité dont nous disposons ici, il est impossible d'épuiser le problème conjugué de l'« intimité » et du « voyage[27] ». Nous nous proposons uniquement d'illustrer sa fécondité pour l'œuvre, en analysant deux extraits significatifs de *Lettrines 2*, dont nous allons un peu plus loin expliquer le choix. Notre analyse devrait montrer que la définition de l'« intimité » est, chez Gracq, inséparable de ce qu'on pourrait appeler un « substrat terrestre » de l'humain et que le voyage n'est pas uniquement une manière d'aller vers la Terre et ses paysages, mais, en même temps, l'actualisation dans l'homme de ce substrat.

Avant de passer à l'analyse, quelques précisions concernant le volume d'où sont tirés les passages qui vont être analysés s'imposent. Vers le milieu des années 1950, *Lettrines* et *Lettrines 2*[28] inaugurent une nouvelle pratique d'écriture, sur cahiers[29], et une nouvelle forme d'écriture, le fragment[30], qui font que la critique parle d'un « tournant » de la création gracquienne, pour décrire le passage du fictionnel romanesque à un non-fictionnel d'inspiration autobiographique. Dans leur forme finale, les volumes sont le résultat d'une sélection opérée par Gracq[31]. Des notes éparses, dont les sujets sont divers, sont regroupées, ultérieurement à leur rédaction, autour d'un certain nombre de noyaux thématiques. Un noyau thématique récurrent est celui des voyages. Il s'agit de voyages

26 Voir, par exemple, « La Sieste… » dans *OC*, t. I, p. 318.

27 Nous signalons toutefois, dans ce sens, la fertilité de l'immense et à peu près inexploré territoire de ce qu'on peut appeler, avec Patrick Marot, « le cycle des lieux » (Patrick Marot, *La Forme du passé : écriture du temps et poétique du fragment chez Julien Gracq*, Paris-Caen, Lettres Modernes Minard, « Bibliothèque des lettres modernes », 1999, p. 57). Il s'agit de trois textes de Julien Gracq : *Les Eaux étroites* (1976), *La Forme d'une ville* (1985), *Autour des sept collines* (1988).

28 On rappelle les années de parution : 1967 et 1974.

29 *Vs.*, antérieurement pour les romans, sur feuilles libres. Cette pratique est poursuivie pour tous les volumes ultérieurement, à l'exception de *La Forme d'une ville* (1985), où Gracq revient à la pratique des feuilles libres.

30 *Vs.* roman, récit, prose poétique, voire une pièce de théâtre.

31 Pour ce qui est du volume qui nous intéresse, il s'agit notamment des cahiers 2-6, 1962-1974.

concrètement entrepris par Gracq. L'*Index des noms des lieux*, figurant dans l'édition de la Pléiade dans le second tome des *Œuvres complètes*, s'étend sur une quinzaine de pages[32], témoignant d'une constante pratique du monde chez Julien Gracq. Il rend possible l'établissement d'une carte géographique, affective mais bien réelle, qui indique, chez un écrivain que la plupart des critiques considère un ermite retranché dans sa tour d'ivoire, un engagement, qui va se consolidant, au fur et à mesure que les années passent, en faveur du monde. La polémique menée ouvertement dans l'immédiat après-guerre avec la « littérature de la *fleur coupée* », que l'écrivain poursuit jusqu'au seuil des années soixante avec le Nouveau roman, lequel, à ses yeux, prolonge cette même tradition, porte, justement, sur la question de l'intimité brouillée entre l'homme et le monde, si l'« intimité » est interprétée dans l'ouverture du concept « terrestre ». Le très consistant pan de l'œuvre non-fictionnelle qui peut être recomposé, à la façon d'une mosaïque, à partir des fragments consacrés à des relations de voyages dans les divers volumes, des voyages qui vont de la promenade autour de la maison familiale, jusqu'au long voyage en avion qui le porte sur un autre continent, doit être placé dans la perspective de la récupération d'une dimension de l'humain, pour laquelle Gracq plaidait ouvertement dans les années 1940 et 1950 à travers son image de l'homme comme « plante humaine ».

Les deux passages que nous allons analyser sont détachés d'un très long fragment qui ferme le volet intitulé « Chemins et rues » de *Lettrines 2*[33]. Il évoque « les routes de la guerre » et les « lents voyages à l'aventure » que Gracq lui-même, enseignant à l'époque la géographie à l'Université de Caen, entreprend à pied par plaisir, mais également, sur le fond des restrictions de l'occupation, par nécessité. La période évoquée va de 1942 à 1946[34]. Le fragment est rédigé vers 1970, à en juger par une référence à « la société d'abondance de 1970[35] ». Une petite considération inactuelle sur la culture *hippie*, brouillée avec l'idée de propriété, de domicile fixe et de tout ce que la vie bien assise du sédentaire implique comme contraintes, indique à peu près la même époque pour la rédaction[36].

32 *OC*, t. II, p. 1735-1750.

33 *Lettrines 2*, *op. cit.*, p. 278-285.

34 *Id.*, p. 278-279.

35 *Id.*, p. 279.

36 *Id.*, p. 282.

Placé, comme nous l'avons déjà noté, à la fin de ce volet de *Lettrines 2*, consacré entièrement à de courts voyages, en France pour la plupart, ce fragment en est également un couronnement et, pourrait-on le dire, une morale : le florilège de minirécits, plutôt des notes de voyage, qui le composent, nous régale de deux concepts fondamentaux pour le propos qui nous occupe, dont nous allons traiter dans l'ordre où ils surgissent au fil du texte : un homme « entortillé dans le paysage » et l'« errant par le monde ».

« ENTORTILLÉ DANS LE PAYSAGE »

> À marcher ainsi seul sur les routes, une imprégnation se fait du pays traversé – mieux même que de ses bruits et de ses odeurs : de sa respiration, de sa sonorité – qu'aucun autre mode de locomotion ne permet : entortillé dans le paysage comme dans les *fils de la Vierge* de septembre, on emporte avec soi comme un pollen quelque chose de sa substance qu'on s'incorpore. [...] La fatigue agit comme le fixateur sur l'épreuve photographique [...]. Comme j'ai aimé, tout au long d'une fatigante journée de route, seulement garder dans les oreilles la modulation du chant du monde, seulement voir le soleil monter, puis descendre sur la terre, et les *petits pas d'homme*, lointainement amicaux, inintelligibles, bouger sur elle faiblement, comme des fourmis[37] !

Notons tout d'abord que la manière dont l'espace est ici pratiqué, en solitaire, c'est la marche, pratique qui, plus que d'autres, est frottement à la matérialité du monde, pratique également qui, parmi d'autres, a le mérite d'être la moins agressive à l'égard de la planète, et, d'un point de vue anthropologique, la plus originaire. C'est un dénominateur commun des passages qui vont être analysés ici.

Les définitions offertes par deux dictionnaires, le *TLFI* et le *Petit Robert* (*PR*), pour l'expression « fils de la Vierge » vont constituer le point de départ de l'examen de ce premier passage. Dans le texte, le syntagme se signale par sa graphie différente, sans doute non pas seulement pour avertir sur l'appartenance à une terminologie spécialisée, mais aussi sur un excès sémantique et sur la possibilité du vocable de s'autonomiser

37 *Id.*, p. 280.

par rapport au contexte et d'entrer en résonance sémantique avec des expressions qui sont, éventuellement, elles aussi soulignées. On remarquera, un peu plus loin, une seconde expression en italique : « *petits pas d'homme* ».

Selon le *TLFI*, les « fils de la Vierge » sont « les fils légers produits par diverses araignées, voltigeant dans l'air, notamment à l'automne » ; et le *TLFI* et le *PR* expliquent l'expression par une « allusion poétique à des fils soyeux échappés du fuseau de la Vierge Marie » ; la définition avancée par le *PR* est un peu plus détaillée au point de vue entomologique, car elle précise que les « fils de la Vierge » sont des « fils de certaines araignées qui ne font pas de nid et que le vent emporte » ; pour synonymes, tous les deux donnent : « filandre », et le *TLFI* donne encore un synonyme poétique : « cheveux de la Vierge ».

Voilà les éléments qui nous semblent, dans ces définitions, importants à retenir : légèreté à la limite de l'apesanteur, favorisant plutôt que le vol, le flottement – le verbe « voltiger » utilisé par le *TLFI* suggère le flottement, le papillonnage – les fils de la Vierge s'accrochent sans doute, pour se détacher et de nouveau reprendre leur voltigement erratique. La définition du *PR* nous semble intéressante en ce qu'elle précise que les araignées qui sécrètent « les fils de la Vierge » sont nomades – « ne font pas de nid » et que le vent les emporte, entortillées dans leur toile. Apparemment, il existe une famille d'araignées, d'étonnants voyageurs aériens dans d'étonnants aérostats de leur propre production, que les arachnologues appellent familièrement des araignées-montgolfières.

Comment mettre maintenant à profit ces éléments de définition ? Tout d'abord, le caractère rassurant, voire euphorisant, de la comparaison avec les « fils de la Vierge » de septembre devrait être souligné. La référence à la seule « toile d'araignée » se serait automatiquement connotée d'un sentiment de menace, activant l'idée d'un homme pris au piège, d'un homme désespérément captif et promis à une mort lente et douloureuse par exsanguination. Par contre, les « fils de la Vierge » suggèrent un heureux « entortillement » dans un paysage avec lequel on a un contact intime, spécifique à la marche et lequel, au lieu de lester l'homme de sa poussière, le libère et l'emporte. Ce lest est, de plus, comparé à « un pollen ». C'est une récolte qui, en tant que promesse du miel futur, se présente comme un don et participe du même registre euphorisant que les filaments de la Vierge.

À travers cette même image, une certaine idée de l'homme, nous semble-t-il, est véhiculée. Comme dans le paragraphe sur les « transparents », l'homme gracquien est de la terre, au double sens d'appartenance à la terre, d'où il n'est sorti que pour y retourner, et de consubstantialité, sens où il est terre lui-même[38]. La marche « sur les routes » – on signale le pluriel qui valorise implicitement l'itinérance même au détriment d'un itinéraire particulier – ne fait pas venir le monde à l'homme sous la forme des odeurs ou bien des bruits, au moins non essentiellement (« une imprégnation se fait du pays traversé – mieux même que de ses odeurs et de ses bruits »), ce qui maintiendrait les cloisons étanches entre l'homme et le monde. L'homme n'est pas un simple réceptacle des sensations venues du monde, mais il devient un organe réceptif du monde lui-même – « l'aigrette terminale, la plus fine et la plus sensitive, des filets nerveux de la planète », comme Gracq l'avait noté dans « Les Yeux bien ouverts » à propos de sa « plante humaine » –, à travers lequel le monde ne serait pas autant inhalé et écouté qu'il ne se percevrait lui-même de l'intérieur (le déplacement d'odeurs et de bruits à « respiration » et « sonorité » : « une imprégnation se fait du pays traversé [...] de sa respiration, de sa sonorité »). Ce qu'elle figure c'est, par excellence, la qualité d'être-au-monde de l'homme gracquien.

Ensuite, la condition terrestre n'est pas ressentie comme malédiction, puisqu'elle n'est pas lourde et n'attache pas fatalement. L'image des *fils de la Vierge* a l'exceptionnelle qualité d'indiquer et d'annuler à la fois la matérialité de la condition humaine. Ou mieux, l'homme est fatalement voué à la terre, mais cette fatalité est dédramatisée, voire transformée en bénédiction.

Il faudrait en outre noter la modestie de l'idée que Gracq se fait de l'homme. Ses images sont puisées non pas dans le registre du sur-homme, mais dans celui du sous-homme, si l'on veut. L'homme « entortillé dans le paysage comme dans les fils de la Vierge » est un avatar de la « plante humaine », partageant avec elle le registre naturel d'abord – présent encore dans le texte par la référence au pollen, et aux petits pas d'hommes comme des fourmis – et régressif, ensuite, dans l'ordre de l'évolution darwinienne du naturel.

---

38 « La Sieste... » s'achève sur une image où l'homme est, de façon explicite, de la terre : « [...] une goutte entre les gouttes, exprimée un moment avant d'y rentrer de l'éponge molle de la terre », « La Sieste... », *op. cit.*, p. 320.

La suite du paragraphe ne fait que déplier les possibles sémantiques de la métaphore de l'homme « entortillé dans le paysage comme dans les *fils de la Vierge* de septembre ». Le frottement à la matérialité du monde est usant. On peut imaginer le corps meurtri par un chemin difficile[39]. Mais la fatigue use dans le même temps l'esprit du voyageur, émoussant donc en lui une faculté spécifiquement humaine, qui faisait l'orgueil de l'homme moderne. La pensée perd, au rythme monotone de la marche, son obsession des idées claires et distinctes, se vide progressivement de ses contenus, se distend pour s'abandonner à un certain vagabondage qui reprend évidemment celui, aérien, des *fils de la Vierge.*

Fragilisé par l'épreuve du monde, le voyageur est donc un être appauvri et vulnérable. Vulnérable, mais « poreux[40] », plus décloisonné, plus ouvert à l'afflux du monde, moins résistant à lui. Avec les mots de Gracq : l'esprit « perd une à une ses défenses, doucement stupéfié », « bat nu la campagne ».

« La fatigue agit comme le fixateur sur l'épreuve photographique ». Qu'est-ce qui se fixe sur cet homme présent à un lieu singulier de la Terre, à un moment singulier de la vie de cette Terre ? L'énoncé « l'esprit [...] s'engoue tout entier d'un rythme qui l'obsède, d'un éclairage qui l'a séduit, du suc inexprimable de l'heure qu'il est » a une valeur déictique : « cette » couche évidemment fine de paysage que le marcheur emporte avec lui ; « cette » poudre exquise de sa substance, figurée ici par le « pollen », ce serait un certain et unique visage du monde. Grâce à l'allusion à l'image photographique, le monde est, dans ce magistral texte gracquien, étymologiquement dé-visagé perpétuellement en cours de route. La vertu principale des marqueurs déictiques est de signaler la présence au monde dans son immédiateté.

Le marcheur est donc vulnérable, poreux, mais également sans angoisse, puisque, comme on l'avait déjà noté, avec ce qu'il y a de plus moderne en lui atténué – nous observerons, comme chez René Crevel, que Gracq a lu, une préférence pour l'« esprit » contre « la raison[41] » –,

39 Ce n'est pas ici le cas, mais c'est bien le cas dans d'autres textes de Julien Gracq, comme par exemple « Les Hautes Terres du Sertalejo » (1947) qui fait partie du volume *Liberté grande* (éd. 1958) dans *OC*, t. I, p. 311-314.

40 Voir Albert Camus, *Carnets. Mai 1935 – Février 1942*, Paris, Gallimard, 1962, p. 26.

41 Au mois de novembre 1926, en Angleterre, René Crevel prononce, devant les étudiants en français d'Oxford et de Cambridge, une conférence intéressante, intitulée « L'Esprit contre la raison », dont le texte sera repris, le 5 décembre 1927 aux *Cahiers du Sud.* Ce

le voyageur est aussi plus consentant à l'égard du monde. « L'esprit, qui perd une à une ses défenses, doucement stupéfié » préfigure l'abandon total au monde de certains textes de Gracq comme, par exemple et par excellence, « La Sieste en Flandre hollandaise[42] ». Selon un scénario, toujours le même, le marcheur cède à un moment donné, après avoir indéfiniment marché, à une impulsion de se coucher par terre, impulsion dont la raison est peu responsable, et qui monte en lui de cette zone, en-deçà de l'« intelligence logicienne[43] », qui maintient les choses séparées entre elles et l'homme séparé de soi-même tout comme de l'autre, de cette zone où, dé-perméabilisé, l'homme forme un seul

texte constitue une charge contre « La Crise de l'esprit » (1919) de Paul Valéry. L'expression même de « crise de l'esprit » est, aux yeux de Crevel, suspecte. L'idée plus précise qu'il impute à Valéry c'est d'avoir jugé que la crise de la civilisation occidentale aurait été la faute de l'« esprit ». Attribuant, par contre, à l'« esprit » une faculté critique, grâce à laquelle la réalité est en permanence remise en question, Crevel considère justement que c'est au nom de l'« esprit » et sous sa bannière qu'il faudrait déclencher la croisade contre les valeurs chères à l'Occident qui ont fini par le mutiler. Parmi ces valeurs, l'ennemi numéro un c'est « la Raison ». L'agonie de l'Europe dont Valéry s'alarme dans « La Crise... » ne serait pas la conséquence des égarements de l'« esprit », mais des égarements de la « raison » : « La Raison fut la pioche dont on lui apprit à se servir pour creuser sa niche à même ce qu'on appelait sans modestie culture, civilisation. Mais pas un propriétaire qui, dans sa mesquinerie, n'oubliât les avenues magnifiques du rêve. Entre les murs des écoles obligatoires, des casernes, des maisons de parlements, on prétendit enchaîner les vents de l'esprit. », René Crevel, « L'Esprit contre la raison » *in Les Cahiers du Sud*, Marseille, 1927, cité depuis <http://melusine.univ-paris3.fr/CrevelEsprit.html>.

42 Voir « La Sieste... », *OC*, t. I, surtout p. 319.

43 Dans *André Breton : quelques aspects de l'écrivain*, Gracq oppose deux concepts : « âme » et « intelligence logicienne ». Le premier est emprunté au « Traité de la co-naissance au monde et de soi-même » de Paul Claudel (*Art poétique*), mais Gracq en détourne le sens afin de critiquer l'« intelligence logicienne », faculté par excellence moderne, correspondant à « la Raison » de René Crevel, faculté dont le principal défaut c'est d'appauvrir l'être en le limitant à soi-même. L'« âme » est, au contraire, redéfinie comme cette région de nous-mêmes, qui nous permettrait, en deçà du langage, de nous transcender nous-mêmes vers le monde, d'échapper à notre geôle individuelle, à une condition pourtant, « si seulement nous y consentions ». Ce serait, probablement, à ce niveau que l'homme gracquien se découvre « plante » : « Nous sentons aveuglément que c'est par la médiation seule de cette "âme" que les bêtes et les plantes, *malgré tout*, d'une certaine manière continuent à nous parler, que des signes constamment nous avertissent qui se passeraient au mieux, si seulement nous y consentions, d'avoir à être interprétés – et qu'à cette zone délicatement tactile, à cette ceinture de cils vibratiles, se rattache obscurément le seul et fragile espoir qui nous reste de sortir un jour de notre réclusion individuelle à perpétuité, de *communiquer* sans le travestissement dérisoire du langage, de nous *intégrer* à autre chose, de pénétrer et de nous laisser traverser, baigner de ce flux panique, unifiant et réconciliateur, que notre approche désoriente et dont les caprices désinvoltes nous abandonnent à nos soubresauts angoissés de poissons sur le sable. » (*OC*, t. I, p. 403)

corps avec le monde. Il s'agit d'épisodes, nombreux dans l'œuvre, de fusion explicite de l'homme et du monde, qui sont des illustrations parfaites de l'*époké* phénoménologique : l'homme devient un « lieu pur d'échanges et d'alliances », pour reprendre une expression qui figure dans « Les Hautes Terres du Sertalejo[44] ».

Enfin, dernier point de cette analyse, le « chant du monde » qui monte dans le corps rompu par le choc monotone de la marche, conjugué avec les idées d'imprégnation du monde et d'incorporation, acquiert toute sa richesse sémantique si on le met en relation avec le concept heideggérien de *Stimmung*, qui a un sens ontologique et qui décrit une disposition affective originaire de l'homme dans l'ouverture du monde, tel qu'il est réinterprété par Otto-Friedrich Bollnow à travers un terme musical, celui de « tonalité ». Ce dernier suggère que l'homme est, dès le début, placé dans le monde sur le mode dont un instrument musical est accordé, sur le mode, donc, de l'accord ou du désaccord :

> Toute tonalité (*Stimmung*) est accord (*Übereinstimmung*) ; et la tonalité affective de l'âme (*Gemütsstimung*) est aussi accord de tout l'homme dont les différents côtés sont accordés (*gestimmt*) uniformément sur un certain ton[45].

Attribuer une « tonalité » au paysage ne veut dire ni lui attribuer une âme ni projeter en lui l'illusion subjectiviste d'une « vie intérieure ». Dans le paysage, « un certain fond de tonalité affective a imprégné à la fois l'homme et le monde » :

> La tonalité affective n'est pas le propre d'une « vie intérieure » [...] isolée de l'homme, mais l'homme est incorporé dans l'ensemble du paysage qui, de son côté, n'existe pas isolément non plus [...][46].

Le « chant du monde » qui monte en lui, cette vibration du monde dans un corps qui s'en est imprégné à travers la marche, dit l'être-au-monde spécifiquement gracquien : c'est la célébration de l'accord entre l'homme et le monde, entre un homme qui est au monde et le monde. La « tonalité affective » suggérée est la plénitude, mais une plénitude qui a la sagesse de se contenter de peu. Ce serait le sens des restrictifs « seulement »,

---

44 *OC*, t. I, p. 314.

45 Otto-Friedrich Bollnow, *Les Tonalités affectives : essai d'anthropologie philosophique* (trad. par Lydia et Raymond Savioz), Neuchâtel, La Baconnière, 1958, p. 33.

46 *Id.*, p. 34.

souvent présents dans l'œuvre pour décrire un bonheur de simplement être, un bien-être purement corporel traduisant cet accord. Le registre de ce type de plénitude, de ce type de bonheur, n'est pas orageux, dionysiaque ; c'est plutôt celui de l'ataraxie stoïcienne.

« UN ERRANT PAR LE MONDE »

> [...] c'est dans le souvenir des longues heures de marche que ces plaisirs confortables et prodigués, qui aujourd'hui coûtent si peu, plongent pour moi leur racine. On ne peut mettre dans la route toute l'attente qu'elle est capable de combler si l'on n'a pas au moins quelquefois tout accepté de ses sévérités et de ses servitudes primitives : la faim, la soif, la fatigue, l'ennui, l'inconfort, l'incertitude du gîte, l'averse désastreuse qui bat la chaussée noyée et installe sa cataracte pour tout l'après-midi, et cet étrange sentiment d'exil aussi, pareil à une basse monotone, qui naît du long chemin et ne déserte jamais ses pires exaltations : il en coûte ainsi d'être un errant par le monde ; les joies sont traversées vite, on ne participe pas [...][47].

Ce passage constitue un parfait prolongement du premier dont il ne se distingue que par une « tonalité affective » plus tempérée, plus ambiguë aussi, étant donné « cet étrange sentiment d'exil », « pareil à une basse monotone, qui naît du long chemin et ne déserte jamais ses pires exaltations » qui est évoqué. Il formule de façon beaucoup plus explicite la condition itinérante, voire erratique (suggérée métaphoriquement par le voltigement vagabond des « *fils de la Vierge* de septembre »), de l'homme chez Gracq, à travers l'image du voyageur comme « errant par le monde ». Il donne également la formulation la plus claire et synthétique, dans l'œuvre, de la conception spécifiquement gracquienne du voyage.

La longue marche reconduit, dans la vision de l'écrivain, l'ancienne conception du voyage comme ascèse, souffrance, pénitence et purification[48], selon laquelle le voyageur accepte tout des rigueurs et des aléas du grand chemin. L'étymon *trĭpalium*, « instrument de torture formé

47 *Lettrines 2*, *op. cit.*, p. 283-284.

48 Voir, pour l'évolution historique de la conception du voyage, Eric J. Leed, *The Mind of the Traveler : From Gilgamesh to Global Tourism* (*L'Esprit du voyageur : de Gilgamesh au tourisme global*), New York, Basic Books, 1991, p. 1-22.

de trois pieux[49] », est encore visible dans le mot anglais « travel » pour « voyager », et en français dans le mot « travail », qui, chez Gracq, renvoie très souvent à une conduite agressive, qui appose des cicatrices et des « stigmates[50] » de laideur sur la face de la terre. À l'opposé, le voyage participe des conduites non-agressives à l'égard du monde, à côté, par exemple, de la contemplation inactive[51]. La trace de l'étymon latin est également décelable dans le sens que le mot « travail » revêt dans l'expression « femme en travail », punition exemplaire d'Ève et de ses filles, simultanée avec l'expulsion de l'Éden et du premier voyage de l'homme biblique qui est, on le sait, un exil imposé.

L'« errant par le monde », hypostase de l'humain dont accouche le voyage ascétique gracquien, partage la condition de passant sur cette terre, de l'*homo viator*, délestée cependant de la métaphysique chrétienne qui le porte. Le sentiment d'exil comme « une basse monotone » est associé à la lucidité face à la base, à l'assise de vide de la condition de l'homme, de la conscience d'être-pour-la mort, de la mort comme « étape » ultime du voyage sur terre. Le « porte-en-faux sans sécurité » où l'« errant par le monde » s'installe en rappelant la précarité de sa condition.

Mais, si la mélancolie des choses éphémères renvoie au prototype chrétien de son voyageur, elle est loin de monopoliser à elle seule tous ses vécus. Avatar apparemment paradoxal de la « plante humaine », dans la mesure où sa mobilité s'oppose à l'enracinement de celle-ci, l'« errant par le monde » se sépare sur un point radical du *viator* chrétien : comme le Sisyphe de Camus, il faut l'imaginer heureux. Or, on ne peut l'imaginer heureux de se perdre dans les arcanes du monde terrestre que s'il se retrouve

49 Jacqueline Picoche, *Dictionnaire étymologique du français*, Paris, Dictionnaires Le Robert / VUEF, « Les Usuels », 2002, p. 365.

50 On retrouve l'expression « les stigmates du travail » dans *Lettrines 2*, *op. cit.*, p. 266. Cette expression est très probablement due à l'héritage vidalien de Julien Gracq : « Il va sans dire que dans cette physionomie l'homme, directement ou indirectement, par sa présence, par ses œuvres ou par le contrecoup de ses œuvres, s'impose toujours à l'attention. Lui aussi est un des agents puissants qui travaillent à modifier les surfaces. Il se range à ce titre parmi les facteurs géographiques de premier ordre. Son œuvre sur la Terre est déjà longue ; il est peu de parties qui n'en portent les stigmates. On peut dire que de lui dépend l'équilibre actuel du monde vivant. », Paul Vidal de La Blache, « Des caractères distinctifs de la géographie » *in Annales de géographie*, n° 124, 15 juillet 1913, p. 298.

51 « Je rêve quelquefois d'un nouveau Sermon sur la montagne, qui ferait briller aux yeux du monde, avant qu'il soit trop tard, l'éminente dignité non plus des pauvres, qui s'éloignent, mais des *Paresseux*. Tant de mains pour transformer ce monde, et si peu de regards pour le contempler ! » (*Lettrines* dans *OC*, t. II, p. 210).

soi-même sur le chemin. Le concept d'« intimité » préside à ses heureuses retrouvailles : l'intimité tantôt amicale, tantôt indifférente avec le chemin, permet au voyageur d'établir un lien aussi étroit avec le monde que l'est celui de la plante irriguée par la sève qui monte en elle.

Ni ce passage ni le passage antérieur ne donnent du monde l'image d'une vallée de larmes. Le déplacement de « voyage » à « errance » est significatif dans ce passage. Il suggère une certaine indifférence à l'égard de la destination mais également une certaine indifférence à l'égard du parcours. Cette indifférence spatiale est corrélée à une aptitude du voyageur de consentir au tout-venant de la route, non parce qu'il serait doué d'une exceptionnelle endurance, typique peut-être du comportement volontariste et conquérant de l'explorateur. L'exceptionnelle capacité qui est la sienne est de se sentir chez soi, où que ce soit, n'importe où. Le « balcon à glycines », « la cour pleine de poules, de charrettes et de futailles » suggèrent la vie assise du sédentaire. Leur valeur est domiciliaire. L'image générale de « tableau hollandais » recomposée à partir de ces quelques éléments ainsi que la présence du bétail revenant fidèlement à la maison suggèrent, comme dans « La Sieste en Flandre hollandaise », la quiétude de cette vie bucolique, la capacité de l'homme, chez Gracq, de se réjouir comme d'une petite éternité du séjour temporaire qui lui est donné sur terre.

L'indifférence spatiale associée à l'idée d'errance n'est donc pas le symptôme d'une carence, mais de ce que, dans « Pourquoi la littérature respire mal » (1960), Julien Gracq appelle « le sentiment du *oui* », décrivant une disposition à l'égard du monde, un accord avec lui – qui peut être de type musical.

La capacité de s'« installer » sur le chemin dont parle de façon métaphorique le premier passage à travers l'image de l'araignée errant par le monde blottie dans le cocon de sa toile, et, de façon explicite, le second, vont de pair avec un certain mépris des attaches et des possessions qui sédentarisent. D'où la valorisation d'une manière nomade de s'approprier le monde, située à l'opposé de celle du sédentaire. Cette valorisation correspond, nous semble-t-il, à un accent mis sur la condition de passager ici-bas, d'un côté, mais aussi à sa célébration tranquille.

À l'issue de ce parcours, une remarque s'impose : dans les passages que nous avons retenus pour l'analyse, Gracq ne parle pas même une seule fois de « voyage(s) ». Pourquoi ces termes seraient-ils alors symptomatiques d'une conception spécifiquement gracquienne du « voyage » ?

Si le mot « voyage » n'est pas présent, celui de « marche » l'est, en revanche, dans les deux extraits. En ce qui concerne le trajet, les termes utilisés sont, dans le premier, « les routes » – « [À marcher ainsi seul sur] les routes » – et, dans le second, « la route » – « [On ne peut mettre dans] la route [toute l'attente qu'elle est capable de combler] » – et « [le] long chemin » – « [cet étrange sentiment d'exil aussi, pareil à une basse monotone, qui naît du] long chemin ». Dans aucun des deux passages, l'article défini ne désigne une certaine route, des routes concrètes ou bien un chemin précis, quoique, comme nous l'avions d'entrée de jeu indiqué, l'extension de ces « lents voyages à l'aventure » gravitant autour de la ville de Caen soit suggérée par les possibilités relativement limitées de la locomotion pédestre, l'unique permise en temps de guerre. Toutefois, les valences déictiques des énoncés mises en évidence pour le premier texte, associées aux articles définis, contribuent à prêter aux noms communs qu'ils accompagnent une valeur de nom propre[52]. Grâce à elle, les rapports très matériels qui unissent l'homme qui marche au chemin sont à la fois singularisés, au sens où ils sont marqués par la coloration unique du moment, et universalisés, au sens où ils accèdent à un statut emblématique.

Ce dernier nous semble pouvoir résumer l'idée gracquienne du voyage comme intimité avec le monde, comme présence immédiate au monde en tant que le monde est l'unique demeure de l'homme, avant qu'il ne soit la scène de la civilisation et de l'histoire. Sur « les routes de la guerre », le marcheur ne rencontre ni les ruines ni les traces de la présence humaine, mais l'intemporalité du monde et son sein accueillant.

Les ingrédients composant le voyage gracquien sont pluriels. Dans l'idéal, il est pédestre, ce à partir de quoi on peut déplier d'autres caractéristiques : une lenteur permettant une patiente fréquentation du monde ; un rythme, la cadence même de la marche, favorisant une progressive et naturelle assimilation du monde et au monde et un accord de type musical ; une usure matérielle du corps du marcheur, favorisant une réduction dans l'être de ce qu'il a de superflu, un allègement, une légèreté, une essentialisation. L'abandon de facultés susceptibles de placer

52 Procédé déjà utilisé par Gracq dans « La Route », où la majuscule correspond à cette même conversion du nom commun en nom propre. Ce texte représente le seul fragment que Gracq garde d'un roman auquel il travaille après *Le Rivage des Syrtes* (1951), de 1953 à 1956, et qu'il abandonnera. Il sera inclus dans le volume *La Presqu'île* qui ne paraîtra qu'en 1970.

l'homme dans des postures agressives, typiquement modernes, à l'égard du monde, une certaine passivité devant lui et une disponibilité manifestée par le consentement inconditionnel aux vicissitudes de la route, révèlent, avec le substrat terrestre dont nous parlions précédemment, qu'au plus intime de lui-même l'homme gracquien est « plante ».

Si la marche s'avère la manière idéale de pratiquer le monde, si la « légèreté » et la « disponibilité » sont les attributs essentiels du voyageur gracquien, jusqu'où devrait-on aller pour « voyager » ? Devrait-on même partir pour « voyager » ? En effet, ces traits définitoires du voyage suggèrent qu'on puisse partir sans vraiment voyager mais aussi voyager sans vraiment partir. On pourrait donc en déduire que l'explorateur, par exemple, part, loin le plus souvent, mais ne voyage pas parce que sa disponibilité au monde est limitée par la volonté de l'apprivoiser, l'exilé part aussi mais ne voyage pas non plus, parce qu'il reste douloureusement lesté par ses attaches nostalgiques. La figure peut-être la plus pure du voyageur serait le promeneur autour de la maison familiale qui « voyage » sans vraiment partir, parce que « [l]a sécurité inaltérée n'est pas garantie à qui se risque au milieu des champs de force que la Terre garde, pour chacun de nous singulièrement, sous tension », écrit Gracq dans *Les Eaux étroites* (1976)[53].

La « légèreté » et la « disponibilité » tendent en même temps à convertir tout voyage en une errance et l'homme gracquien, cet « errant par le monde », en un *homo viator*. Toutefois, il ne s'agirait pas d'un sans-patrie à perpétuité ici-bas dans une vallée de larmes. Si l'*homo viator* gracquien n'a pas de patrie, c'est que le monde entier est sa patrie, ce qui explique l'indifférence relative à l'endroit où ses pas le portent, indifférence néanmoins qui se place sous le signe de la plénitude. Content de « seulement marcher », il est pareil à la « vierge de septembre » entortillée dans ses fils, chez elle n'importe où dans ce monde, « ici » ou « ailleurs ». Cette plénitude est pourtant sobre, parce que le monde, « cette merveille irremplaçable[54] », n'est pour l'homme qu'une maison précairement prêtée.

Diana SAMARINEANU
Université de Bucarest

53 *OC*, t. II, p. 527.
54 Entretien avec Jean Carrière, *op. cit.*, p. 1273.

CONCLUSION

Intimité et Voyage : une cohabitation problématique

Au terme de ce parcours de lecture resurgit la question initiale qui avait suscité cette réflexion collective : n'est-il pas antinomique d'associer deux notions que tout semble opposer ? Le Voyage en effet, si l'on définit le genre comme la mise en texte d'un ailleurs et d'un autre à partir d'un déplacement réellement effectué, serait par définition hostile à toute représentation trop voyante (ou constante) de soi. On attend en effet d'un relateur qu'il soit attentif aux surprises que lui offrent le monde et ses habitants plus qu'à sa propre personne. Cette proposition, qui paraît à première vue une évidence, méritait cependant d'être fragilisée, pour plusieurs raisons. Les études de poétique historique ont mis en évidence cette forme de révolution copernicienne qui prend forme au tournant des Lumières et s'affirme à l'époque du romantisme : le moi n'est plus haïssable dans un récit accueillant aux impressions, aux souvenirs, aux pensées… ou encore à la diégèse des petits tracas ou bonheurs qui accompagnent topographies ou éthopées. En outre, la littérature des voyages dans son ensemble porte évidemment les traces de celles et ceux qui l'écrivent même si, bien souvent, le voyageur s'avance masqué : comment pourrait-il en effet s'abstraire totalement de sa prose et ne pas laisser entrevoir çà et là quelques secrets, plus ou moins bien gardés, que les habiles tentent toujours plus ou moins de percer ? L'explorateur, le savant ou le pèlerin, pour ne faire allusion qu'à ces quelques possibles avatars du voyageur, ont aussi un corps et un cœur. Leurs émotions et sensations, même si elles sont soigneusement tenues en bride ou gazées, innervent jusqu'au texte le plus impersonnel. Quant aux partis pris ou aux préconstruits culturels de tous ordres qui contraignent la vision, il n'est pas dit qu'ils ne soient étroitement corrélés à une histoire individuelle et peut-être à une forme d'intimité. Enfin, l'expérience viatique transforme inévitablement le sujet et s'avère parfois le biais par lequel il acquiert une meilleure ou plus profonde connaissance de soi. Lequel est le plus sage des deux pigeons de La Fontaine (IX, 2) ? Celui qui reste ou celui qui décide de partir en un lointain pays, poussé par « le désir de voir et l'humeur inquiète » ? Il est difficile de répondre mais on peut supposer que les plaisirs des retrouvailles furent plus intenses d'avoir été précédés d'une séparation grâce à laquelle l'imprudent connaît le prix, après ses mésaventures, de la retraite. « [...] quiconque ne voit guère / N'a guère à dire aussi », y compris sur ce qu'il est et sur la manière dont le voyage a modifié ses façons de voir, de penser et de sentir.

Ceci posé, rien n'est résolu car l'intimité exposée, on s'en doute n'est qu'une traduction approximative ou infidèle d'un for intérieur qui, dès lors qu'il est mis en texte et donc communicable, est nécessairement soumis à des réagencements lorsqu'il n'est pas tout bonnement le fruit d'un imaginaire médié ou créé par le discours. Chaque texte négocie à sa manière avec l'injonction qui est faite au relateur d'exprimer le senti ou de le passer sous silence, sachant que, devant ces deux cas de figure, se lève un obstacle infranchissable : il est impossible de tout cacher (parce que l'intimité affleure, quelquefois à l'insu du scripteur) et on ne saurait dire toute la vérité sur soi (parce qu'on n'y a pas nécessairement accès et que le langage est trop imparfait pour ce faire). Occulter, crypter, laisser entendre, remodeler, fabuler... la liste est longue des stratégies par lesquelles est donnée dans le texte viatique une image de soi qui transforme le je en autre et l'intimité en représentation, voire en spectacle. Faut-il désespérer de pouvoir atteindre, même de manière oblique, la personne et se résoudre à ne fréquenter qu'un personnage ? Les études ici réunies admettent toutes que l'intimité, si elle se dérobe constamment et ne peut être réduite par l'analyse, n'en est pas moins une donnée inscrite dans le genre, que l'on peut approcher à la condition d'être patient et humble : rien n'est sûr de ce que dit sur soi le relateur et, s'il est le plus souvent possible de le confondre quand il rapporte ses faits et gestes ou prétend daguerréotyper le réel, aucune épreuve de véridiction n'est valide lorsqu'on est confronté à la composante personnelle du récit. On doit donc se contenter des données dont on dispose – qui sont tout de même en nombre suffisant pour faire progresser l'enquête.

La première d'entre elle relève de classifications, au demeurant diverses, des manifestations de l'intimité. Elles se situent en premier lieu sur un axe reliant le non-dit au dévoilement. La sexualité, par exemple, si elle s'affiche crument, s'oppose à la pudeur qui conduit à passer sous silence ce qui ne doit pas être montré (et il est toute une série de degrés qui sont entre ces deux postures). Par ailleurs, le discours sur soi n'est pas, loin s'en faut, orienté vers le seul sujet. C'est même tout le contraire puisqu'il témoigne d'une approche du monde et de ses habitants. Dans le rapport à l'autre et l'ailleurs se jouent les transgressions visant à enfreindre les codes en usage, les espoirs de fusion visant à un déport de soi, la tentation d'un repli régressif dans une sphère protégée ou encore la quête d'une nouvelle identité. Il faut tenir compte également des « arts du voyage » qu'il est possible d'inférer à partir du texte viatique. Existe-t-il des façons intimes d'habiter le monde ou de parcourir le territoire ? La question reste ouverte mais s'impose de manière entêtante : dire comment et dans quelle disposition d'esprit on voyage revient peu ou prou à dire qui l'on est. Il y a fort à parier que l'amateur de couleur locale, tourné vers une extériorité séduisante, sera moins attentif aux battements de son être que celui qui entend s'immerger dans un monde autre, pour se retrouver et peut-être se perdre. Bref, le biais par lequel on aborde la question rétroagit, on s'en doute, sur les relevés que l'on établit. Privilégier les données biographiques ou personnelles revient à dresser, compte tenu du prisme textuel, le portrait de l'homme qui point derrière le voyageur et à le qualifier : est-il exhibitionniste ou dissimulateur, provocant ou discret – sachant que toutes les nuances sont possibles entre ces deux extrêmes et que l'on peut à la fois être l'un et l'autre ? Analyser l'intimité dans sa dimension si l'on peut dire relationnelle conduit à proposer une typologie des conduites du sujet et des aspirations profondes qui motivent le désir du voyage, de manière consciente ou non, avouées ou tues. S'attacher aux manières d'agir et de penser, qui ont d'évidentes répercussions sur le contact établi avec les êtres et les choses, permet de cerner des usages du monde. D'un côté serait le consumérisme touristique (qui n'est pas en soi condamnable mais se révèle peu propice à une quête de soi), de l'autre se tiendrait la patiente construction d'une identité qui se soumet à l'épreuve du réel, volontairement ou non. Ces deux pôles théoriques entre lesquels bien des relations oscillent gagnent à être saisis sous l'angle de l'intimité.

Nous savons que l'interprétation du sous-entendu, si elle n'est pas certaine et dépend de paramètres contextuels, est à la portée du critique ou, pour le dire autrement, que le silence laisse des traces qui ne demandent qu'à être suivies et qui, parfois, nous conduisent du côté de l'intimité du sujet. Les lacunes du texte en disent quelquefois très long, surtout si elles sont désignées comme telles en devenant de ce fait des signaux qui nous enjoignent à les combler. On peut souvent, dans un récit de voyage, écrire pour ne rien dire ou répéter tout bonnement ce qui est su de tout le monde : le bavardage ou le ressassement ont toute leur place dans une littérature placée sous le signe de la contingence et qui échappe volontiers aux logiques narratives. Sans pousser trop loin le paradoxe, on peut admettre qu'un morceau descriptif convenu et attendu, fût-il paré de beautés qu'un écrivain connaissant son métier dispense avec largesse pour le lecteur sédentaire, est somme toute plus insignifiant qu'une ellipse qui cache une réticence, témoigne d'une aversion, d'un trop plein d'émotion ou encore d'une joie impossible à transcrire. À ce propos doivent être pris en considération les genres du discours viatique. On ne dit pas la même chose dans un journal, dans une lettre, dans une relation : la comparaison de ces diverses mises en texte est sur ce point éclairante et le passage de l'écrit composé pour soi (ou à destination d'un cercle choisi) au volume destiné à la publication infléchit notablement le contenu et la nature des confidences que la plume consigne. Certaines des études de cas ici réunies mettent en évidence ces changements de régime qui doivent être examinés avec toute la finesse qui s'impose. Le diariste peut certes tout dire sans risquer de s'exposer à la vindicte de lecteurs sourcilleux qui pourraient lui reprocher par exemple de peindre le monde aux couleurs du moi. La correspondance accueille volontiers des révélations qui ne sont pas faites pour tous les lecteurs. Mais bien des récits de voyage, parce qu'ils sont le fruit d'une narration rétrospective qui reconstruit littérairement le passé personnel, revécu au moment de l'écriture, donnent accès à des secrets que la note prise sur le vif ne saurait désigner.

Quant aux normes ou codes régissant l'écriture de soi dans toutes ses dimensions (car le paysage ou la rencontre révèlent le sujet tout autant que la notation personnelle ou l'énoncé lyrique) elles varient évidemment selon les conceptions de l'individu afférentes à des moments historiques qui pensent le moi ou le corps selon des catégories qu'il faut prendre en compte, sous peine de rater la spécificité du texte qui nous est offert. Il resterait à écrire une histoire de l'intimité dans les écritures du voyage. Elle devrait s'adosser à un ensemble beaucoup plus fourni que celui qui a été ici embrassé pour aboutir à un repérage des scansions qui marquent le discours viatique, si on l'envisage d'un point de vue diachronique et au prisme de l'intimité. Le dossier, on le voit est complexe et ouvert. Le présent volume n'a pas la prétention de cartographier toutes les pistes qui parcourent le pays du moi en voyage. Il voulait avant tout mettre en présence des hypothèses et les éprouver face à un corpus, nécessairement restreint et lacunaire, qui espérons-le, aide à cerner un peu précisément cette cohabitation conflictuelle du Voyage et de l'intimité.

Philippe ANTOINE
Université Clermont Auvergne,
CELIS

INDEX DES LIEUX

INDEX DES NOMS DE PERSONNES OU DE PERSONNAGES

RÉSUMÉS

Frédéric Calas, « Imaginaire du voyage et chroniques du moi dans la correspondance de Mme de Sévigné »

Cet article ne porte pas sur la dimension référentielle des voyages dans la correspondance de Mme de Sévigné. Il s'intéresse aux façons intimes de voyager de la Marquise. Nous en retenons trois, les voyages par provision, par procuration, par hallucination, toutes trois singulières, toutes trois récurrentes, toutes trois mettant en scène une extraordinaire manipulation : manipulation de soi, de son désir, manipulation de l'absence, manipulation de l'autre et du manque de l'autre.

Josiane Guitard-Morel, « La quête de l'ailleurs pour l'édification de soi dans les *Mémoires* de Valentin Jamerey-Duval »

La présente étude analyse comment les *Mémoires* de Valentin Jamerey-Duval composés de 1733 à 1747, restituent l'itinéraire d'un vagabondage initiatique en quête de soi. Débuté en 1708, le voyage à pied ressemble d'abord à une fugue puis se poursuit en pèlerinage libre, selon une temporalité subjective qui favorise la construction identitaire. La découverte de l'ailleurs ouvre l'accès à l'intériorité.

Nathalie Vuillemin, « Un "Je" peut en cacher un autre. Statut et construction de l'intimité dans la correspondance de Joseph de Jussieu »

En mai 1735, Joseph de Jussieu quitte la France à destination du Pérou. Ce qui ne devait être qu'un voyage savant se transforma en véritable établissement au Pérou. Joseph construit à proprement parler une intimité dans la correspondance qu'il adresse à ses frères, vouée à remplacer l'argument scientifique qu'on attend de lui. Il invente un personnage-écran en usant habilement de la confidence et en évoquant des souffrances physiques et morales bien réelles mais proprement mises en scène.

Philippe ANTOINE, « “Le reste est trop intime”. Indicible et silences dans le *Voyage en Orient* de Lamartine »

Le *Voyage en Orient* d'Alphonse de Lamartine s'affronte à la difficile question de la formulation de l'indicible dans le texte viatique. Le poète est à maintes reprises tenté de se taire mais on entend dans cette œuvre, malgré le trop plein d'une émotion inexprimable, malgré le caractère imparfait de la langue, malgré les approximations de la traduction… une sorte de murmure qui nous indique la direction à suivre pour approcher le « trop intime ».

Thierry POYET, « L'hybridité d'un genre face à l'obsession du *moi*. *Les Pays lumineux* de Louise Colet »

Au XIXe siècle, Louise Colet connaît le succès avec ses œuvres poétiques mais aussi les récits impudiques de ses amours. Ainsi cite-t-on son récit de voyage *Les Pays lumineux*, consacré à l'inauguration du Canal de Suez, pour son évocation de Flaubert… Pourtant, Louise Colet a posé la question de l'hybridité du récit de voyage : qu'est-il lorsque le moi y apparaît obsessionnel ? Entre théâtralisation et œuvre vengeresse, le récit de voyage au féminin interroge la porosité d'un genre encore à définir.

Sarga MOUSSA, « L'intimité en partage ou le “moment” Kuchuk-Hanem chez Flaubert »

En examinant les façons dont Gustave Flaubert relate sa rencontre avec Kuchuk-Hanem dans ses notes et dans sa correspondance et en les comparant avec le récit et les notes de Maxime Du Camp, on s'aperçoit que cette prostituée est une figure labile. Son corps est d'abord décrit de manière réaliste, il fait aussi l'objet d'une exposition contrôlée, différenciée chez les deux voyageurs. Une volonté d'individuation, puis d'esthétisation, prépare, pour Flaubert en particulier, une carrière d'écrivain en gestation.

Dolores TOMA, « Jane Dieulafoy, la voyageuse indiscrète »

La relation de Jane Dieulafoy est emblématique pour la double morale d'une voyageuse européenne en ce qui concerne la pudeur et la *privacy*. Alors que les siennes sont explicitement valorisées, celles des indigènes sont violées avec désinvolture. Les meilleurs exemples en ce sens sont donnés par les représentations du corps et les pratiques corporelles mises en regard, en opposition.

Alexandru MATEI, « Subversions de l'intimité chez Roland Barthes. Voyages à la recherche du neutre »

Roland Barthes n'est pas un voyageur en tant que tel. Néanmoins, comme tout intellectuel et écrivain, il a séjourné dans de nombreux pays. Le Maroc et le Japon, notamment, ont marqué son œuvre de manière décisive. Le Maroc est le lieu où s'expriment l'érotisme et la sexualité. Le Japon est un lieu culturel que Barthes comprend et ressent en opposition avec l'Occident : le lieu du neutre et d'une utopie affective dont les images constitueront le sujet majeur de ses derniers écrits.

Gaëlle LOISEL, « Fuir l'intime. Le voyage selon Grillparzer »

En 1836, Franz Grillparzer entreprend un voyage qui, de Vienne, le conduit à Paris puis à Londres. Le *Tagebuch auf der Reise nach Frankreich und England (1836)* est le fruit des impressions consignées par l'écrivain autrichien. Se distraire, tel est le but affirmé de ce voyage. Cependant, la lecture du journal révèle qu'il s'agit avant tout de se distraire de soi : l'intime s'y dérobe, l'auteur cherche avant à fuir les « pensées secrètes » qui le hantent et qu'il n'évoque que par allusions.

Tatiana ANTOLINI-DUMAS, « Paradoxes de l'intime et singularité de l'intimité dans *Mes Vacances en Espagne* d'Edgar Quinet »

Les carnets de voyage et la correspondance d'Edgar Quinet permettent de cerner les diverses stratégies qui informent l'écriture de l'intimité dans *Mes Vacances en Espagne.* La topographie se révèle tributaire d'enjeux idéologiques mais également de l'image que le voyageur souhaite offrir de lui-même. Au processus d'intimisation s'ajoutent des distorsions, des dénaturations qui changent le lieu d'intimité en instrument de connaissance de soi, en espace romanesque initiatique, en labyrinthe...

Vanezia PÂRLEA, « Errance(s) et intimité(s) chez Isabelle Eberhardt »

Le parcours oriental d'Isabelle Eberhardt témoigne d'une oscillation permanente entre un désir d'intimité et d'attachement – aux pays, espaces, cultures, êtres rencontrés – et une pulsion contraire d'errance, d'arrachement. À travers une analyse des rapports entre intimité et voyage, cet article en vient à esquisser une typologie des formes d'intimité chez cette nomade de profession, telles qu'elles se déploient à travers des textes comme *Sud Oranais* ou *Écrits intimes*.

Diana SAMARINEANU, « Un "errant par le monde" "entortillé dans le paysage". De deux hypostases majeures de l'humain dans l'œuvre de Julien Gracq »

Si le thème du voyage semble pertinent pour approcher l'œuvre de Julien Gracq, celui de l'intimité nécessite une redéfinition, étant donné la résistance que l'écrivain éprouve vis-à-vis du roman psychologique français. C'est sur le terrain d'une ontologie phénoménologique que l'intimité se laisse interpréter comme présence au monde. Sa spécificité peut être dégagée par l'examen d'hypostases fondamentales de l'humain : l'« errant par le monde » et l'homme « entortillé dans le paysage ».

TABLE DES MATIÈRES

DEUXIÈME PARTIE

VÉCUS DE L'INTIMITÉ

VOYAGE ET DÉCOUVERTE DE L'AUTRE

TROISIÈME PARTIE

TOPOGRAPHIE DE L'INTIME

VOYAGE ET DÉCOUVERTE DU MONDE

DANS LA MÊME COLLECTION

1. *Lettres de noblesse I. L'imaginaire nobiliaire dans la littérature française du* XIXe *siècle*, sous la direction de David MARTENS, 2016
2. *Lettres de noblesse II. L'imaginaire nobiliaire dans la littérature française du* XXe *siècle*, sous la direction de David MARTENS, 2016
3. *Jean Malaquais entre deux mondes*, sous la direction de Geneviève NAKACH et Julien ROUMETTE, 2017
4. *La Fureur et la Grâce. Lectures de Malcolm Lowry*, sous la direction de Josiane PACCAUD-HUGUET, 2017
5. *Femmes d'à côté. Filles, sœurs, épouses d'hommes célèbres*, sous la direction de Sylvie CAMET, 2018

Achevé d'imprimer par Corlet Numérique,
à Condé-sur-Noireau (Calvados), en juin 2018
N° d'impression : 148811 – Dépôt légal : juin 2018
Imprimé en France